JN089472

アントレプレナーシップと戦略経営

ビジネススクールでの実践

安達　巧　監修・著

米山真和・村川琢也　著

ふくろう出版

は　し　が　き

　本書の監修者でもある私（安達巧）はビジネススクール（経営専門職大学院）の教授である。また、著者の米山真和と村川琢也は、ビジネススクールを2021年3月に修了してMBA〔経営修士（専門職）〕学位を取得した経営者（戦略経営の実践者）である。

　専門職大学院については、学校教育法第99条第2項に規定されている。

学校教育法第99条第2項
大学院のうち、学術の理論及び応用を教授研究し、高度の専門性が求められる職業を担うための深い学識及び卓越した能力を培うことを目的とするものは、専門職大学院とする。

　要するに、ビジネススクール（経営専門職大学院）は、経営理論と経営実践の両方を教える（学ぶ）教育研究機関である。

　監修者は、東北大学で修士及び博士学位を取得した研究者であることに加え、起業しての事業会社経営や税務面を含む経営コンサルティング事務所経営等の経営実務経験者でもあり、多くのアントレプレナーを育成してきた。

　これからの時代は、誰もがアントレプレナーシップを有することが求められるであろう。
　アントレプレナーシップ（entrepreneurship）は、「起業家精神」と邦訳されることが多いため、起業家に特有の資質であると誤解されがちである。しかし、正しくは、新事業を創造し、リスクに挑戦する姿勢のことを指し、全ての職業で求められるものである。その意味でも「起業家精神」ではなく「起業家的行動能力」と訳したほうが基本概念により近いと筆者は考えている。

　近年は、デザイン思考、ストーリーテリングなど、創造性を高める種々の仕掛けがビジネスパーソンには注目されている。学び（インプット）は重要であるが、実際の行動（すなわち実行）というアウトプットがなければ成功はあり得ない。

　本書の主張はシンプルである。

「行動しなければ何も始まらない」

　本書の読者諸兄が、実際に行動を起こされることを心から願っている。

2021 年 3 月

著者を代表して

安達　巧

目　次

第　1　部

ビジネススクールでのアントレプレナー教育の実践

Ⅰ. はじめに

　筆者は、勤務するビジネススクール（県立広島大学大学院経営管理研究科）において 2019 秋から 2020 年早春にかけてアントレプレナー教育を実施した。「起業家」教育ではなく「アントレプレナー教育」と書いたのは、「アントレプレナーシップ」の語意と大きく関係するからである。

　アントレプレナーシップ（entrepreneurship）は、「起業家精神」と邦訳されることが多いため、起業家に特有の資質であると誤解されがちである。しかし、正しくは、新事業を創造し、リスクに挑戦する姿勢のことを指し、全ての職業で求められるものである。その意味でも「起業家精神」ではなく「起業家的行動能力」と訳したほうが基本概念により近いと筆者は考えている。

　学術的には、アントレプレナー教育のあり方を根本から問う論文もあるが[1]、本稿は、あくまで筆者のビジネススクールでのアントレプレナー教育実践について記したものであり、「起業家教育研究」ではないことを予めお断りしておきたい。

　起業を含む新事業創出及びその継続には、ビジネスモデル、マーケティング及びファイナンス分析等の知識をインプットするのみならず、実務の現場でそれを実践（アウトプット）し、試行錯誤を繰り返して自分（自社）の「強み」にまで高めることが不可欠である。さらに言えば、勉強すればするほど多様なリスクを知ってしまい、実際の行動（実行）に足がすくむのでは本末転倒である。

　詳細な事業計画書を策定してみても、実際に行動しなければ何も始まらない。ビジネスの答えは机上やパソコンの中にではなく、現場にある。

　これからの時代は、誰もがアントレプレナーになることが求められると筆者

---

[1] Alvarez & Barney（2010）pp.557-583.

は考えている。そうした認識もあり、筆者は、本稿で述べるアントレプレナー教育実践においても、実際に脚を使って試行錯誤を繰り返し、様々な潜在顧客にアクションを起こすことの重要性を説いた。

Ⅱ. 有力スタートアップの事業内容と創業者（代表取締役社長または CEO）の経歴

ここで、日本ベンチャーキャピタル協会及びベンチャーキャピタル 108 社が選んだ、将来成長が期待される企業価値 30 億円以上のスタートアップ企業の上位 1 位から 28 位までについて、主な事業内容と創業者（代表取締役社長ないし CEO）の略歴を以下にまとめてみた。

成長期待の国内スタートアップの事業内容と創業者（代表取締役社長ないし CEO）経歴

企業名、（事業内容）	創業者氏名	創業者（代表取締役社長ないし CEO）の略歴
プリファード・ネットワークス、（深層学習の産業応用）	西川 徹	東京大学大学院情報理工学系研究科コンピュータ科学専攻修了。第 30 回 ACM 国際大学対抗プログラミングコンテストで世界大会 19 位。大学院在学中の 2006 年に株式会社 Preferred Infrastructure を設立し、2014 年に株式会社 Preferred Networks を設立。
メルカリ、（フリマアプリ運営）	山田進太郎	早稲田大学教育学部卒業後、2001 年にはウノウ株式会社を設立。2010 年にウノウ株式をジンガに譲渡し、2012 年に退職。その後、2013 年にメルカリを設立。
Sansan、（クラウド型名刺管理）	寺田 親弘	1999 年大学卒業後、三井物産に入社。情報産業部門に配属。その後、米国シリコンバレーに転勤となり、Mitsui Comtek 社に勤務。2007 年に三井物産を退職し、Sansan 株式会社を創業。
エリーパワー、（リチウムイオン電池）	吉田 博一	1961 年に慶応義塾大学法学部卒業後、住友銀行に入社。同行副頭取、住銀リース社長・会長、慶應義塾大学大学院教授を経て、2006 年にエリーパワー設立。

フリー、 （中小企業クラウド会計）	佐々木大輔	一橋大学商学部卒。データサイエンス専攻。卒業後は博報堂にて、マーケティングプランナーとなる。その後、未公開株式投資ファーム CLSA キャピタルパートナーズでの投資アナリストを経て、株式会社 ALBERT の執行役員に就任。2008 年に Google に入社。2012 年 freee 株式会社を創業。
ビズリーチ、 （転職サイト運営）	南 壮一郎	1999 年に米・タフツ大学数量経済学部・国際関係学部の両学部を卒業。モルガン・スタンレー証券株式会社に入社し投資銀行部において M&A アドバイザリー業務に従事。その後、香港・PCCW グループで日本・アジア・米国企業への投資を担当し、日本支社の立ち上げに参画。2004 年に、東北楽天ゴールデンイーグルスの創業メンバーとなる。2007 年に株式会社ビズリーチを創業。
TBM、 （石灰石で新素材開発）	山﨑 敦義	中学卒業後、大工になる。20 歳に中古車販売業を起業。30 代になり、グローバルで勝負が出来て 100 年後も継承される人類の幸せに貢献できる 1 兆円事業を興したいと思い、その答えはストーンペーパーであった。2011 年に株式会社 TBM を立ち上げる。
FiNC、 （健康サービス）	溝口 勇児	高校在学中からトレーナーとして活動し、延べ数百人を超えるトップアスリート及び著名人のカラダ作りに携わる。また、業界最年少コンサルタントとして、数多の新規事業の立ち上げに携わり、数々の業績不振企業の再建も担う。2012 年 4 月に FiNC を設立。
ラクスル、 （ネット印刷、物流）	松本 恭攝	2008 年に慶應義塾大学商学部卒業し A.T.カーニー株式会社入社。2009 年にラクスル株式会社設立。
ボナック、 （核酸医薬品開発）	林 宏剛	2010 年に株式会社ボナックを設立（福岡県久留米市）。

ビットフライヤー、 （仮想通貨取引所の 運営）	加納　裕三	2001 年に東京大学大学院工学系研究科修了後、ゴールドマン・サックス証券に入社。エンジニアとトレーダーの経験を経て、2014 年に株式会社 bitFlyer を設立。
セブン・ドリーマーズ・ラボラトリーズ、 （全自動衣類折り畳み機）	阪根　信一	アメリカ・デラウエア大学化学・生物化学科博士課程修了。Glenn Skinner Award 学部最優秀賞受賞。その後、株式会社 I.S.T 取締役、CEO を経 て、2008 年にスーパーレジン工業株式会社社長に就任。2011 年に seven dreamers laboratories, inc.　President & CEO に就任。
ソラコム、 （IoT 通信サービス）	玉川　憲	東京大学大学院工学研究科修士課程修了。米国カーネギー・メロン大学 MBA と MSE を取得。IBM 東京基礎研究所で Watch Pad の研究開発、IBM Rational でコンサルティング、技術営業、エバンジェリストなどを経て、2010 年、アマゾン・データサービス・ジャパンに入社。2014 年にソラコム設立。
C Channel、 （女性向け動画配信）	森川　亮	1989 年筑波大学卒業。その後、日本テレビ放送網株式会社へ入社。1999 年に青山学院大学大学院国際政治経済学研究科修士課程を修了し MBA 取得。その後、ソニー株式会社に入社。2003 年にハンゲームジャパン株式会社に入社、取締役、取締役副社長に就任。2007 年 10 月、NHN Japan 株式会社（ハンゲームジャパンより商号変更）代表取締役社長に就任。同年 11 月、ネイバージャパン株式会社設立に伴い、代表取締役社長を兼務。2013 年 4 月、NHN Japan 株式会社の商号変更により、LINE 株式会社代表取締役社長に就任。2015 年に、CChannel 株式会社代表取締役に就任。
GLM、	小間　裕康	1999 年に株式会社コマエンタープライズを創業。

（電気自動車の開発）		2000 年に甲南大学卒業。その後、2010 年 GLM 株式会社設立。2011 年に京都大学大学院修了。
グライダーアソシエイツ、 （キュレーションサイト）	杉本 哲哉	早稲田大学社会科学部卒業後、リクルート入社。営業部、財務、新規事業開発室などを経て独立。株式会社マクロミルを設立。その後、2012 年には株式会社グライダーアソシエイツを設立。
お金のデザイン、 （スマホで投資運用）	中村 仁	関西大学卒業後、野村証券入社。支店で営業を経て、野村資本市場研究所ニューヨーク事務所にて金融業界の調査を行う。帰国後、マーケティング部、営業企画部、ウェルスマネジメントのお仕事を経験。2017 年に 3 月に新社長としてお金のデザインに就任。
フロムスクラッチ、 （データ管理サービス）	安部 泰洋	2006 年 4 月に新卒でベンチャー企業へ入社。 入社半年で新規事業責任者に就任し、社長賞、全社 MVP 賞を受賞。 2008 年 2 月、経営コンサルティング会社である、 株式会社リンクアンドモチベーションへ入社。 2010 年 4 月、株式会社フロムスクラッチ設立し、代表取締役社長に就任。
ペジーコンピューティング、 （省エネスパコンの開発）	齊藤 元章	新潟大学医学部、東京大学大学院医学系研究科卒業。大学院入学と同時に学外に医療系法人を設立。1997 年に米国シリコンバレーに医療系システムおよび次世代診断装置開発法人を創業。2003 年に日本人初の Computer World Honors を医療部門で受賞。研究開発系ベンチャー企業 10 社の創業経験を経て、2010 年に株式会社 PEZY Computing 設立。
Liquid、 （生体認証エンジン開発）	久田 康弘	慶應義塾大学卒業後、大和証券 SMBC 株式会社入社。そこで IPO コンサルや企業再生の経験を経て、システムの世界に戻り、複数のベンチャー企業の開発などを実施。2013 年に株式会社 Liquid を設立。
スターフェスティバ	岸田 祐介	アパレル卸売企業の営業の経験を経て、2002 年楽天

7

ル、 （フードデリバリー）		に転職。「楽天デリバリー」の立ち上げや楽天イーグルスの創設に携わる。2009 年 7 月にスターフェスティバルを設立。
デリー、 （レシピ動画サービス）	堀江　裕介	2014 年 4 月、慶應義塾大学環境情報学部在学中に dely を創業する。同年 7 月から、フードデリバリー事業をスタートするも、2015 年 1 月にサービス停止。女性向けキュレーションメディア『kurashiru』（クラシル）の運営へと事業転換を図り、2016 年 2 月を境にレシピ動画に特化したメディアへとクラシルをリニューアル。
マイクロ波化学、 （化学化合物の効率量産）	吉野　巌	1990 年慶応義塾大学法学部法律学科卒業後、三井物産に入社。入社 10 年目の 2002 年に UC バークレー経営学修士(MBA)、技術経営(MOT)日立フェロー。退職後、米国にて Reed Global LLC や Bionol Corp ベンチャーやコンサルティングに従事。2007 年 8 月、マイクロ波化学㈱設立、代表取締役就任。
リノべる、 （リノベーション）	山下　智弘	1997 年に近畿大学理工学部卒業後、リコージャパン株式会社に入社。1998 年に中山商事株式会社　入社。その後、2000 年に有限会社東西新風堂に入社。2002 年にはデザイン事務所 field を設立。2004 年に株式会社 es を設立し代表取締役に就任。2010 年にリノべる株式会社設立し代表取締役に就任。
ランサーズ、 （クラウドソーシング）	秋好　陽介	大学時代、インターネット関連のベンチャービジネスを起こす。2005 年にニフティ株式会社に入社。2008 年 4 月に株式会社リート（現・ランサーズ株式会社）を創業。同年 12 月、「Lancers（ランサーズ）」の提供を開始する。ランサーズ株式会社の代表取締役社長に就任。
JTOWER、	田中　敦史	ゴールドマン・サックス証券に入社。1999 年にイー・

（通信設備シェアリング）		アクセス株式会社の創業に参画。2005 年にはイー・モバイル株式会社の立ち上げに伴い約 4,000 億円の事業資金を調達。CFO、経営企画本部長に就任。退職後、株式会社 JTOWER を設立。
ワンタップバイ、（証券業）	林 和人	1987 年に大学卒業後岡三証券本社国際部入社。1994 年に香港現地外資証券会に転籍。その後、1998 年に香港にて取引所参加者のインターネット証券会社を起業。それに続け 2002 年には、日本初の外国株専業インターネット証券を創業。2012 年に退職し、帰国後株式会社 One Tap BUY 創業。
ウェルスナビ、（資産運用サービス）	柴山 和久	東京大学法学部、ハーバード・ロースクール、INSEAD 卒業。ニューヨーク州弁護士。日英の財務省に入省。その後、マッキンゼーに入社し東京で 1 年、ソウルで 3 カ月、その後はニューヨーク地中心で働く。2015 年 4 月にウェルスナビを創業。

出所：各社 HP 及び「将来期待される上位 28 社のスタートアップ社長の経歴とは」

(https://www.recme.jp/careerhigh/entry/startups)

　上述の図表からも解るように、成長が期待されるスタートアップの創業者（代表取締役社長または CEO）の学歴や経歴は、いわゆる「有名」大学や企業の出身者とは限らない。ただ、全員が強い想いを持って起業したという点は共通する。

　彼らから何よりも学ぶべきは「実際に行動を起こした」ことである。加えて、「ビジョンを熱く語る」ことや「感情を露わにしつつ周囲を巻き込むこと」等の属人的・暗黙知的な要素も経営の現場では非常に重要であることを理解して頂ければ幸いである。

Ⅲ．実践したアントレプレナー教育プログラムの資料（一部）

　本節では、筆者が 2019 年秋から 2020 年早春にかけてビジネススクールで実施したアントレプレナー教育（授業科目名称「プロジェクト研究 1」及び「プロジェクト研究 1　プレ授業」）で使用した資料の一部を本書第 1 部の末尾に後掲する。

実際の授業ではパワーポイントで作成したスライドを、本書執筆のため簡略化（割愛を含む）するともに書式変更を行っている。

Ⅳ. 結びに代えて　－行動しなければ何も始まらない－

前述の「３」で紹介した授業を通じて事業計画書の指導を受けた米山真和氏（本書の共著者）は、クラスメイトとアストロコネクト社を実際に起業し経営を行っている。起業前の同社の事業計画書及び起業後の現状等は本書第２部を参照されたい。

また、新たな起業ではないが、既に経営している会社へのイノベーションについて新規プロジェクトを実施した村川琢也氏（本書の共著者）の取り組みを第３部で紹介している。

私が勤務するビジネススクール（経営専門職大学院）では、「プロジェクト研究２」という名称の科目履修を通じて、修士論文に代わる最終成果物を提出する必要がある。

米山氏及び村川氏はともに入学前から複数の会社経営をしている事業家である。彼らは「学術理論のみならず経営実務（現場）にも通じている安達先生以外には考えられない」、「他の先生では頼りない」等の理由で、筆者を「プロジェクト研究２」の指導教員に選んだとのことだった。

筆者は彼らの熱い想いに応えるべく、「プロジェクト研究２」での指導を行った。指導に際しては、米山氏と村川氏がビジネススクールでの学びの実践プロセス及び結果を示すことで、県立広島大学ビジネススクール（経営専門職大学院）の後輩たち及びビジネスパーソンへの強いメッセージを発したいと考えていた。

そのメッセージとは、

「行動しなければ何も始まらない」　である。

〈主要参考文献〉

Alvarez, S.A. & Barney, J. B.（2010） "Entrepreneurship and Epistemology：The Philosophical Underpinnings of the Study of Entrepreneurial," Academy of Management Annals, Vol.4, pp.557-583.

安達巧（2019a）『起業を志す人のビジネスプランとマネジメント』ふくろう出版。

安達巧（2019b）『ビジネスモデル図典』ふくろう出版。

馬田隆明（2019）『成功する起業家は「居場所」を選ぶ －最速で事業を育てる環境をデザインする方法－』日経 BP 社。

田所雅之（2017）『起業の科学 －スタートアップサイエンス－』日経 BP 社

長谷川哲也（2019）『スタートアップ入門』東京大学出版会。

ベン・ホロウィッツ〔著〕、滑川海彦・高橋信夫（訳）（2015）『HARD THINGS』日経 BP 社。

「プロジェクト研究1　プレ授業」学生配布資料

1. まずは2つの質問
1. なぜ事業計画（ビジネスプラン）が必要なのか?

2. 事業計画中、一番重要な数字は何か？

2. ビジネスプランが必要な理由
1. 資金を調達するため

2. ビジネスモデルを実行計画に落とし込むため

3. ビジネスプランについて
1. ビジネスプランは必要だが、VC などはろくに読まない。
   ビジネスモデル、経営陣の経歴、財務が分かっているか、をチェックする程度。

2. 全てが計画通り行くとは限らない。大切なのは計画から外れた際、"誰が計画を変更し、実行するのか"ということ。

3. 事業計画の中に「兆円」や「億円」という言葉が沢山出てきたら再考すべき。あなたの市場はその 10 分の1かも知れない。

4. ビジネスプランの主な要素
1. エグゼクティブ・サマリー
2. 経営理念・ミッション・ビジョン・バリュー
3. 事業内容・ビジネスモデル
4. 市場分析（規模、成長性、競合）
5. 顧客ニーズ（Unmet needs は何か？）
6. 製品・サービス（特徴、新規性、優位性、ポジショニング）
7. 開発計画（技術的チャレンジ、知財戦略、タイムライン、将来の製品ロードマップ）
8. 製造計画（技術的チャレンジ、調達、アウトソース、タイムライン）
9. 販売計画（チャネルの開拓、チャネル毎の販売予測）
10. 財務（P/L、BS、CF）
11. 資本政策
12. 経営陣・アドバイザープロフィール
13. リスク分析・プランB

5. 事業アイデアを出す

グループワーク

・近くにいる 4 〜 5 名のグループに分かれる。
・グループでアイデアを出す。

6. 事業（ビジネス）アイデアの創出

1. 将来を予測し、将来必要とされる製品・サービスを考える。
2. 自分の欲しいものを作る。
3. ブレーンストーミングし、アイデアをまとめる（KJ 法）。
4. 制限を加える。
5. 模倣する。
6. 前職の経験を生かす。
7. 研究成果を形にする。

7. アイデア創出①－将来を予想（15 分）

・現時点から 5 〜 10 年後の世界を予想してみて下さい
・3 〜 4 年後に一定の市場規模になりそうな（立ち上げられる）ビジネスを考えて下さい

8. イノベーションについて

●製品・サービスが余りに革新的だと失敗する。

●タイミングはアイデアよりも重要。
理想的な製品・サービスは、既に市場が立ち上がっているが、まだ一部のオタクやマニアが利用している
だけのもの。典型帝には、大変高額であり、量産効果がまだ上がっていないもの

●だが、適正価格になれば、もっと沢山の人が興味を示すもの。

9. アイデア創出②-自分の欲しいものやサービス（10 分）

1. 自分の欲しいものやサービスを考える

2. 事業化できるかを検討
   ・最初は個別にアイデアを出し、後で互いに持ち寄ってグループで討議する
   ・最初からメンバー全員でブレインストーミングする
3. クラス全体に報告
・メンバー一人当たりのアイデアの数
　・アイデアのクオリティ

10. アイデア創出③-制限を加える(15分)

- 例1：目に見えるものを組み合わせる

- 例2：既存の製品の半額で作る

- 例3：大きさに制限を加える

- 例4：半径1キロが商圏となるサービスを考える

- 例5：顧客の状況を想定する（家で夜に、時間が無い時、 走っているとき、高い場所、など）

    ●検討の結果、生まれたアイデアの需要を予想する

11. アイデア創出④−KJ法(15分)
・メンバー全員でブレーンストーミング
・出たアイデアをポストイットに書き出す（1アイデアにつき1枚を使用）。
・アイデアが出尽くしたところで、 似たアイデアをグルー ピングし、グループに名前をつける。
・関係のありそうなグループを近くに置き、線でグループ を結び付ける。
　どういう関係があるかを線の横に書く 。
・全体を眺め、どのようなアイデアが事業化できるかを全 員で考える。

12. アイデア創出⑤−模倣(15分)

良いビジネスを見つける。

・真似て、改善する

13. 誰 （どの製品・会社）の真似？
①マイクロソフト Excel、② マイクロソフト Word、③マイクロソフト IE、
④マイクロソフト Windows 、⑤ソフトバンク、
⑥アップル Macintosh 、⑦ライアン航空 、⑧LINE、⑨ Facebook 、
⑩グーグル Android
真似されたのは……
① Lotus 1-2-3、② WordPerfect、③ Netscape、
④ アップル Macintosh、 ⑤ 米国で成功したもの全て（タイムマシーン戦略）、
⑥Xerox ALTO、⑦サウスウエスト航空、⑧カカオトーク、 ⑨ 他学生のアイデアを盗んだ、
⑩アップル iOS

14. 製品・サービスのバリュープロポジション

●B2C の場合
最終需要家にとってのメリットは？

　1.機能面　　2.コスト　　3.利便性

●B2B の場合
中間者にとってのメリットは？

１．より信頼性が高いか？

２．サービスの幅を広げるか？　今までできなかったサービスの提供が可能になるのか？

３．より儲かるのか？　コストが下がるのか？　手間が省けるのか？

４．供給が安定しているのか？　納期が短いのか？

５．このサービスがあることにより、ブランドの向上や他との差別化が図れるのか？

15. 実現可能性
●開発可能か？
●製造可能か？
●知的所有権は保有しているか？　保護されているか？
●関係監督官庁の認可取得は可能か？
●Time-to-market はどうか？　市場は塾しているか？　成長しているか？
●ディストリビューションチャンネルは確保できるか？
●（中間者がいる場合）中間者が利益を確保できる価格で販売できるか？
その価格で十分自社の利益を確保できるか？　製造コストは実現できるか？
●製品ロードマップはあるか？
　　最初の製品、第2弾の改良品、ハイエンド品、　ローエンド品等の発売予定はあるのか？
　　製品・サービスの横展開　（エクステンション）は可能か？
●競合にどうやって対抗していくのか？

16. プロジェクト研究 1 の初回（11 月 23 日）：チーム決め

・今日の講義時に出したアイデア、その後に考えたアイデアの中からよいと思うものを発表。

・発表は 1 人でも良いし、1 人で複数個発表しても良い。

・複数名で発表しても良いが、チームはこの段階ではまだ最終で はない。

・1 つのアイデアにつき、5 分間の発表、2〜3 個の質問に答える 機会を与える。

・発表を聞く側は、面白そうだと思うアイデアを書き留める。

・全ての発表の終了後にチームを組成する（→**1 チームの構成人数は 1 人〜 4 人**）。

・必要な人材を集められないチームやあぶれてしまった人はポスティングを利用。

2019 年度「プロジェクト研究1」学生配布資料（その1）

1．「プロジェクト研究1」シラバスの変更

- 第1・2回(11/23)：「アイデア、チームビルディング、ビジョン、ミッションステートメント 市場分析」
- 第3・4回(11/30)：「ビジネスモデル、戦略、製品・サービス、P/L、BS、CF、資本政策」
- 第5・6回(12/7)：「フィールドスタディ（「顧客」に学ぶ）」（大学に来る必要はありません）
- 第7・8回(12/14)：「ビジネス（プロジェクト）の成長（EXIT 含む）にM&Aを活用する」
- 第9・10回(12/21)：「フィールドスタディ」、「フィールドスタディ報告（14:40〜）」
- 第11・12回(1/11)：「ビジネス（プロジェクト）の成長と株式公開（IPO）」
- 第13・14回(1/25)：「フィールドスタディ」、「フィールドスタディ報告(14:40 来学で OK)」
- 第15・16回(2/8)：「最終プレゼンテーション」

★評価について：平常点（授業への参加度）60％、ビジネスプラン（事業計画書）40％

2．ビジネスプラン（事業計画書）の評価方法

3．評価の計算例

4．アイデア発表

●手順

- 前回講義時に出したアイデア、その後考えたアイデアの中から良いと思うものを発表する。
- 発表は1人でも良いし、1人で複数個のアイデアを発表しても良い。
- 複数名で1個の発表をしても良いが、チームはこの段階ではまだ最終ではない。
- アイデア発表の際、どのような人材が何名必要かを伝え、求人広告（ポスティングボード）で求人を出す。
- 1アイデアにつき3分間の発表時間。時間に余裕があれば質問に答える機会を与える。
- 発表を聞く側は、面白そうだと思うアイデアを書き留める。
- 全ての発表が終わった後、チームを組成する。
- 必要な人材が集まらないチームやあぶれてしまった人は求人広告（ポスティングボード）を利用。

〔参考〕エレベーターピッチ

- ある人物が上司と（or「起業家が投資家と」）ビルの1階で同じエレベーターに乗り合わせた状況を想定し、目的の階に到着するまでの間にポイントを絞った報告をするイメージ。

★事業計画（ビジネスプラン）で求めること。

4年目以降、以下の3条件のうち、いずれか2つを満たすこと。

1．ROE > 15％ 、 2．売上成長率 ≧ 10％ 、 3．従業員（非正規含む）数 ≧ 20名

★最終成果物（事業計画書）について

・過日（9月）の授業で説明した主な要素をカバーした事業計画書。

・附表として、財務3表（月次で3年分）および資本政策（なお、必要に応じて、人員計画、設備投資計画、開発計画、製造計画、販売計画、マーケティングプランも添付）。

・要旨を10分程度で説明するPPTスライド（最終授業日に発表）。

5．チームの組成

●今日現在必要な人材を特定する

・どのような人材が欠けているか？

・欠けている人材は手に入るか？

・どの程度の費用がかかるか？

●今後3年間に必要な人材を特定する

●どのくらい速くビジネス（プロジェクト）を成長させたいか？

●ベンチャー的な人材か？

●情熱はあるか？

●能力はあるか？

●相性（ケミストリー）はどうか？

6．取締役会（経営陣）の構成

1．スピード vs 創造性

・均質的チームの場合はスピードが出る

・多様性からは創造性が生まれる

2．異なる機能領域（例：人事、財務、営業、開発、 オペレーション）をカバー

3．会計/財務のバックグラウンドを持った人材は必須

4．業界の専門家（ただし、業界の色に染まっていない人材）

5．社外取締役・アドバイザー：できるだけヘビーウエイトが良い、

しかし、足かせにならない人材であるべき。

7．経営陣の能力

1．事業を遂行する上で重要なスキルを書き出してみる。

2．経営陣にそのスキルが備わっているかを確認。

3．足りない部分をどう補うかを議論。

８． 主な会社の機能

１． あまり多くの人を雇う余裕はない。

２．「どの」機能が、「いつ」から必要か?

３． 創業者として、あなたはどのくらいの役割を兼務できるか?
- ・CEO
- ・COO
- ・CFO
- ・販売
- ・マーケティング
- ・研究
- ・開発

- ・オペレーション (製造、 配送、 物流など)
- ・財務
- ・経理
- ・人事
- ・システム
- ・総務
- ・顧客サポート

９． 事業計画書への経営陣の経歴記述

・経営陣のトラックレコード (過去の実績や履歴) と計数能力をアピールする。

・ビジネスプランで伝えるべきことは「私達は事業計画書を作る能力があります」、「遂行する能力があります」ということであり、「この事業はすぐに黒字化します」ということではない点に注意する。

・財務知識の不足を露呈するビジネスプランは絶対避ける。知り合いの税理士・会計士等に見てもらう。

・話す相手のバックグラウンドに気をつけること。銀行系の VC の場合は、数字を非常に細かく見る。

10. トラックレコードがない場合はどうする?

１． 今までの職歴の中で成功した事例を語る。

２．その成功をもたらしたスキルと同じスキルを新しいビジネス (プロジェクト) でも活用できることを説明する。

３． お互い補完できる職能を持った仲間で始める。

４． 社外取締役やアドバイザーにトラックレコードのある人物を入れる。

５． 多額の外部資金に頼らずに始められるビジネスモデルを考案する。
    (例：ネット関連事業、代理業)。

11. チームビルディング

・チームビルディングは、スカウトまたは求人広告により行う。

・スカウトは個別に行う。

・求人広告は、①名前、②簡単な事業の記述、③求める人材、の3項目をホワイトボードに記載する。

・求める人材を集めることができなかった事業は、
　　　① 人材不足でも事業を推進するか、or ②諦めて他のチームに加わるか、　を決定する。
・残り時間5分になった時点でチームが決まらない学生がいる場合は担当教員（安達）が調整する。

12. チームビルディング（20分）
　　　→1チームを1名〜4名で構成して下さい。

13. チーム構成決定後、社名を決める（10分）

1．社名はマーケティングの一部です。創造的な名前を考えて下さい。

2．社名が決まったら、①チーム名、②簡単な事業内容の記述、③チームメンバー名、④各メンバーの役割（例：CFOなど）を紙に記し、担当教員（安達）へ提出して下さい。

14. ビジョン/ミッション/バリュー/クレド

・言葉の定義の話はしません 。

・ビジネス（プロジェクト）は何ですか？　どうしてそれをするのですか？
　経済、社会、コミュニティに与えるインパクトは？

・組織内の全ての人が覚えられる程度にシンプルに！

　〔例〕　ハーバード・ビジネススクール：
　　　　　"We educate leaders who make a difference in the world"

15. ミッションステートメントの意義
　　・会社の方向性
　　・団結感
　　・意思決定のためのガイドライン
　　・コスト節減
★ミッションステートメントを作成しよう！（15分）

16. 事業計画書（ビジネスプラン）で大切なこと
　・事業計画書（ビジネスプラン）で最も重要、かつ予測が難しい数字は何か？
　　　→→　**売上**

17. 売上予測の流れ

18. 戦略的ポジショニング

19. 差別化戦略
- 消費者にとっての価値は何か？
- 競合は誰か？
- どのようにして差別化することができるか？（消費者価値象限に競合的マッピングを作成して検討）

20. セグメンテーションとターゲティング
- コア・セグメントを特定し、それを記述する（ペルソナ・マーケティング、以下を参照）。
- 目標セグメントを観察して調査する。
- ターゲットに到達する手段（またはメディア）を選択する。
- 認知度（純粋想起/助成想起）、浸透度などに関する市場調査を定期的に実施し、傾向を分析する。

HIROSHIMA のアートイベントマーケティングの例：
「さとみ」は、40 代の日本人、ジェネレーション X の異性愛者の女性。彼女は独身だが、離婚は経験していない。彼女にはボーイフレンドがいる。彼女は芸術に関する購買行動の意思決定者です。彼女の個人所得は 600 万円〜800 万円。家計の資金に加えて定期預金口座を持っている。彼女は修士号を持っている。広島市中心部で働いている。子供はいない。10 年前に売りだされたマンションに住んでいる。芸術のイベントには滅多に出席しない。

21. アンメット・ニーズ(Unmet needs)
- 現存の製品・サービスで満たされないニーズ（アンメット・ニーズ）があるからこそ、「市場」が成立する。
- 事業計画書には、企画している製品・サービスがアンメット・ニーズを満たすことができることを詳細に記述。

22. 良いビジネスモデル

1． マージンが厚い - "Buy low, Sell high"
2． 資金を早く回収できる - "Collect early, Pay late"
3． 同じ顧客から何度も売上を得ることができる
4． 地理的に拡大展開できる
5． 競合の激しい産業のインフラを提供する
6． ジレットのカミソリモデル（"フリーミアム"）
7． 固定費比率が低い
8． 既存のプレーヤーの価格が構造的に高い
9． 単一の発明に頼らない
10． 産業構造が魅力的である

23. 1年目の売上予測をしてください。

24. 少数の法則

・少ない情報から導かれる結論には注意が必要。

・市場予測に必要十分なデータが、統計資料等のマクロデータから入手できることは稀である。

・統計資料、ネットから得られるデータのみに頼っては市場予測を間違える。

25. それぞれのビジネス特有の事情があります...

26. 市場予測で失敗しないためにはどうするか？
★リアリティチェックする方法

ターゲットとする市場を注意深く定義
↓
統計資料等、マクロデータを確認
↓
競合の分析により時間を割く
↓
自社のビジネス特有の要素を加味する

27. 何を知らないかを知る

1． 業界の専門家の意見を聞く。
2． 顧客の意見を聞く。
3． 違う分野の人の意見も聞く。
4． チームで徹底的に話し合う。

28. 市場についてのグループワーク（20分）

1. 自分たちの狙える市場を定義して下さい。
2. 市場サイズを見積って下さい。どのようなデータが必要ですか？
   どうやってそのデータを入手しますか？
3. 第5・6・9回の授業はフィールドスタディで上記1及び2を検証してもらいます。4時間30分以上をフィールドスタディに費やすとして、具体的に何をすれば良いかを議論して下さい。

★定義した市場、市場サイズ、バックアップデータや顧客調査の結果を事業計画に盛り込みます。
どのように記述するかを考えながら、上記1～3の作業を進めて下さい。

29. 第5・6・9回授業（フィールドスタディ）課題

・遅くとも12月21日（土）14時40分までに4時間30分以上をかけて、重要、かつ売上に与える影響が大きいと思われる仮定を検証して下さい。

・チームメンバー間で合意できれば、授業時間外に行って頂いても結構です。大学に来る必要はありません。

・路上アンケート、インタビュー、競合店観察など、汗をかき、脚を使う調査を実施して下さい。
また、できれば、ピボットの必要性を感じる発見があるまで行って下さい。

・質問・相談等があれば11月30日（土）の授業終了直後または12月14日（土）授業終了直後に安達研究室（○○○○号室）を訪ねて下さい。

30. 第10回〔12月21日(土)14:40～〕授業におけるフィールドスタディ報告について

・各チーム3分程度で報告（発表）

・報告内容
   1. 市場の定義
   2. どのような調査をしたか？
   3. 発見（ピボットする場合はどうピボットするか？）

2019 年度「プロジェクト研究 1」学生配布資料（その 2）

〔※学生配布資料（その 2）については、本書では項目のみを記載しています。〕

１．売上予測の流れ、　２．販売プロセスを考える、

３．例：B2B 販売プロセス、　４．他ビジネスモデルの販売プロセス分析の例、

５．適正価格・価格感応度を検討する、　６．PSM（Price Sensitivity Measurement）分析、

７．売上予測は「想定」ばかり！、　８．販売計画を作る、

９．開発計画、10．製造計画、　11．開発計画・製造計画をガントチャートに書く、

12．計画を作成する上での注意点、　13．クリティカルパスを把握しよう、

14．プランＢを用意しておく、

15．上手く行く場合と上手く行かない場合を分けて考える（シナリオ分析）、

16．書いてはいけないこと/書くべきこと、

17．エクセルがインストールされた PC を準備、　18．最終成果物（事業計画書）の確認、

19．前提条件の確認、　20．売上モデルを構築する、　21．売上、

22．費用：発生のパターンを理解する、　23．費用：ドライバー（増減の原因）を理解する、

24．人員計画を作成する、

25．複数の事業部が存在する場合の採算性の検証（セグメント会計）、

26．どう切り分ける？　27．部門採算性を突き詰めると……、

28．1 月 25 日（土）の授業について、　29．貸借対照表の作成手順、

30．「現金」の残高について、　31．売掛金をどう見積もるか？、

32．買掛金をどう見積もるか、　33．在庫をどう見積もるか？、

34．設備投資計画、　35．固定資産台帳を作成する(1)、　36．固定資産台帳を作成する(2)、

37．現金と資本金の扱い、　38．税金の扱いについて、　39．キャッシュフロー計算書の形式、

40．キャッシュフロー計算書、　41．キャッシュフロー計算書の作成、

42．バリュエーション（株式価値総額）、　43．新株予約権（ストックオプション）、

44．成長ステージとバリュエーション、業績の関係、　45．景気の波とバリュエーション、

46．バリュエーションの現実、　47．増資のタイミング、

48．資本政策、　49．シナリオ分析

第　2　部

第 1 編　アストロコネクト株式会社事業計画

概要

　アストロコネクト株式会社事業計画書は、経営専門職大学院である県立広島大学大学院 経営管理研究科 ビジネス・リーダーシップ専攻（HBMS）1 年生の必修科目「プロジェクト研究 1」（担当：安達 巧 教授。期間：2019 年 11 月〜2020 年 2 月）において、筆者がクラスメイト 2 名と作成したものである。安達教授からは、任意の 1〜4 名でチームビルディングを行い、ビジネスプラン（事業計画書）を作成することが求められた。

　前提条件としては、次のうちいずれか 2 つを満たすこととされた。

① ROE ＞ 15%

② 売上成長率 ≧ 10%

③ 従業員数 ≧ 20 名

　また、実現可能性を問われるのはもちろんのこと、その裏付けとして財務三表（月次で 3 年分）の提出も求められた。筆者のチームでは、事業の成長が想定以上、想定通り、想定以下の 3 ケースの他に、ピボットした場合のプラン B も計画したので、合計 4 ケースの財務三表（月次で 3 年分）を提出することとなり、作成には多くの時間を費やすこととなった。しかし、作成を通して数値計画及び行動計画に対するアカウンタビリティの重要性を改めて認識できた。

　次項以降で筆者のチームが作成した事業計画を示す。個人名等については、出版に当たり非開示とした部分もある。

　なお、この事業計画立案を契機として、チームメンバーと現実に事業を立ち上げるに至ったが、計画では想定していなかった事態に直面することとなった。その後については後述する。

アストロコネクト株式会社　事業計画書

1　エグゼクティブサマリー

（1）社名

　「アストロコネクト株式会社」とします。テレワーカー・在宅ワーカーは星（アストロ）のようにバラバラに存在し、孤独となりがちです。この社名は、私たちがテレワーカー・在宅ワーカー達とのつながり（コネクト）を作り、組織への帰属意識を高めることにより一体感を持たせ、テレワークという制約を超えてポジティブに働くことのできる社会の実現を表しています。

（2）所在地

　広島県広島市中区基町5番44号広島商工会議所ビル5階に本社を置きます。広島においては信用性の高いアドレスに本社を置くことで、発注者の安心感を高めます。

　なお、開業3年目からは福岡県への進出を計画しております。

（3）ミッション、ビジョン、バリュー

　今後も労働人口減少などにより人手不足が続くと予測されますが、その一方で、制約（子育て、介護、療養など）があり、働きたいのに働けない人も多く存在します。

　当社は、その制約をICT活用により解決し、働きたいのに働けない人と人手不足の企業をつなぐことで、次のミッション、ビジョン、バリューを実現します。

①ミッション

　どこでもポジティブに働ける社会を実現する。

②ビジョン

　制約を超える新しい働き方を創る。

③バリュー

　制約をみんなで乗り越える。

(4) 事業概要

　企業等から外部委託業務を受託し、社員採用したテレワーカー・在宅ワーカーにより業務履行します。提供業務は、比較的単純なデータ入力業務から、専門知識・スキルの必要な業務（市場調査、外国語翻訳、プログラミング等）まで幅広くカバーします。なお、初期採用として前述の専門知識・スキルの必要な業務を履行できる人材をすでに確保しています。

　介護、育児等の終了により、テレワーカー・在宅ワーカーが、通勤する「普通の」勤務形態への移行を望む場合には、適切な企業等とのマッチング（人材紹介サービス）も行います。

　また、医療機関等多数の人材が従事する事業所向けに、スタッフ管理ツールを開発し、月額課金制で提供します。

(5) 特徴、優位性

　現在、ChatWork 等の同種業者の多くが、テレワーカー・在宅ワーカーをいわゆるギグワーカー（個人請負労働者）として利用し、比較的単純業務を行わせています。しかし、当社は正社員採用することで高度な技能を有する人材を確保し、付加価値の高い業務を提供します。

　価格は、大手アウトソーシングサービス事業者よりも約 30％低額に設定します。

　また、勤怠管理ツールについては、独自の特徴（後述）を有しています。

(6) 資本政策

　三栄ホールディングス株式会社（グループ年商約 20 億円、創業 62 年の三栄産業株式会社を中核とし、全 8 社でグループを構成。以下「三栄ホールディングス」という。）が当初 9,900,000 円を出資します。（初年度消費税非課税となるため。）

　第 2 期に CEO 兼 CFO 米山真和、COO 兼 CTO ███ が 25.1％ずつ出資し、出資割合は三栄ホールディングス 49.8％、米山 25.1％、███ 25.1％となる見込みです。

（7）経営陣

① CEO 兼 CFO　米山真和

　前述の三栄ホールディングス代表取締役。同社を事業承継したほか、これまで4社を創業し軌道に載せた経験を有しています。

② COO 兼 CIO　█████

　大手人材サービス企業で15年間にわたり、営業、IT製品・システム・人材の導入及びコンサルティング、人材採用、キャリアカウンセリングの経験を有し、特に営業面に強みを持っています。ITベンチャー企業において幹部経験（執行役員）もあります。

③ CDO　█████

　臨床検査技師として20年以上の経験を有し、NST（栄養サポートチーム）の立ち上げ経験なども持っています。主として医療機関等へ提供するサービス及びツール開発を行います。

（8）主要取引先（見込み）

　R社（█████系列イベント会社）、T社（█████系列情報通信会社）、M社（大手人材サービス会社）他と、すでにサービス導入に向けた打合せを行っています。

（9）成長予測

　附表の通り3パターン及びプランBの成長シナリオを予測しています。最悪の場合でも、第1期からの経常利益確保を見込んでおります。

　万が一、このシナリオ通りに行かず、テレワークでの業務履行が困難となった場合には、従業員が事務所において業務履行する通常のアウトソーシングサービスを行います。

2　ミッション、ビジョン、バリュー

（1）ミッション

　「どこでもポジティブに働ける社会を実現する。」

　育児、介護、療養、障害など様々な制約により、自宅を離れることが困難な

人が多数存在し、これからも増加すると考えられます。これまでこういった人材の活用方法としては、内職的な単純作業の個人請負が多く見られました。専門知識・技能を必要とされる業務を個人で請け負うこともありましたが、多くはやはり弱く不安定な個人請負という立場でした。いずれにしてもポジティブに働けるとは言い難い状況です。

　当社は、こうした十分に活躍できていない多くの人材を、請負ではなく社員として雇用することで立場を安定させ、育成することで能力向上までつなげます。

　決められた場所に出勤できなければポジティブに働くことができない。それはICT活用が可能となった現在では、かつて「男性でなければ十分に活躍できない」とされていたのと同様の差別的選考に過ぎません。どこにいてもポジティブに働ける社会の実現が当社のミッションです。

(2) ビジョン

「制約を超える新しい働き方を創る。」

　制約がある人材は働けないと切り捨てることが、これまでは一般的でした。切り捨てても、様々な方法で代替人材を見つけることができました。しかし、これからの労働力人口減少は決定的であり、こうした考えはもう成立しません。

　制約は様々ですし、人生の一時期に存在するにすぎないものもあれば、一生付き合わなければならないものもあります。一時的なものならそれが終了したときを見据えて、一生のものならそれを前提として、様々な制約に応じた新しい働き方を創造することが当社のビジョンです。

(3) バリュー

「制約をみんなで乗り越える。」

　社員は、バラバラに存在していても仲間です。とはいえ、在宅ワークという形態は孤立感を感じやすいものです。社内勤務のリーダーのもとに少人数のグループを編成し、グループ内のやり取りを密にすることで、一体感を感じられる組織運営を行います。

　また、同じ制約を抱えている社員同士のコミュニティを作ることで、「自分は

　「一人ではない」と感じられるよう、業務以外の繋がりも重視します。

　こうして制約をみんなで乗り越えることが当社のバリューです。

3　事業内容、ビジネスモデル

（1）アウトソーシングサービス

　企業等から外部委託業務を受託し、社員採用したテレワーカーにより業務履行します。提供業務は、比較的単純なデータ入力業務から、専門知識・スキルの必要な業務（市場調査、外国語翻訳、プログラミング等）まで幅広くカバーします。

　なお、初期採用として前述の専門知識・スキルの必要な業務を履行できる人材をすでに確保しています。

（2）人材紹介サービス

　当社社員であるテレワーカーが、介護、育児等の終了により、通勤する「普通の」勤務形態への移行を望む場合には、アウトソーシングサービスでの顧客企業とのマッチング（人材紹介サービス）を行います。

（3）スタッフ管理ツール提供

　医療機関等多数の人材が従事する事業所向けに、スタッフ管理ツールを開発し、月額課金制で提供します。ランニングコストを抑えられることから、当社の収益を下支えするものとなります。

4　市場分析

　特定の分野にターゲットを絞っていないため、全国全ての企業等が顧客候補となります。特に、派遣社員を採用している企業等は重要なターゲットであり、業務量を分析した上で、より安価な当社サービスへの乗り換えを促す営業活動を行います。

　しかし、対面営業が基本であるため、開業後 2 年間は広島県を中心とした中国地方が商圏となります。その後、地域的制約により業績伸長が頭打ちとなることが予想されるので、3 年目からは福岡県進出を計画しています。福岡県をター

ゲットとした主な理由は、企業活動が活発でありニーズが見込まれること、経費（人件費及び地代家賃）が市場規模が高いわりには抑えられることの2つです。

人手不足は今後も進行すると予測されます。こうした状況下、企業等が人材を思うように確保できなくなり、アウトソーシングサービスへのニーズは増加するものと見込みます。また、働き方改革関連法案の施行も追い風になると考えています。

競合他社は多数存在しますが、インターネット上での広告宣伝に頼った集客手法が多く、当社のように対面営業を基本とする企業は少ないと考えられます。対面営業で顧客の困っていることをきめ細かく把握し、的確なソリューションサービスを提供できることは大きな強みと言えます。また、飛び込み営業では商談までたどり着くこと自体が困難ですが、グループ企業の既存取引先に対しては設立当初から営業活動が行えるアドバンテージも有しています。

5　顧客ニーズ（アンメットニーズは何か）

ほとんどの企業では、業務効率化を図るため業務を切り分け、可能な部分は外部委託し、限られた人的資源を有効活用することが重要と理解しています。しかしその多くは、業務がブラックボックス化して切り分けることができない、業務量を適切に計る事ができないといったことに悩んでいます。

当社ではこうした顧客の社内にディレクターが入り込み、業務を把握、整理し、外部委託可能な部分を切り分けることも行い、顧客の生産性最大化をお手伝いします。

6　サービス（特徴、新規性、優位性）

（1）アウトソーシングサービス

当社は、テレワーカー・在宅ワーカーを社員として採用し業務を担当させることが、他社と大きく異なっています。

現在、ChatWork等の同種業者の多くが、テレワーカー・在宅ワーカーをいわゆるギグワーカー（個人請負労働者）として利用し、比較的単純業務を行わせています。しかし、こういった就労形態では高いスキルを持つ人材が集まりにくく、単価の安い業務ばかりを受注せざるを得ず、したがって安い単価でも請

け負う人材しか集められないという悪循環に陥りがちです。

　当社は、前述の通り社員として雇用することで良質な人材を集め、付加価値の高い業務を提供します。

　価格は、大手アウトソーシングサービス事業者より約30％低額に設定します。

（2）人材紹介サービス

　育児・介護・療養などの制約が終了し、通勤する「普通の」勤務形態への移行を望む場合に、企業等へ人材紹介を行います。この場合、当社がアウトソーシングサービスを提供している顧客に対して紹介を行うので、通常の人材紹介サービスよりもミスマッチが起こる可能性を抑えることができます。

（3）スタッフ管理ツール提供

　医療機関等多くのスタッフを管理する事業場において、シフト管理は大きな負担となっています。これまでにも管理ツールはありましたが、当社は「スタッフ間の人間関係」というある意味では最も大きな要素を取り上げることで大きく差異化します。また、個人の技量・経験といった可視化しにくいものも把握できるものとします。

　価格は、一般的なツールよりも低価格に設定し、月額課金制とします。

7　販売計画

　別紙「売上モデル」に記載の通り、営業人員、アタック数、成約率、解約率を見込んでおります。成約率は人材サービス業界の平均値よりも低めに、解約率はアウトソーシングサービス業界の平均値よりも高めに設定していることから、計画達成は十分可能です。

　開業当初は、主として広島県を中心とする中国地方での販売を行いますが、3年目6月には福岡県進出を計画しております。

　人材紹介サービスについては、開業1年目には売上を見込まず、2年目以降に徐々に上がってくるものとしています。

　スタッフ管理ツールについても成約率は低めに、解約率は高めに設定しております。

8　財務

　附表の通り、3パターン及びプランBの財務諸表を添付しております。最悪の場合でも、開業初年度において経常黒字を達成する見込みです。キャッシュフローについても、開業当初最もキャッシュが不足する時期において資金ショートとならないよう、余裕を持った計画値です。

　しかしながら、不測の事態において資金不足となった場合には、親会社である三栄ホールディングスから資金を借り入れて対応します。三栄ホールディングスは流動比率約300%であり、こうした万一の緊急時にも十分対応できる財務内容です。

　なお、4年目決算時におけるROEは34%を見込んでおります。

9　資本政策

　三栄ホールディングス株式会社が当初 9,900,000 円を出資します。初年度の消費税免除を受けるため、当初の資本金は9,900,000 円としています。グループ全体で取引先数約 860 社を有するので、事業開始直後からスムーズに営業活動を展開できる利点もあります。

　また、当初に三栄ホールディングスが8,000,000 円を、金利3.0%、返済期間3年で、運転資金として貸し付けます。

　第2期にCEO兼CFO米山真和、COO兼CIO ████ が25.1%ずつ出資し、出資割合は三栄ホールディングス49.8%、米山25.1%、████ 25.1%となる見込みです。

10　経営陣・アドバイザープロフィール
（1）CEO兼CFO　米山真和

　当初 100%出資する三栄ホールディングス代表取締役。三栄ホールディングスは、全8社で構成する三栄グループ（創業62年、年商約20億円）の持株会社です。グループのうち4社を創業し軌道に載せた経験を有しています。そのうち3社は黒字化済み、残り1社は第4期となる2021年3月期に単年黒字化を見込んでいます。

(2) COO 兼 CIO ■■■■

大手人材サービス企業で 15 年間、IT 製品導入・プロジェクトマネジメント・人材採用の経験があり、特にソリューション営業に強みを持っています。また、営業面では、組織課題へのコンサルティング業務も実施し、アストロコネクトに必要な顧客の業務整理の経験も有しています。その他経験としては、株式会社■■■■■■■■■■■■■■■■■■■■■■■■■■■■の急速な成長期においてマネージメントを行い、年間 1,000 人超のエンジニア雇用創出、延べ 3,000 件を超えるキャリアカウンセリング、現職■■■■■■■■■■株式会社での採用・教育業務の経験など組織構築に必要な経験を有しています。

(3) CDO ■■■■■

臨床検査技師として 20 年以上の経験を有し、NST（栄養サポートチーム）の立ち上げ経験なども持っています。この経験から、医療現場が本当に求めるニーズを汲み取れることを強みとして、主に医療機関等へ提供するサービス及びツール開発を行います。

11　リスク分析、プランＢ

（1）リスク１　テレワーカー・在宅ワーカーの業務処理能力が想定以下だった場合

テレワーカー・在宅ワーカーの業務処理能力が想定を下回った場合、社内でカバーできる仕事量には限界があるため、外部委託をせざるを得ません。その場合の費用を、添付の最悪パターン損益計算書に「外注費」として計上しております。

（2）リスク２　景況悪化

景況悪化による解約率の増加は想定されるリスクです。しかし一方で、その場合には人員整理や派遣契約打ち切り等が行われると推測されます。その結果としてアウトソーシングサービスへのニーズは高まることが予想され、成約件数は逆に増加することが期待できると考えております。

（3） プランB

　リスク1が想定を上回るものであった場合には、ビジネスモデル自体を考え直し、企業等から受託した業務を、事務所に駐在する社員が履行する、通常のアウトソーシングサービス事業者として運営します。この場合、多くのスタッフを事務所内に抱える必要があるため、地代家賃が上振れすると想定します。この場合の財務諸表も添付しております。

12　課題条件

　「想定通りパターン」の場合、第 4 期決算時において ROE34%、売上成長率28.5%、従業員数74人となり、提示された条件（①ROE ＞ 15%　②売上成長率 ≧ 10%　③従業員数 ≧ 20名）を全て満たす計画となっております。

貸借対照表（想定通りパターン）

単位 円　　1年目

科　目	4月	5月	6月	7月	8月	9月	10月	11月	12月	1月	2月	3月	金額
現金及び預金	16,700,000	12,298,780	10,487,560	9,067,900	8,099,860	8,554,440	9,695,592	11,489,616	13,357,740	15,421,332	17,899,392	18,132,613	151,204,825
売掛金	725,000	1,530,000	2,735,000	4,790,000	7,430,000	9,470,000	11,840,000	11,925,000	12,265,000	13,180,000	15,175,000	16,950,000	108,015,000
前払費用	0	0	0	0	0	0	0	0	0	0	0	0	0
短期貸付金	0	0	0	0	0	0	0	0	0	0	0	0	0
立替金	0	0	0	0	0	0	0	0	0	0	0	0	0
仮払金	0	0	0	0	0	0	0	0	0	0	0	0	0
未収入金	0	0	0	0	0	0	0	0	0	0	0	0	0
【流動資産】	17,425,000	13,828,780	13,222,560	13,857,900	15,529,860	18,024,440	21,535,592	23,414,616	25,622,740	28,601,332	33,074,392	35,082,613	259,219,825
建物	0	0	0	0	0	0	0	0	0	0	0	0	0
建物付属設備	0	0	0	0	0	0	0	0	0	0	0	0	0
構築物	0	0	0	0	0	0	0	0	0	0	0	0	0
機械装置	0	0	0	0	0	0	0	0	0	0	0	0	0
工具器具備品	0	0	0	0	0	0	0	0	0	0	0	0	0
土地	0	0	0	0	0	0	0	0	0	0	0	0	0
一括償却資産	0	0	0	0	0	0	0	0	0	0	0	0	0
減価償却累計額	0	0	0	0	0	0	0	0	0	0	0	0	0
（有形固定資産）	0	0	0	0	0	0	0	0	0	0	0	0	0
ソフトウェア	1,200,000	1,200,000	1,200,000	1,200,000	1,200,000	1,200,000	1,200,000	1,200,000	1,200,000	1,200,000	1,200,000	1,200,000	14,400,000
（無形固定資産）	1,200,000	1,200,000	1,200,000	1,200,000	1,200,000	1,200,000	1,200,000	1,200,000	1,200,000	1,200,000	1,200,000	1,200,000	14,400,000
出資金	0	0	0	0	0	0	0	0	0	0	0	0	0
投資有価証券	0	0	0	0	0	0	0	0	0	0	0	0	0
敷金	0	0	0	0	0	0	0	0	0	0	0	0	0
保険積立金	0	0	0	0	0	0	0	0	0	0	0	0	0
長期前払費用	0	0	0	0	0	0	0	0	0	0	0	0	0
（投資その他の資産）	0	0	0	0	0	0	0	0	0	0	0	0	0
【固定資産】	1,200,000	1,200,000	1,200,000	1,200,000	1,200,000	1,200,000	1,200,000	1,200,000	1,200,000	1,200,000	1,200,000	1,200,000	14,400,000
【資産の部】	18,625,000	15,028,780	14,422,560	15,057,900	16,729,860	19,224,440	22,735,592	24,614,616	26,822,740	29,801,332	34,274,392	36,282,613	273,619,825
短期借入金	8,000,000	8,000,000	8,000,000	8,000,000	8,000,000	8,000,000	8,000,000	8,000,000	8,000,000	8,000,000	8,000,000	5,411,757	93,411,757
未払金	5,126,220	3,341,220	4,154,660	5,758,040	6,975,420	8,328,848	10,045,976	10,056,876	10,201,408	10,701,940	12,113,536	15,252,132	102,056,276
【流動負債】	13,126,220	11,341,220	12,154,660	13,758,040	14,975,420	16,328,848	18,045,976	18,056,876	18,201,408	18,701,940	20,113,536	20,663,889	195,468,033
長期借入金	0	0	0	0	0	0	0	0	0	0	0	0	0
【固定負債】	0	0	0	0	0	0	0	0	0	0	0	0	0
【負債の部】	13,126,220	11,341,220	12,154,660	13,758,040	14,975,420	16,328,848	18,045,976	18,056,876	18,201,408	18,701,940	20,113,536	20,663,889	195,468,033
資本金	9,900,000	9,900,000	9,900,000	9,900,000	9,900,000	9,900,000	9,900,000	9,900,000	9,900,000	9,900,000	9,900,000	9,900,000	118,800,000
資本準備金	0	0	0	0	0	0	0	0	0	0	0	0	0
利益準備金	0	0	0	0	0	0	0	0	0	0	0	0	0
繰越利益剰余金	△4,401,220	△6,212,440	△7,632,100	△8,600,140	△8,145,560	△7,004,408	△5,210,364	△3,342,260	△1,278,668	1,199,392	4,260,856	5,718,724	△40,648,208
【純資産の部】	5,498,780	3,687,560	2,267,900	1,299,860	1,754,440	2,895,592	4,689,616	6,557,740	8,621,332	11,099,392	14,160,856	15,618,724	78,151,792
【負債及び純資産の部】	18,625,000	15,028,780	14,422,560	15,057,900	16,729,860	19,224,440	22,735,592	24,614,616	26,822,740	29,801,332	34,274,392	36,282,613	273,619,825

貸借対照表（想定通りパターン）

2年目

単位：円

科　　目	4月	5月	6月	7月	8月	9月	10月	11月	12月	1月	2月	3月	当月累計 金額
現金及び預金	26,179,087	28,222,961	31,497,302	34,929,612	33,067,828	37,088,173	41,215,319	45,197,505	48,895,638	37,470,254	41,409,888	42,501,778	447,675,345
売掛金	17,655,000	17,670,000	18,390,000	19,195,000	19,661,000	19,704,000	20,342,000	20,180,000	20,225,000	20,270,000	20,245,000	20,979,000	234,516,000
前払費用													0
短期貸付金													0
立替金													0
仮払金													0
未収入金													0
【流動資産】	43,834,087	45,892,961	49,887,302	54,124,612	52,728,828	56,792,173	61,557,319	65,377,505	69,120,638	57,740,254	61,654,888	63,480,778	682,191,345
建物													0
建物付属設備													0
構築物													0
機械装置													0
工具器具備品													0
土地													0
一括償却資産													0
減価償却累計額													0
（有形固定資産）	0	0	0	0	0	0	0	0	0	0	0	0	0
ソフトウェア													0
（無形固定資産）	0	0	0	0	0	0	0	0	0	0	0	0	0
出資金													0
投資有価証券	2,700,000	2,700,000	2,700,000	2,700,000	2,700,000	2,700,000	2,700,000	2,700,000	2,700,000	2,700,000	2,700,000	2,700,000	32,400,000
敷金													0
保険積立金													0
長期前払費用													0
（投資その他の資産）	2,700,000	2,700,000	2,700,000	2,700,000	2,700,000	2,700,000	2,700,000	2,700,000	2,700,000	2,700,000	2,700,000	2,700,000	32,400,000
【固定資産】	2,700,000	2,700,000	2,700,000	2,700,000	2,700,000	2,700,000	2,700,000	2,700,000	2,700,000	2,700,000	2,700,000	2,700,000	32,400,000
【資産の部】	46,534,087	48,592,961	52,587,302	56,824,612	55,428,828	59,492,173	64,257,319	68,077,505	71,820,638	60,440,254	64,354,888	66,180,778	714,591,345
短期借入金	5,411,757	5,411,757	5,411,757	5,411,757	5,411,757	5,411,757	5,411,757	5,411,757	5,411,757	5,411,757	5,411,757	2,745,867	62,025,194
未払金	15,611,126	14,395,658	14,957,690	21,056,784	15,640,654	15,576,854	16,359,814	16,481,866	31,650,384	16,330,366	16,324,866	18,311,057	212,697,123
未払費用													0
前受金													0
預り金													0
【流動負債】	21,022,883	19,807,415	20,369,447	26,468,541	21,052,411	20,988,611	21,771,571	21,893,623	37,062,141	21,742,123	21,736,623	21,056,924	274,972,317
長期借入金													0
【固定負債】	0	0	0	0	0	0	0	0	0	0	0	0	0
【負債の部】	21,022,883	19,807,415	20,369,447	26,468,541	21,052,411	20,988,611	21,771,571	21,893,623	37,062,141	21,742,123	21,736,623	21,056,924	274,972,317
資本金	9,900,000	9,900,000	9,900,000	9,900,000	9,900,000	9,900,000	9,900,000	9,900,000	9,900,000	9,900,000	9,900,000	9,900,000	118,800,000
資本準備金	7,848,606	7,848,606	7,848,606	7,848,606	7,848,606	7,848,606	7,848,606	7,848,606	7,848,606	7,848,606	7,848,606	7,848,606	94,183,272
利益準備金													0
繰越利益剰余金	7,762,598	11,036,939	14,469,249	12,607,465	16,627,810	20,754,956	24,737,142	28,435,275	17,009,891	20,949,525	24,869,658	27,375,248	226,635,756
【純資産の部】	25,511,204	28,785,545	32,217,855	30,356,071	34,376,416	38,503,562	42,485,748	46,183,881	34,758,497	38,698,131	42,618,264	45,123,854	439,619,028
【負債及び純資産の部】	46,534,087	48,592,961	52,587,302	56,824,612	55,428,828	59,492,173	64,257,319	68,077,505	71,820,638	60,440,254	64,354,888	66,180,778	714,591,345

単位：円

貸借対照表（想定通りパターン）

3年目

科目	4月	5月	6月	7月	8月	9月	10月	11月	12月	1月	2月	3月	当月残累計	金額
現金及び預金	45,168,721	46,532,204	50,065,546	54,015,925	39,560,881	44,084,535	48,576,125	52,379,815	57,496,376	42,659,150	48,179,548	51,014,670		579,734,496
売掛金	22,500,500	22,108,500	23,697,500	24,912,500	25,911,000	26,311,000	27,479,500	27,773,000	28,466,500	28,764,500	29,387,000	30,212,500		317,522,000
前払費用														0
短期貸付金														0
立替金														0
仮払金														0
未収入金														0
【流動資産】	67,670,221	68,638,704	73,763,046	78,928,425	65,471,881	70,395,535	76,055,625	80,152,815	85,962,876	71,423,650	77,966,548	81,221,170		897,256,496
建物													0	0
建物付属設備													0	0
構築物													0	0
機械装置													0	0
工具器具備品													0	0
土地													0	0
一括償却資産													0	0
減価償却累計額													0	0
【有形固定資産】	0	0	0	0	0	0	0	0	0	0	0	0	0	0
ソフトウェア													0	0
【無形固定資産】	0	0	0	0	0	0	0	0	0	0	0	0	0	0
出資金													0	0
投資有価証券													0	0
敷金	2,700,000	4,500,000	4,500,000	4,500,000	4,500,000	4,500,000	4,500,000	4,500,000	4,500,000	4,500,000	4,500,000	4,500,000		52,200,000
保険積立金													0	0
長期前払費用													0	0
【投資その他の資産】	2,700,000	4,500,000	4,500,000	4,500,000	4,500,000	4,500,000	4,500,000	4,500,000	4,500,000	4,500,000	4,500,000	4,500,000		52,200,000
【固定資産】	2,700,000	4,500,000	4,500,000	4,500,000	4,500,000	4,500,000	4,500,000	4,500,000	4,500,000	4,500,000	4,500,000	4,500,000		52,200,000
【資産の部】	70,370,221	73,138,704	78,263,046	83,428,425	69,971,881	74,895,535	80,555,625	84,652,815	90,462,876	75,923,650	82,066,548	85,727,170		949,456,496
短期借入金	2,745,867	2,745,867	2,745,867	2,745,867	2,745,867	2,745,867	2,745,867	2,745,867	2,745,867	2,745,867	2,745,867			30,204,537
未払金	19,338,017	18,573,157	19,747,121	39,367,545	21,387,346	21,819,410	23,675,810	22,656,439	43,303,726	23,244,103	23,723,635	24,332,416		301,168,724
前受金													0	0
預り金													0	0
【流動負債】	22,083,884	21,319,024	22,492,988	42,113,412	24,133,213	24,565,277	26,421,677	25,402,306	46,049,593	25,989,970	26,469,502	24,332,416		331,373,261
長期借入金													0	0
【固定負債】	0	0	0	0	0	0	0	0	0	0	0	0	0	0
【負債の部】	22,083,884	21,319,024	22,492,988	42,113,412	24,133,213	24,565,277	26,421,677	25,402,306	46,049,593	25,989,970	26,469,502	24,332,416		331,373,261
資本金	9,900,000	9,900,000	9,900,000	9,900,000	9,900,000	9,900,000	9,900,000	9,900,000	9,900,000	9,900,000	9,900,000	9,900,000		118,800,000
資本準備金	7,848,606	7,848,606	7,848,606	7,848,606	7,848,606	7,848,606	7,848,606	7,848,606	7,848,606	7,848,606	7,848,606	7,848,606		94,183,272
利益準備金														0
繰越利益剰余金	30,537,731	34,071,073	38,021,452	23,566,408	28,090,062	32,581,652	36,385,342	41,501,903	26,664,677	32,185,075	37,848,440	43,646,148		405,099,963
【純資産の部】	48,286,337	51,819,679	55,770,058	41,315,014	37,838,668	50,330,258	54,133,948	59,250,509	44,413,283	49,933,681	55,597,046	61,394,754		618,083,235
【負債及び純資産の部】	70,370,221	73,138,704	78,263,046	83,428,425	69,971,881	74,895,535	80,555,625	84,652,815	90,462,876	75,923,650	82,066,548	85,727,170		949,456,496

貸借対照表（想定通りパターン）

単位：円

4年目 科目	4月	5月	6月	7月	8月	9月	10月	11月	12月	1月	2月	3月	当月累計 金額
現金及び預金	56,894,754	62,573,286	69,058,222	75,897,627	57,902,641	64,973,082	72,345,922	78,416,931	85,976,539	65,503,212	72,843,454	80,570,696	842,956,367
売掛金	32,199,000	31,891,000	32,716,000	33,142,000	33,568,000	33,907,000	35,035,000	34,469,000	34,717,000	34,965,000	35,199,000	36,146,000	407,954,000
前払費用													0
短期貸付金													0
立替金													0
仮払金													0
未収入金													0
【流動資産】	89,093,754	94,464,286	101,774,222	109,039,627	91,470,641	98,880,082	107,380,922	112,885,931	120,693,539	100,468,212	108,042,454	116,716,696	1,250,910,367
建物													0
建物付属設備													0
機械装置													0
工具器具備品													0
土地													0
一括償却資産													0
減価償却累計額（有形固定資産）													0
ソフトウェア													0
（無形固定資産）													0
出資金													0
投資有価証券	4,500,000	4,500,000	4,500,000	4,500,000	4,500,000	4,500,000	4,500,000	4,500,000	4,500,000	4,500,000	4,500,000	4,500,000	54,000,000
敷金													0
保険積立金													0
長期前払費用													0
【投資その他の資産】	4,500,000	4,500,000	4,500,000	4,500,000	4,500,000	4,500,000	4,500,000	4,500,000	4,500,000	4,500,000	4,500,000	4,500,000	54,000,000
【固定資産】	4,500,000	4,500,000	4,500,000	4,500,000	4,500,000	4,500,000	4,500,000	4,500,000	4,500,000	4,500,000	4,500,000	4,500,000	54,000,000
【資産の部】	93,593,754	98,964,286	106,274,222	113,539,627	95,970,641	103,380,082	111,880,922	117,385,931	125,193,539	104,968,212	112,542,454	121,216,696	1,304,910,367
短期借入金													0
未払金	26,520,468	25,406,063	25,876,595	51,136,986	26,497,559	26,534,159	28,963,991	26,909,391	55,190,328	27,624,758	27,471,758	28,201,558	376,333,616
前受金													0
預り金													0
【流動負債】	26,520,468	25,406,063	25,876,595	51,136,986	26,497,559	26,534,159	28,963,991	26,909,391	55,190,328	27,624,758	27,471,758	28,201,558	376,333,616
長期借入金													0
【固定負債】													0
【負債の部】	26,520,468	25,406,063	25,876,595	51,136,986	26,497,559	26,534,159	28,963,991	26,909,391	55,190,328	27,624,758	27,471,758	28,201,558	376,333,616
資本金	9,900,000	9,900,000	9,900,000	9,900,000	9,900,000	9,900,000	9,900,000	9,900,000	9,900,000	9,900,000	9,900,000	9,900,000	118,800,000
資本準備金	7,848,606	7,848,606	7,848,606	7,848,606	7,848,606	7,848,606	7,848,606	7,848,606	7,848,606	7,848,606	7,848,606	7,848,606	94,183,272
利益準備金													0
繰越利益剰余金	49,324,680	55,809,616	62,649,021	44,654,035	51,724,476	59,097,316	65,168,325	72,727,933	52,254,606	59,594,848	67,322,090	75,266,532	715,593,479
【純資産の部】	67,073,286	73,558,222	80,397,627	62,402,641	69,473,082	76,845,922	82,916,931	90,476,539	70,003,212	77,343,454	85,070,696	93,015,138	928,576,751
【負債及び純資産の部】	93,593,754	98,964,286	106,274,222	113,539,627	95,970,641	103,380,082	111,880,922	117,385,931	125,193,539	104,968,212	112,542,454	121,216,696	1,304,910,367

損益計算書（想定通りパターン）

1年目　　　　　　　　　　　　　　　　　　　　　　　　　　　　　　　　　　　　　単位 円

科目	4月	5月	6月	7月	8月	9月	10月	11月	12月	1月	2月	3月	金額	当月累計
テレワーク事業①(ライト)	120,000	360,000	660,000	1,260,000	2,040,000	2,700,000	3,480,000	3,540,000	3,660,000	3,960,000	4,560,000	5,220,000	31,560,000	0
テレワーク事業②(ノーマル)	480,000	840,000	1,440,000	2,520,000	3,960,000	4,920,000	6,240,000	6,120,000	6,120,000	6,480,000	7,560,000	8,280,000	54,960,000	0
テレワーク事業③(PT)	75,000	150,000	300,000	375,000	525,000	675,000	675,000	675,000	750,000	750,000	825,000	900,000	6,675,000	0
医療ビジネス(ソフト管理)	50,000	180,000	335,000	635,000	905,000	1,175,000	1,445,000	1,590,000	1,735,000	1,990,000	2,230,000	2,550,000	14,820,000	0
人材紹介売上													0	0
【純売上高】	725,000	1,530,000	2,735,000	4,790,000	7,430,000	9,470,000	11,840,000	11,925,000	12,265,000	13,180,000	15,175,000	16,950,000	108,015,000	0
外注費													0	0
【売上原価】													0	0
【売上総利益】	725,000	1,530,000	2,735,000	4,790,000	7,430,000	9,470,000	11,840,000	11,925,000	12,265,000	13,180,000	15,175,000	16,950,000	108,015,000	0
役員報酬	842,000	842,000	842,000	842,000	842,000	842,000	842,000	842,000	842,000	842,000	842,000	842,000	10,104,000	0
給料手当	1,300,000	1,300,000	1,684,000	2,752,000	3,720,000	4,296,000	5,064,000	5,364,000	5,556,000	5,748,000	6,324,000	6,900,000	50,008,000	0
賞与												3,000,000	3,000,000	0
法定福利費(16%)	342,720	342,720	404,160	575,040	729,920	822,080	944,960	992,960	1,023,680	1,054,400	1,146,560	1,718,720	10,097,920	0
採用教育費			10,000	30,000	50,000	65,000	85,000	85,000	90,000	95,000	110,000	125,000	745,000	0
退職金	15,000	30,000	60,000	75,000	105,000	135,000	135,000	135,000	150,000	150,000	165,000	180,000	1,335,000	0
業務委託費	300,000												300,000	0
広告宣伝費	200,000													0
賃借料														0
修繕費														0
消耗品費	830,000													0
水道光熱費	30,000														0
旅費交通費	178,000														0
手数料	23,500														0
租税公課(印紙税等)	10,000														0
会議費	15,000														0
交際接待費	30,000														0
保険料	30,000														0
通信費	80,000														0
リース料	200,000														0
地代家賃	200,000														0
管理諸費	500,000													500,000	0
【販売費及び一般管理費】	5,126,220	3,341,220	4,154,680	5,758,040	6,975,420	7,568,080	8,849,960	8,811,460	8,825,680	9,049,900	10,072,560	14,280,220	92,813,420	0
【営業利益】	△4,401,220	△1,811,220	△1,419,660	△968,040	454,580	1,901,920	2,990,040	3,113,540	3,439,320	4,130,100	5,102,440	2,669,780	15,201,580	0
受取利息													0	0
受取配当金													0	0
雑収入												240,000	240,000	0
【営業外収益】												240,000	240,000	0
支払利息													0	0
【営業外費用】													0	0
【経常利益】	△4,401,220	△1,811,220	△1,419,660	△968,040	454,580	1,901,920	2,990,040	3,113,540	3,439,320	4,130,100	5,102,440	2,909,780	15,441,580	0
【特別損失】												480,000	480,000	0
【税引前当期純利益】	△4,401,220	△1,811,220	△1,419,660	△968,040	454,580	1,901,920	2,990,040	3,113,540	3,439,320	4,130,100	5,102,440	2,429,780	14,961,580	14,961,580
法人税、住民税及び事業税(40%)						760,768	1,196,016	1,245,416	1,375,728	1,652,040	2,040,976	971,912	9,242,856	9,242,856
【当期純利益】	△4,401,220	△1,811,220	△1,419,660	△968,040	454,580	1,141,152	1,794,024	1,868,124	2,063,592	2,478,060	3,061,464	1,457,868	5,718,724	5,718,724
【前期繰越利益剰余金】													0	
利益剰余金当期末残	△4,401,220	△6,212,440	△7,632,100	△8,600,140	△8,145,560	△7,004,408	△5,210,384	△3,342,260	△1,278,668	1,199,392	4,260,856	5,718,724	△40,648,208	△40,648,208

損益計算書（想定通りパターン）

単位：円

24年目

科　目	4月	5月	6月	7月	8月	9月	10月	11月	12月	1月	2月	3月	当月累積計 全額
テレワーク事業5(ライト)	5,040,000	5,100,000	5,280,000	5,670,000	5,796,000	5,544,000	5,607,000	5,670,000	5,670,000	5,670,000	5,670,000	5,544,000	66,261,000
テレワーク事業2(ノーマル)	8,640,000	8,880,000	9,360,000	9,720,000	10,080,000	10,320,000	10,440,000	10,560,000	10,560,000	10,560,000	10,560,000	10,800,000	120,480,000
テレワーク事業3(PT)	1,050,000	1,200,000	1,275,000	1,350,000	1,350,000	1,425,000	1,500,000	1,575,000	1,650,000	1,725,000	1,725,000	1,950,000	17,775,000
医療ビジネス（シフト管理）	2,525,000	2,490,000	2,475,000	2,455,000	2,435,000	2,415,000	2,395,000	2,375,000	2,345,000	2,315,000	2,290,000	2,285,000	28,800,000
人材紹介売上	400,000					400,000						400,000	1,200,000
【純売上高】	17,655,000	17,670,000	18,390,000	19,195,000	19,661,000	19,704,000	20,342,000	20,180,000	20,225,000	20,270,000	20,245,000	20,979,000	234,516,000
外注費							200,000					200,000	400,000
【売上原価】							200,000					200,000	400,000
【売上総利益】	17,655,000	17,670,000	18,390,000	19,195,000	19,661,000	19,704,000	20,142,000	20,180,000	20,225,000	20,270,000	20,245,000	20,779,000	234,116,000
役員報酬	1,259,400	1,259,400	1,259,400	1,259,400	1,259,400	1,259,400	1,259,400	1,259,400	1,259,400	1,259,400	1,259,400	1,259,400	15,112,800
給料手当	7,416,500	7,608,500	7,800,500	7,992,500	8,184,500	8,184,500	8,394,500	8,844,000	8,844,000	8,844,000	8,844,000	9,036,000	99,993,500
賞与				7,188,000					15,494,000				22,672,000
法定福利費(16%)	1,388,144	1,418,864	1,449,584	2,630,384	1,511,024	1,511,024	1,544,824	1,616,544	4,093,984	1,616,544	1,616,544	1,647,264	22,044,528
採用教育費	130,000	135,000	140,000	145,000	150,000	150,000	150,000	155,000	155,000	155,000	155,000	160,000	1,780,000
退職金	100,000				100,000		100,000					100,000	300,000
業務委託費	210,000	240,000	255,000	270,000	270,000	285,000	300,000	315,000	330,000	345,000	345,000	390,000	3,555,000
広告宣伝費	1,000,000											2,000,000	3,000,000
賃借料	150,000	150,000	150,000	150,000	150,000	150,000	150,000	150,000	150,000	150,000	150,000	150,000	1,800,000
修繕費	600,000												600,000
消耗品費	490,000	390,000	390,000	190,000	190,000	40,000	340,000	390,000	40,000	40,000	40,000	390,000	2,730,000
水道光熱費	45,000	45,000	52,500	52,500	60,000	60,000	67,500	67,500	75,000	75,000	82,500	82,500	765,000
旅費交通費	256,000	256,000	256,000	256,000	256,000	256,000	268,000	280,000	280,000	280,000	280,000	280,000	3,204,000
手数料	68,500	70,000	71,500	73,000	74,500	74,500	76,000	79,000	79,000	79,000	79,000	80,500	904,500
租税公課(印紙税等)	10,000	10,000	10,000	10,000	10,000	10,000	10,000	10,000	10,000	10,000	10,000	10,000	120,000
会議費	30,000	30,000	30,000	30,000	30,000	30,000	30,000	30,000	30,000	30,000	30,000	30,000	360,000
交際接待費	60,000	60,000	60,000	60,000	60,000	60,000	60,000	60,000	60,000	60,000	60,000	60,000	720,000
保険料	300,000												300,000
通信費	185,000	190,000	195,000	200,000	205,000	205,000	205,000	210,000	210,000	210,000	210,000	215,000	2,440,000
リース料	100,000	100,000	100,000	100,000	100,000	100,000	100,000	100,000	100,000	100,000	100,000	100,000	1,200,000
地代家賃	450,000	450,000	450,000	450,000	450,000	450,000	450,000	450,000	450,000	450,000	450,000	450,000	
【販売費及び一般管理費】	14,248,544	12,212,764	12,669,484	21,056,784	12,960,424	12,825,424	13,505,024	14,016,444	31,650,384	13,703,944	13,711,444	16,440,664	189,001,328
【営業利益】	3,406,456	5,457,236	5,720,516	△1,861,784	6,700,576	6,878,576	6,636,976	6,163,556	△11,425,384	6,566,056	6,533,556	4,338,336	45,114,672
受取利息													0
受取配当金													0
雑収入												162,353	162,353
【営業外収益】												162,353	162,353
支払利息												162,353	162,353
【営業外費用】												162,353	162,353
【経常利益】	3,406,456	5,457,236	5,720,516	△1,861,784	6,700,576	6,878,576	6,636,976	6,163,556	△11,425,384	6,566,056	6,533,556	4,175,983	44,952,319
【特別利益】													0
【特別損失】													0
[税引前当期純利益]	3,406,456	5,457,236	5,720,516	△1,861,784	6,700,576	6,878,576	6,636,976	6,163,556	△11,425,384	6,566,056	6,533,556	4,175,983	44,952,319
法人税,住民税及び事業税(40%)	1,362,582	2,182,894	2,288,206	△1,861,784	2,680,230	2,751,430	2,654,790	2,465,422	△11,425,384	2,626,422	2,613,422	1,670,393	23,295,795
[当期純利益]	2,043,874	3,274,342	3,432,310	△1,861,784	4,020,346	4,127,146	3,982,186	3,698,134	△11,425,384	3,939,634	3,920,134	2,505,590	21,656,524
[前首繰越利益剰余金]	5,718,724	7,762,598	11,036,939	14,469,249	12,607,465	16,627,810	20,754,956	24,737,142	28,435,275	17,009,891	20,949,525	24,869,658	204,979,232
[利益剰余金配当額]													0
[期末繰越利益剰余金]	7,762,598	11,036,939	14,469,249	12,607,465	16,627,810	20,754,956	24,737,142	28,435,275	17,009,891	20,949,525	24,869,658	27,375,248	226,635,756

43

損益計算書（想定通りパターン）

3年目
単位：円

科目	4月	5月	6月	7月	8月	9月	10月	11月	12月	1月	2月	3月	当月累計 金額
テレワーク事業①（ライト）	5,918,500	5,918,500	6,441,500	6,834,500	7,161,000	7,090,000	7,351,500	7,613,000	7,874,500	8,004,500	8,201,000	8,131,500	86,540,000
テレワーク事業②（ノーマル）	11,468,500	11,468,500	12,438,000	13,170,000	13,778,000	14,256,000	14,616,000	14,976,000	15,336,000	15,450,000	15,816,000	16,302,000	169,068,000
テレワーク事業③（PT）	1,950,000	1,950,000	1,950,000	1,950,000	1,950,000	1,950,000	1,950,000	1,950,000	1,950,000	1,950,000	1,950,000	1,875,000	23,250,000
医療ビジネス（シフト管理）	2,766,000	2,772,000	2,868,000	2,958,000	3,024,000	3,090,000	3,162,000	3,234,000	3,306,000	3,360,000	3,420,000	3,504,000	37,464,000
人材紹介売上	400,000						400,000					400,000	1,200,000
【売上高】	22,500,500	22,106,500	23,697,500	24,912,500	25,911,000	26,311,000	27,479,500	27,773,000	28,466,500	28,764,500	29,387,000	30,212,500	317,522,000
外注費	200,000												600,000
【売上原価】	200,000												600,000
【売上総利益】	22,300,500	22,106,500	23,697,500	24,912,500	25,911,000	26,311,000	27,479,500	27,773,000	28,466,500	28,764,500	29,387,000	30,212,500	316,922,000
役員報酬	1,598,750	1,598,750	1,598,750	1,598,750	1,598,750	1,598,750	1,598,750	1,598,750	1,598,750	1,598,750	1,598,750	1,598,750	19,185,000
給料手当	9,831,160	10,121,160	10,505,160	11,154,385	11,538,385	11,922,385	11,922,385	12,379,610	12,763,610	12,763,610	12,955,610	13,147,610	141,005,070
賞与				18,503,800					20,206,800				38,710,600
法定福利費（16%）	1,828,786	1,875,186	1,936,626	5,001,110	2,101,942	2,163,382	2,163,382	2,236,538	5,531,068	2,297,978	2,328,698	2,359,418	31,824,107
采用教育費	160,000	160,000	180,000	180,000	190,000	200,000	200,000	205,000	215,000	215,000	215,000	220,000	2,340,000
退職金	100,000				100,000				100,000				300,000
業務委託費	390,000	390,000	390,000	390,000	390,000	390,000	390,000	390,000	390,000	390,000	390,000	390,000	4,650,000
広告宣伝費	1,000,000						2,000,000						3,000,000
賃借料	150,000	300,000	300,000	300,000	300,000	300,000	300,000	300,000	300,000	300,000	300,000	300,000	3,450,000
修繕費	240,000	40,000	340,000	340,000	340,000	340,000	340,000	190,000	340,000	40,000	190,000	190,000	2,930,000
消耗品費	82,500	82,500	140,000	140,000	140,000	140,000	140,000	140,000	140,000	140,000	140,000	140,000	1,565,000
水道光熱費	330,000	330,000	330,000	342,000	342,000	342,000	342,000	354,000	354,000	354,000	354,000	354,000	4,128,000
旅費交通費	83,500	85,000	88,000	92,500	95,500	98,500	101,500	104,500	104,500	104,500	106,000	107,500	1,165,500
手数料	10,000	10,000	10,000	10,000	10,000	10,000	10,000	10,000	10,000	10,000	10,000	10,000	120,000
租税公課（印紙税等）	100,000	100,000	100,000	100,000	100,000	100,000	100,000	100,000	100,000	100,000	100,000	100,000	1,200,000
会議費	60,000	60,000	60,000	60,000	60,000	60,000	60,000	60,000	60,000	60,000	60,000	60,000	720,000
交際接待費	215,000	215,000	225,000	235,000	245,000	255,000	255,000	260,000	270,000	270,000	275,000	280,000	3,000,000
保険料	100,000			170,000								175,000	1,900,000
通信費													
リース料													
地代家賃	450,000	750,000	750,000	750,000	750,000	750,000	750,000	750,000	750,000	750,000	750,000	750,000	8,700,000
管理諸費	300,000												300,000
【販売費及び一般管理費】	17,029,696	16,217,598	17,113,536	39,367,545	18,371,577	18,875,017	20,940,017	19,245,398	43,303,726	19,563,838	19,948,058	20,287,278	270,193,277
【営業利益】	5,270,804	5,888,904	6,583,964	△14,455,045	7,539,423	7,485,983	6,339,483	8,527,602	△14,837,226	9,200,662	9,438,942	9,745,222	46,728,723
受取配当金	0	0	0	0	0	0	0	0	0	0	0	0	0
受取利息	0	0	0	0	0	0	0	0	0	0	0	0	0
雑収入	0	0	0	0	0	0	0	0	0	0	0	0	0
【営業外収益】	0	0	0	0	0	0	0	0	0	0	0	0	0
支払利息												82,376	82,376
【営業外費用】												82,376	82,376
【経常利益】	5,270,804	5,888,904	6,583,964	△14,455,045	7,539,423	7,485,983	6,339,483	8,527,602	△14,837,226	9,200,662	9,438,942	9,662,846	46,646,347
【特別損益】	0	0	0	0	0	0	0	0	0	0	0	0	0
【税引前当期純利益】	5,270,804	5,888,904	6,583,964	△14,455,045	7,539,423	7,485,983	6,339,483	8,527,602	△14,837,226	9,200,662	9,438,942	9,662,846	46,646,347
法人税、住民税及び事業税（40%）	2,108,322	2,355,562	2,633,586		3,015,769	2,994,393	2,535,793	3,411,041		3,680,265	3,775,577	3,865,139	30,375,747
【当期純利益】	3,162,483	3,533,343	3,950,379	△14,455,045	4,523,654	4,491,590	3,803,690	5,116,561	△14,837,226	5,520,397	5,663,365	5,797,708	16,270,900
（期首繰越利益剰余金）	27,375,248	30,537,731	34,071,073	38,021,452	23,566,408	28,090,062	32,581,652	36,385,342	41,501,903	26,664,677	32,185,075	37,848,440	388,829,063
利益剰余金分配額													
【期末繰越利益剰余金】	30,537,731	34,071,073	38,021,452	23,566,408	28,090,062	32,581,652	36,385,342	41,501,903	26,664,677	32,185,075	37,848,440	43,646,148	405,099,963

損益計算書（想定通りパターン）

第2部

単位：円

4年目

科目	4月	5月	6月	7月	8月	9月	10月	11月	12月	1月	2月	3月	当月残高累計 全額
テレワーク事業①(ライト)	8,645,000	8,705,000	8,970,000	9,100,000	9,230,000	9,360,000	9,425,000	9,490,000	9,555,000	9,620,000	9,685,000	9,750,000	111,535,000
テレワーク事業②(ノーマル)	16,930,000	16,920,000	17,410,000	17,650,000	17,890,000	18,130,000	18,250,000	18,370,000	18,490,000	18,610,000	18,730,000	18,850,000	216,230,000
テレワーク事業③(PT)	2,080,000	2,080,000	2,080,000	2,080,000	2,080,000	2,000,000	2,080,000	2,080,000	2,080,000	2,080,000	2,080,000	2,000,000	24,800,000
医療ビジネス（シフト管理）	4,144,000	4,186,000	4,256,000	4,312,000	4,368,000	4,417,000	4,480,000	4,529,000	4,592,000	4,655,000	4,704,000	4,746,000	53,389,000
人材紹介売上	400,000	0	0	0	0	0	800,000	0	0	0	0	800,000	2,000,000
【純売上高】	32,199,000	31,891,000	32,716,000	33,142,000	33,568,000	33,907,000	35,035,000	34,469,000	34,717,000	34,965,000	35,199,000	36,146,000	407,954,000
外注費	200,000						400,000					400,000	1,000,000
【売上原価】	200,000						400,000					400,000	1,000,000
【売上総利益】	31,999,000	31,891,000	32,716,000	33,142,000	33,568,000	33,907,000	34,635,000	34,469,000	34,717,000	34,965,000	35,199,000	35,746,000	406,954,000
役員報酬	1,627,818	1,627,818	1,627,818	1,627,818	1,627,818	1,627,818	1,627,818	1,627,818	1,627,818	1,627,818	1,627,818	1,627,818	19,533,817
給料手当	13,689,665	13,988,365	14,180,365	14,372,365	14,564,365	14,564,365	14,756,365	14,756,365	14,756,365	15,221,547	15,221,547	15,221,547	175,293,226
賞与				25,506,270					28,724,720				54,230,990
法定福利費(16%)	2,450,797	2,498,589	2,529,209	6,641,033	2,590,749	2,590,749	2,621,469	2,621,469	7,217,425	2,695,898	2,695,898	2,695,898	39,849,285
採用教育費	230,000	230,000	235,000	240,000	245,000	245,000	250,000	250,000	250,000	255,000	255,000	255,000	2,940,000
退職金	100,000										200,000	200,000	500,000
業務委託費	390,000	390,000	390,000	390,000	390,000	375,000	390,000	390,000	390,000	390,000	390,000	375,000	4,650,000
広告宣伝費	1,000,000						2,000,000						3,000,000
賃借料	150,000	150,000	150,000	150,000	150,000	150,000	150,000	150,000	150,000	150,000	150,000	150,000	1,800,000
修繕費													0
消耗品費	540,000	190,000	190,000	190,000	190,000	40,000	490,000	40,000	40,000	340,000	40,000	40,000	2,330,000
水道光熱費	140,000	140,000	140,000	140,000	140,000	140,000	140,000	140,000	140,000	140,000	140,000	140,000	1,680,000
旅費交通費	378,000	378,000	378,000	378,000	378,000	378,000	378,000	378,000	378,000	390,000	390,000	390,000	4,572,000
手数料	113,500	115,000	116,500	118,500	118,000	118,000	118,000	121,000	121,000	121,000	10,000	10,000	1,198,500
租税公課(印紙税等)	10,000	10,000	10,000	10,000	10,000	10,000	10,000	10,000	10,000	10,000	10,000	10,000	1,200,000
会議費	100,000	100,000	100,000	100,000	100,000	100,000	100,000	100,000	60,000	100,000	100,000	100,000	1,200,000
交際接待費	60,000	60,000	60,000	60,000	60,000	60,000	60,000	60,000	60,000	60,000	60,000	60,000	720,000
保険料	350,000												350,000
通信費	285,000	285,000	290,000	295,000	300,000	300,000	305,000	305,000	305,000	310,000	310,000	310,000	3,600,000
リース料	170,000	170,000	170,000	170,000	170,000	170,000	170,000	170,000	170,000	170,000	170,000	170,000	2,040,000
地代家賃	750,000	750,000	750,000	750,000	750,000	750,000	750,000	750,000	750,000	750,000	750,000	750,000	
雑費													0
【販売費及び一般管理費】	22,534,780	21,082,772	21,316,892	51,138,986	21,783,932	21,618,832	24,516,652	21,869,652	55,190,328	22,731,263	22,320,263	22,305,263	328,607,818
【営業利益】	9,464,220	10,808,228	11,399,108	△ 17,994,986	11,784,068	12,288,068	10,118,348	12,599,348	△ 20,473,328	12,233,737	12,878,737	13,240,737	78,346,182
受取利息													0
受取配当金													0
雑収入													0
【営業外収益】	0	0	0	0	0	0	0	0	0	0	0	0	0
支払利息													0
【営業外費用】	0	0	0	0	0	0	0	0	0	0	0	0	0
【経常利益】	9,464,220	10,808,228	11,399,108	△ 17,994,986	11,784,068	12,288,068	10,118,348	12,599,348	△ 20,473,328	12,233,737	12,878,737	13,240,737	78,346,182
【特別利益】	0	0	0	0	0	0	0	0	0	0	0	0	0
【特別損失】	0	0	0	0	0	0	0	0	0	0	0	0	0
【税引前当期純利益】	9,464,220	10,808,228	11,399,108	△ 17,994,986	11,784,068	12,288,068	10,118,348	12,599,348	△ 20,473,328	12,233,737	12,878,737	13,240,737	78,346,182
法人税、住民税及び事業税(40%)	3,785,688	4,323,291	4,559,603	4,713,627	4,915,227	1,647,339	5,039,739	7,559,609	4,301,495	5,151,495	5,296,295		46,725,798
【当期純利益】	5,678,532	6,484,937	6,839,405	△ 17,994,986	7,070,441	7,372,841	6,071,009	65,168,325	△ 20,473,328	7,727,242	7,944,442	7,944,442	31,620,384
【期首繰越利益剰余金】	43,646,148	49,324,680	55,809,616	62,649,021	44,654,035	51,724,476	59,097,316	65,168,325	72,727,933	52,254,606	59,594,848	67,322,090	683,973,095
利益剰余金配当等													0
【期末繰越利益剰余金】	49,324,680	55,809,616	62,649,021	44,654,035	51,724,476	59,097,316	65,168,325	72,727,933	52,254,606	59,594,848	67,322,090	75,266,532	715,593,479

45

キャッシュフロー計算書（想定通りパターン）

1年目

	4月	5月	6月	7月	8月	9月	10月	11月	12月	1月	2月	3月	合計
営業活動によるキャッシュフロー													
営業収入	0	725,000	1,530,000	2,735,000	4,790,000	7,430,000	9,470,000	11,840,000	11,925,000	12,265,000	13,180,000	15,175,000	91,065,000
△ 仕入支出	0	0	0	0	0	0	0	0	0	0	0	0	0
△ 人件費支出	0	2,142,000	2,142,000	2,526,000	3,594,000	4,562,000	5,138,000	5,906,000	6,206,000	6,398,000	6,590,000	7,166,000	52,370,000
△ その他販管費支出	0	2,984,220	1,199,220	1,628,660	2,164,040	2,413,420	2,430,080	2,943,960	2,605,460	2,427,680	2,459,900	2,906,560	26,163,200
利子配当等受取額	0	0	0	0	0	0	760,768	1,196,016	1,245,416	1,375,728	1,652,040	2,040,976	8,270,944
△ 法人税等支払額	0	0	0	0	0	0	0	0	0	0	0	0	0
△													0
△													0
【営業活動CF】	0	△4,401,220	△1,811,220	△1,419,660	△968,040	454,580	2,662,688	4,186,056	4,358,956	4,815,048	5,782,140	7,143,416	20,802,744
投資活動によるキャッシュフロー													
有形固定資産取得													0
有形固定資産売却													0
貸付金支出													0
貸付金回収													0
△ 敷金支出	1,200,000												1,200,000
△													0
【投資活動CF】	△1,200,000	0	0	0	0	0	0	0	0	0	0	0	△1,200,000
財務活動によるキャッシュフロー													
借入金収入	8,000,000												8,000,000
△ 借入金支出												2,828,243	2,828,243
株式発行収入													
△ 配当金支出													
【財務活動CF】	8,000,000	0	0	0	0	0	0	0	0	0	0	△2,828,243	5,171,757
現金預金の増加額	6,800,000	△4,401,220	△1,811,220	△1,419,660	△968,040	454,580	2,662,688	4,186,056	4,358,956	4,815,048	5,782,140	4,315,173	24,774,501
現金預金の期首残高	9,900,000	16,700,000	12,298,780	10,487,560	9,067,900	8,099,860	8,554,440	11,217,128	15,403,184	19,762,140	24,577,188	30,359,328	9,900,000
現金預金の期末残高	16,700,000	12,298,780	10,487,560	9,067,900	8,099,860	8,554,440	11,217,128	15,403,184	19,762,140	24,577,188	30,359,328	34,674,501	34,674,501

キャッシュフロー計算書（想定通りパターン）

2年目

項目	4月	5月	6月	7月	8月	9月	10月	11月	12月	1月	2月	3月	合計
営業活動によるキャッシュフロー													
営業収入	16,950,000	17,655,000	17,670,000	18,390,000	19,195,000	19,661,000	19,704,000	20,342,000	20,180,000	20,225,000	20,270,000	20,245,000	230,487,000
△ 仕入支出	0	0	0	0	0	0	0	200,000	0	0	0	0	200,000
△ 人件費支出	10,742,220	8,675,900	8,887,900	9,059,900	16,439,900	9,443,900	9,443,900	9,653,900	10,103,400	25,587,400	10,103,400	10,103,400	138,224,900
△ その他販管費支出	7,114,220	5,572,644	3,344,864	3,609,584	4,616,884	3,516,524	3,381,524	3,851,124	3,913,044	6,062,984	3,600,544	3,608,044	52,191,984
利子配当金受取額	0	0	0	0	0	0	0	0	0	0	0	0	0
△ 法人税等支払額	971,912	1,362,582	2,182,894	2,288,206	0	2,680,230	2,751,430	2,654,790	2,465,422	0	2,626,422	2,613,422	22,597,314
△													0
△													0
△													0
【営業活動CF】	65,692	4,769,038	7,640,130	8,008,722	△ 1,861,784	9,380,806	9,630,006	9,291,766	8,628,978	△ 11,425,384	9,192,478	9,146,978	62,467,430
投資活動によるキャッシュフロー													0
△ 有形固定資産取得													0
有形固定資産売却													0
△ 貸付金支出	2,700,000												2,700,000
貸付金回収													0
△ 敷金支出													0
敷金返還	1,200,000												1,200,000
【投資活動CF】	△ 1,500,000	0	0	0	0	0	0	0	0	0	0	0	△ 1,500,000
財務活動によるキャッシュフロー													0
借入金収入													0
△ 借入金支出												2,828,243	2,828,243
株式発行収入	7,848,606												7,848,606
△ 配当金支出													0
【財務活動CF】	7,848,606	0	0	0	0	0	0	0	0	0	0	△ 2,828,243	5,020,363
現金預金の増加額	6,414,298	4,769,038	7,640,130	8,008,722	△ 1,861,784	9,380,806	9,630,006	9,291,766	8,628,978	△ 11,425,384	9,192,478	6,318,735	65,987,793
現金預金の期首残高	34,674,501	41,088,799	45,857,837	53,497,968	61,506,690	59,644,906	69,025,713	78,655,719	87,947,485	96,576,464	85,151,080	94,343,558	34,674,501
現金預金の期末残高	41,088,799	45,857,837	53,497,968	61,506,690	59,644,906	69,025,713	78,655,719	87,947,485	96,576,464	85,151,080	94,343,558	100,662,294	100,662,294

キャッシュフロー計算書（想定通りパターン）

3年目

項目	4月	5月	6月	7月	8月	9月	10月	11月	12月	1月	2月	3月	合計
営業活動によるキャッシュフロー													
営業収入	20,979,000	22,500,500	22,106,500	23,697,500	24,912,500	25,911,000	26,311,000	27,479,500	27,773,000	28,466,500	28,764,500	29,387,000	308,288,500
△ 仕入支出	200,000	200,000	200,000	0	0	0	0	200,000	0	0	0	0	600,000
△ 人件費支出	10,295,400	11,429,910	11,719,910	12,103,910	31,256,935	13,137,135	13,521,135	13,521,135	13,978,360	34,569,160	14,362,360	14,554,360	194,449,710
△ その他販管費支出	6,145,264	5,599,786	4,497,686	5,009,626	8,110,610	5,234,442	5,303,882	7,418,882	5,267,038	8,734,566	5,201,478	5,393,698	71,916,954
利子配当受取額	0	0	0	0	0	0	0	0	0	0	0	0	0
△ 法人税等支払額	1,670,393	2,108,322	2,355,562	2,633,586	0	3,015,769	2,994,393	2,535,793	3,411,041	0	3,680,265	3,775,577	28,180,701
													0
△													0
△													0
【営業活動CF】	6,008,729	7,379,126	8,244,466	9,217,550	△ 14,455,045	10,555,193	10,480,377	8,875,277	11,938,643	△ 14,837,226	12,880,927	13,214,519	69,502,536
投資活動によるキャッシュフロー													0
△ 有形固定資産取得													0
有形固定資産売却													0
△ 貸付金支出													0
貸付金回収													0
敷金支出		1,800,000											1,800,000
敷金返還													0
【投資活動CF】	0	△ 1,800,000	0	0	0	0	0	0	0	0	0	0	△ 1,800,000
財務活動によるキャッシュフロー													0
借入金収入													0
△ 借入金支出	0												0
株式発行収入													0
△ 配当金支出												2,828,243	2,828,243
【財務活動CF】	0	0	0	0	0	0	0	0	0	0	0	△ 2,828,243	△ 2,828,243
現金預金の増加額	6,008,729	5,579,126	8,244,466	9,217,550	△ 14,455,045	10,555,193	10,480,377	8,875,277	11,938,643	△ 14,837,226	12,880,927	10,386,276	64,874,295
現金預金の期首残高	100,662,294	106,671,023	112,250,149	120,494,615	129,712,165	115,257,121	125,812,313	136,292,690	145,167,967	157,106,610	142,269,385	155,150,312	100,662,294
現金預金の期末残高	106,671,023	112,250,149	120,494,615	129,712,165	115,257,121	125,812,313	136,292,690	145,167,967	157,106,610	142,269,385	155,150,312	165,536,588	165,536,588

キャッシュフロー計算書（想定通りパターン）
4年目

科目	4月	5月	6月	7月	8月	9月	10月	11月	12月	1月	2月	3月	合計
営業活動によるキャッシュフロー													
営業収入	30,212,500	32,199,000	31,891,000	32,716,000	33,142,000	33,568,000	33,907,000	35,035,000	34,469,000	34,717,000	34,965,000	35,199,000	402,020,500
△ 仕入支出	200,000	200,000	0	0	0	0	0	400,000	0	0	0	0	800,000
△ 人件費支出	14,746,360	15,317,483	15,616,183	15,808,183	41,506,453	16,192,183	16,192,183	16,384,183	16,384,183	45,108,903	16,849,365	16,849,365	246,955,028
△ その他販管費支出	5,520,918	7,217,297	5,466,589	5,508,009	9,630,533	5,591,749	5,428,749	8,132,469	5,485,469	10,081,425	5,881,898	5,470,898	79,414,805
利子配当金受取額	0	0	0	0	0	0	0	0	0	0	0	0	0
△ 利子配当金支払額	3,865,139	3,785,688	4,323,291	4,559,603	0	4,713,627	4,915,227	4,047,339	5,039,739	0	4,893,495	5,151,495	45,294,642
													0
△													0
△													0
【営業活動CF】	13,610,361	13,249,907	15,131,519	15,958,611	△17,994,986	16,497,695	17,203,295	14,165,687	17,639,087	△20,473,328	17,127,231	18,030,231	120,145,309
投資活動によるキャッシュフロー													
△ 有形固定資産取得													0
有形固定資産売却													0
△ 貸付金支出													0
貸付金回収													0
△ 敷金支出	0												0
敷金返還	0												0
【投資活動CF】	0	0	0	0	0	0	0	0	0	0	0	0	0
財務活動によるキャッシュフロー													
借入金収入													0
△ 借入金支出													0
株式発行収入													0
△ 配当金支出													0
【財務活動CF】	0	0	0	0	0	0	0	0	0	0	0	0	0
現金預金の増加額	13,610,361	13,249,907	15,131,519	15,958,611	△17,994,986	16,497,695	17,203,295	14,165,687	17,639,087	△20,473,328	17,127,231	18,030,231	120,145,309
現金預金の期首残高	165,536,588	179,146,949	192,396,857	207,528,375	223,486,986	205,492,000	221,989,695	239,192,989	253,358,676	270,997,762	250,524,435	267,651,666	165,536,588
現金預金の期末残高	179,146,949	192,396,857	207,528,375	223,486,986	205,492,000	221,989,695	239,192,989	253,358,676	270,997,762	250,524,435	267,651,666	285,681,896	285,681,896

売上モデル1年目（広島）

テレワーク事業①（単価60,000円）

	4月	5月	6月	7月	8月	9月	10月	11月	12月	1月	2月	3月
営業人員数	1	1	1	1	2	2	2	2	1.5	1.5	2.5	2.5
営業日数	19	17	22	21	20	21	22	19	20	18	18	23
アタック数/日	50	50	50	50	50	50	50	50	50	50	50	50
アタック数/月	950	850	1,100	2,100	2,000	2,100	2,200	1,425	1,500	2,250	2,250	2,875
成約率（月別）	0.25%	0.5%	0.5%	0.5%	0.75%	0.75%	0.75%	0.5%	0.5%	0.5%	0.75%	0.75%
契約単価	60,000	60,000	60,000	60,000	60,000	60,000	60,000	60,000	60,000	60,000	60,000	60,000
解約率	10%	10%	10%	10%	10%	15%	10%	10%	10%	10%	10%	15%
累計契約件数	2	6	11	21	34	45	58	59	61	66	76	87

テレワーク事業②（単価120,000円）

	4月	5月	6月	7月	8月	9月	10月	11月	12月	1月	2月	3月
営業人員数	1	1	1	1	2	2	2	2	1.5	1.5	2.5	2.5
営業日数	19	17	22	21	20	21	22	19	20	18	18	23
アタック数/日	50	50	50	50	50	50	50	50	50	50	50	50
アタック数/月	950	850	1,100	2,100	2,000	2,100	2,200	1,425	1,500	2,250	2,250	2,875
成約率（月別）	0.25%	0.5%	0.5%	0.5%	0.75%	0.75%	0.75%	0.5%	0.5%	0.5%	0.75%	0.75%
契約単価	120,000	120,000	120,000	120,000	120,000	120,000	120,000	120,000	120,000	120,000	120,000	120,000
解約率	15%	15%	15%	15%	15%	25%	15%	15%	15%	15%	15%	25%
累計契約件数	4	7	12	21	33	41	52	51	51	54	63	69

テレワーク事業③ パートナー販売（単価75,000円）

	4月	5月	6月	7月	8月	9月	10月	11月	12月	1月	2月	3月
パートナー数	1	1	1	1	2	2	2	2	1.5	1.5	2.5	3
成約数/月	2	2	2	2	2	2	2	2	2	2	2	2
契約単価	75,000	75,000	75,000	75,000	75,000	75,000	75,000	75,000	75,000	75,000	75,000	75,000
解約率	10%	10%	10%	10%	10%	15%	10%	10%	10%	10%	10%	15%
累計契約件数	2	4	5	7	7	9	9	9	9	10	11	12

医療ビジネス（シフト管理）（単価500円）

	4月	5月	6月	7月	8月	9月	10月	11月	12月	1月	2月	3月
営業人員数	1	1	1	1	2	2	2	2	1.5	1.5	2.5	2.5
営業日数	19	17	22	21	20	21	22	19	20	18	18	23
アタック数/日	50	50	50	50	50	50	50	50	50	50	50	50
アタック数/月	950	850	1,100	2,100	2,000	2,100	2,200	1,425	1,500	2,250	2,250	2,875
成約率（月別）	3%	3%	3%	3%	3%	3%	3%	3%	3%	3%	3%	3%
契約単価	5,000	5,000	5,000	5,000	5,000	5,000	5,000	5,000	5,000	5,000	5,000	5,000
解約率	5%	5%	5%	5%	5%	5%	5%	5%	5%	5%	5%	5%
累計契約件数	29	36	67	127	181	235	289	318	347	398	446	510

人材紹介事業

	4月	5月	6月	7月	8月	9月	10月	11月	12月	1月	2月	3月
成約数/月	0	0	0	0	0	0	0	0	0	0	0	0
紹介手数料/人	400,000	400,000	400,000	400,000	400,000	400,000	400,000	400,000	400,000	400,000	400,000	400,000
契約単価	0	0	0	0	0	0	0	0	0	0	0	0

1年目売上げ合計

	4月	5月	6月	7月	8月	9月	10月	11月	12月	1月	2月	3月	合計
テレワーク事業①（直販0.5）	120,000	360,000	660,000	1,260,000	2,040,000	2,700,000	3,480,000	3,540,000	3,660,000	3,960,000	4,560,000	5,220,000	31,560,000
テレワーク事業②（直販12.5）	480,000	840,000	1,440,000	2,520,000	3,960,000	4,920,000	6,240,000	6,120,000	6,120,000	6,480,000	7,560,000	8,280,000	54,960,000
テレワーク事業③（PT7.5万）	75,000	150,000	300,000	375,000	525,000	675,000	675,000	675,000	750,000	750,000	825,000	900,000	6,675,000
医療ビジネス（直販0.5万）	50,000	180,000	335,000	635,000	905,000	1,175,000	1,445,000	1,590,000	1,735,000	1,990,000	2,230,000	2,550,000	14,820,000
人材紹介事業	0	0	0	0	0	0	0	0	0	0	0	0	0
合計	725,000	1,530,000	2,735,000	4,790,000	7,430,000	9,470,000	11,840,000	11,925,000	12,265,000	13,180,000	15,175,000	16,950,000	108,015,000

売上モデル2年目（広島）

テレワーク事業①（直販 単価60,000円）

	4月	5月	6月	7月	8月	9月	10月	11月	12月	1月	2月	3月
営業人員数	2	2	2	2	2	2	2	2	2	2	2	2
営業日数	20	18	22	21	21	20	20	20	18	17	18	22
アタック数／日	50	50	50	50	50	50	50	50	50	50	50	50
アタック数／月	2,000	1,800	2,200	2,100	2,100	2,000	2,000	2,000	1,800	1,700	1,800	2,200
成約率（月別）	0.5%	0.5%	0.5%	0.5%	0.5%	0.5%	0.5%	0.5%	0.5%	0.5%	0.5%	0.5%
契約数／月	10	9	11	11	11	10	10	10	9	9	9	11
契約単価	60,000	60,000	60,000	63,000	63,000	63,000	63,000	63,000	63,000	63,000	63,000	63,000
解約率	15%	10%	10%	10%	10%	15%	10%	10%	10%	10%	10%	15%
累計契約数	84	85	88	90	92	88	89	90	90	90	90	88

テレワーク事業②（直販 単価120,000円）

	4月	5月	6月	7月	8月	9月	10月	11月	12月	1月	2月	3月
営業人員数	2	2	2	2	2	2	2	2	2	2	2	2
営業日数	20	18	22	21	21	20	20	20	18	17	18	22
アタック数／日	50	50	50	50	50	50	50	50	50	50	50	50
アタック数／月	2,000	1,800	2,200	2,100	2,100	2,000	2,000	2,000	1,800	1,700	1,800	2,200
成約率（月別）	0.5%	0.5%	0.5%	0.5%	0.5%	0.5%	0.5%	0.5%	0.5%	0.5%	0.5%	0.5%
契約数／月	10	9	11	11	11	10	10	10	9	9	9	11
契約単価	120,000	120,000	120,000	120,000	120,000	120,000	120,000	120,000	120,000	120,000	120,000	120,000
解約率	10%	10%	10%	10%	10%	10%	10%	10%	10%	10%	10%	10%
累計契約数	72	74	78	81	84	86	87	88	88	88	88	90

テレワーク事業③（パートナー販売 単価75,000円）

	4月	5月	6月	7月	8月	9月	10月	11月	12月	1月	2月	3月
パートナー数	5	5	5	5	5	5	5	5	5	5	5	5
成約率／月	3	3	3	3	3	3	3	3	3	3	3	3
契約単価	75,000	75,000	75,000	75,000	75,000	75,000	75,000	75,000	75,000	75,000	75,000	75,000
解約率	10%	10%	10%	10%	10%	15%	10%	10%	10%	10%	10%	15%
累計契約数	14	16	17	18	18	19	20	21	22	23	23	26

医療ビジネス（シフト管理）（直販 単価55,000円）

	4月	5月	6月	7月	8月	9月	10月	11月	12月	1月	2月	3月
営業人員数	2	2	2	2	2	2	2	2	2	2	2	2
営業日数	20	18	22	21	21	20	20	20	18	17	18	22
アタック数／日	50	50	50	50	50	50	50	50	50	50	50	50
アタック数／月	2,000	1,800	2,200	2,100	2,100	2,000	2,000	2,000	1,800	1,700	1,800	2,200
成約率（月別）	1.0%	1.0%	1.0%	1.0%	1.0%	1.0%	1.0%	1.0%	1.0%	1.0%	1.0%	1.0%
契約数／月	20	18	22	21	21	20	20	20	18	17	18	22
契約単価	5,000	5,000	5,000	5,000	5,000	5,000	5,000	5,000	5,000	5,000	5,000	5,000
解約率	5%	5%	5%	5%	5%	5%	5%	5%	5%	5%	5%	5%
累計契約数	505	498	495	491	487	483	479	475	469	463	458	457

人材紹介事業

	4月	5月	6月	7月	8月	9月	10月	11月	12月	1月	2月	3月
成約率／月	1	1	0	0	1	1	1	1	1	1	1	1
紹介手数料／人	400,000	400,000			400,000	400,000	400,000	400,000	400,000	400,000	400,000	400,000
契約単価	400000	400000	0	0	400000	400000	400000	400000	400000	400000	400000	400000

2年目売り上げ合計

	4月	5月	6月	7月	8月	9月	10月	11月	12月	1月	2月	3月	合計
テレワーク事業①（直販6万）	5,040,000	5,100,000	5,280,000	5,670,000	5,796,000	5,544,000	5,607,000	5,670,000	5,670,000	5,670,000	5,670,000	5,544,000	66,261,000
テレワーク事業②（直販12万）	8,640,000	8,880,000	9,360,000	9,720,000	10,080,000	10,320,000	10,440,000	10,560,000	10,560,000	10,560,000	10,560,000	10,800,000	120,480,000
テレワーク事業③（PT7.5万）	1,050,000	1,200,000	1,275,000	1,350,000	1,350,000	1,425,000	1,500,000	1,575,000	1,650,000	1,725,000	1,725,000	1,950,000	17,775,000
医療ビジネス（直販5.5万）	2,525,000	2,490,000	2,475,000	2,455,000	2,435,000	2,415,000	2,395,000	2,375,000	2,345,000	2,315,000	2,290,000	2,285,000	28,800,000
人材紹介売上	400,000	400,000	0	0	400,000	400,000	400,000	400,000	400,000	400,000	400,000	400,000	1,200,000
合計	17,655,000	17,670,000	18,390,000	19,195,000	19,661,000	19,704,000	20,342,000	20,180,000	20,225,000	20,270,000	20,245,000	20,979,000	234,516,000

売上モデル3年目（広島）

テレワーク事業① 直販（単価120,000円）

	4月	5月	6月	7月	8月	9月	10月	11月	12月	1月	2月	3月
営業人員数	2	2	2	2	2	2	2	2	2	2	2	2
営業日数	20	17	22	21	19	19	20	20	20	18	19	22
アタック数／日	50	50	50	50	50	50	50	50	50	50	50	50
アタック数／月	2,000	1,700	2,200	2,100	1,900	1,900	2,000	2,000	2,000	1,800	1,900	2,200
成約率（月別）	0.5%	0.5%	0.5%	0.5%	0.5%	0.5%	0.5%	0.5%	0.5%	0.5%	0.5%	0.5%
契約数／月	10	9	11	11	10	10	10	10	10	9	10	11
契約単価	66,500	66,500	66,500	66,500	66,500	66,500	66,500	66,500	66,500	66,500	66,500	66,500
解約率	10%	10%	10%	10%	10%	15%	10%	10%	10%	10%	10%	15%
累計契約数	89	89	91	93	94	90	91	92	93	93	94	91

テレワーク事業② 直販（単価120,000円）

	4月	5月	6月	7月	8月	9月	10月	11月	12月	1月	2月	3月
営業人員数	2	2	2	2	2	2	2	2	2	2	2	2
営業日数	20	17	22	21	19	19	20	20	20	18	19	22
アタック数／日	50	50	50	50	50	50	50	50	50	50	50	50
アタック数／月	2,000	1,700	2,200	2,100	1,900	1,900	2,000	2,000	2,000	1,800	1,900	2,200
成約率（月別）	0.50%	0.5%	0.5%	0.5%	0.5%	0.50%	0.50%	0.5%	0.5%	0.5%	0.50%	0.50%
契約数／月	10	10	11	11	10	10	10	10	10	9	10	11
契約単価	126,000	126,000	126,000	126,000	126,000	126,000	126,000	126,000	126,000	126,000	126,000	126,000
解約率	10%	10%	10%	10%	10%	10%	10%	10%	10%	10%	10%	15%
累計契約数	91	91	93	95	96	96	96	96	96	95	96	97

テレワーク事業③ パートナー販売（単価75,000円）

	4月	5月	6月	7月	8月	9月	10月	11月	12月	1月	2月	3月
パートナー数／月	3	3	3	3	3	3	3	3	3	3	3	3
成約単価	75,000	75,000	75,000	75,000	75,000	75,000	75,000	75,000	75,000	75,000	75,000	75,000
契約単価	10%	10%	10%	10%	10%	15%	10%	10%	10%	10%	10%	15%
解約率	26	26	26	26	26	25	26	26	26	26	26	25
累計契約数	26	26	26	26	26	25	26	26	26	26	26	25

医療ビジネス（クント管理） 直販（単価500円）

	4月	5月	6月	7月	8月	9月	10月	11月	12月	1月	2月	3月
営業人員数	2	2	2	2	2	2	2	2	2	2	2	2
営業日数	20	17	22	21	19	19	20	20	20	18	19	22
アタック数／日	50	50	50	50	50	50	50	50	50	50	50	50
アタック数／月	2,000	1,700	2,200	2,100	1,900	1,900	2,000	2,000	2,000	1,800	1,900	2,200
成約率（月別）	0.75%	0.75%	0.75%	0.75%	0.75%	0.75%	0.75%	0.75%	0.75%	0.75%	0.75%	0.75%
契約数／月	15	13	17	16	14	14	15	15	15	14	14	17
契約単価	6,000	6,000	6,000	6,000	6,000	6,000	6,000	6,000	6,000	6,000	6,000	6,000
解約率	2.5%	2.5%	2.5%	2.5%	2.5%	2.5%	2.5%	2.5%	2.5%	2.5%	2.5%	2.5%
累計契約数	461	462	467	471	473	475	478	481	484	486	488	493

人材紹介事業

	4月	5月	6月	7月	8月	9月	10月	11月	12月	1月	2月	3月
成約数／人	1	0	0	0	0	0	0	0	0	0	0	1
紹介手数料／人	400000	400000	400000	400000	400000	400000	400000	400000	400000	400000	400000	400000
契約単価	400000	400000	0	0	0	0	0	0	0	0	0	400000

3年目売り上げ合計

	4月	5月	6月	7月	8月	9月	10月	11月	12月	1月	2月	3月	合計
テレワーク事業①（直販6.5万）	5,918,500	5,918,500	6,051,500	6,184,500	6,251,000	5,985,000	6,051,500	6,118,000	6,184,500	6,184,500	6,251,000	6,051,500	73,150,000
テレワーク事業②（直販12万）	11,466,000	11,466,000	11,718,000	11,970,000	12,096,000	12,096,000	12,096,000	12,096,000	12,096,000	11,970,000	12,096,000	12,222,000	143,388,000
テレワーク事業③（PT7.5万）	1,950,000	1,950,000	1,950,000	1,950,000	1,950,000	1,875,000	1,950,000	1,950,000	1,950,000	1,950,000	1,950,000	1,875,000	23,250,000
医療ビジネス（直販0.5万）	2,766,000	2,772,000	2,802,000	2,826,000	2,838,000	2,850,000	2,868,000	2,886,000	2,904,000	2,916,000	2,928,000	2,958,000	34,314,000
人材紹介の売上	400,000	400,000	400,000	0	400,000	400,000	400,000	400,000	400,000	400,000	400,000	400,000	1,200,000
合計	22,500,500	22,106,500	22,521,500	22,930,500	23,135,000	22,806,000	23,365,500	23,050,000	23,134,500	23,020,500	23,225,000	23,506,500	275,302,000

売上モデル4年目（広報）

テレワーク事業① 直販（単価65,000円）

	4月	5月	6月	7月	8月	9月	10月	11月	12月	1月	2月	3月
営業人員数	2	2	2	2	2	2	2	2	2	2	2	2
営業日数	20	18	22	20	20	20	20	20	21	21	19	20
アタック数／日	50	50	50	50	50	50	50	50	50	50	50	50
アタック数／月	2,000	1,800	2,200	2,000	2,000	2,000	2,000	2,000	2,100	2,100	1,900	2,000
成約率（月別）	0.3%	0.3%	0.3%	0.3%	0.3%	0.3%	0.3%	0.3%	0.3%	0.3%	0.3%	0.3%
成約数／月	6	5	7	6	6	6	6	6	6	6	6	6
契約単価	70,000	70,000	70,000	70,000	70,000	70,000	70,000	70,000	70,000	70,000	70,000	70,000
解約率	7%	7%	7%	7%	7%	7%	7%	7%	7%	7%	7%	7%
累計契約数	91	90	91	91	91	91	91	91	91	91	91	91

テレワーク事業② 直販（単価120,000円）

	4月	5月	6月	7月	8月	9月	10月	11月	12月	1月	2月	3月
営業人員数	2	2	2	2	2	2	2	2	2	2	2	2
営業日数	20	18	22	20	20	20	20	20	21	21	19	20
アタック数／日	50	50	50	50	50	50	50	50	50	50	50	50
アタック数／月	2,000	1,800	2,200	2,000	2,000	2,000	2,000	2,000	2,100	2,100	1,900	2,000
成約率（月別）	0.3%	0.3%	0.3%	0.3%	0.30%	0.30%	0.30%	0.3%	0.3%	0.3%	0.30%	0.30%
成約数／月	6	5	6	6	6	6	6	6	6	6	6	6
契約単価	130,000	130,000	130,000	130,000	130,000	130,000	130,000	130,000	130,000	130,000	130,000	130,000
解約率	6%	6%	6%	6%	6%	6%	6%	6%	6%	6%	6%	6%
累計契約数	97	96	97	97	97	97	97	97	97	97	97	97

テレワーク事業③ パートナー販売（単価75,000円）

	4月	5月	6月	7月	8月	9月	10月	11月	12月	1月	2月	3月
パートナー数／月	5	5	5	5	5	5	5	5	5	5	5	5
成約数／月	3	3	3	3	3	3	3	3	3	3	3	3
契約単価	80,000	80,000	80,000	80,000	80,000	80,000	80,000	80,000	80,000	80,000	80,000	80,000
解約率	10%	10%	10%	10%	10%	15%	10%	10%	10%	10%	10%	15%
累計契約数	26	26	26	26	26	25	26	26	26	26	26	25

医療ビジネス（シフト管理）直販（単価65,000円）

	4月	5月	6月	7月	8月	9月	10月	11月	12月	1月	2月	3月
営業人員数	2	2	2	2	2	2	2	2	2	2	2	2
営業日数	20	18	22	20	20	20	20	20	21	21	19	20
アタック数／日	50	50	50	50	50	50	50	50	50	50	50	50
アタック数／月	2,000	1,800	2,200	2,000	2,000	2,000	2,000	2,000	2,100	2,100	1,900	2,000
成約率（月別）	0.5%	0.5%	0.5%	0.5%	0.5%	0.5%	0.5%	0.5%	0.5%	0.5%	0.5%	0.5%
成約数／月	10	9	11	10	10	10	10	11	11	11	10	10
契約単価	7,000	7,000	7,000	7,000	7,000	7,000	7,000	7,000	7,000	7,000	7,000	7,000
解約率	2%	2.0%	2.0%	2.0%	2.0%	2.0%	2.0%	2.0%	2.0%	2.0%	2.0%	2.0%
累計契約数	493	492	493	493	493	493	494	494	495	496	496	496

人材紹介事業

	4月	5月	6月	7月	8月	9月	10月	11月	12月	1月	2月	3月
成約数／月	1	0	0	0	0	0	1	0	0	0	0	1
紹介手数料／人	400,000	400,000	400,000	400,000	400,000	400,000	400,000	400,000	400,000	400,000	400,000	400,000
契約単価	400000	400000	400000	400000	400000	400000	400000	400000	400000	400000	400000	400000

4年目売り上げ合計

	4月	5月	6月	7月	8月	9月	10月	11月	12月	1月	2月	3月	合計
テレワーク事業①（直販6.5万）	6,370,000	6,300,000	6,370,000	6,370,000	6,370,000	6,370,000	6,370,000	6,370,000	6,370,000	6,370,000	6,370,000	6,370,000	76,370,000
テレワーク事業②（直販12万）	12,610,000	12,480,000	12,610,000	12,610,000	12,610,000	12,610,000	12,610,000	12,610,000	12,610,000	12,610,000	12,610,000	12,610,000	151,190,000
テレワーク事業③（PT7.5万）	2,080,000	2,080,000	2,080,000	2,080,000	2,080,000	2,000,000	2,080,000	2,080,000	2,080,000	2,080,000	2,080,000	2,000,000	24,800,000
医療ビジネス③（直販6.5万）	3,451,000	3,444,000	3,451,000	3,451,000	3,451,000	3,451,000	3,458,000	3,458,000	3,465,000	3,472,000	3,472,000	3,472,000	41,496,000
人材紹介の売上	400,000	0	0	0	0	0	400,000	0	0	0	0	400,000	1,200,000
合計	24,911,000	24,304,000	24,511,000	24,511,000	24,511,000	24,431,000	24,918,000	24,518,000	24,525,000	24,532,000	24,532,000	24,852,000	295,056,000

売上モデル1年目（21年 福岡）

テレワーク事業① 直販（単価65,000円）

	4月	5月	6月	7月	8月	9月	10月	11月	12月	1月	2月	3月
営業人員数			2	2	2	2	2	2	2	2	2	2
営業日数			22	21	19	19	20	20	20	18	19	22
アタック数/日			50	50	50	50	50	50	50	50	50	50
アタック数（月別）			2,200	2,100	1,900	1,900	2,000	2,000	2,000	1,800	1,900	2,200
成約率			0.25%	0.25%	0.25%	0.25%	0.25%	0.25%	0.25%	0.25%	0.25%	0.25%
契約数/月			6	5	5	5	5	5	5	5	5	6
契約単価			65,000	65,000	65,000	65,000	65,000	65,000	65,000	65,000	65,000	65,000
解約率			10%	10%	10%	15%	10%	10%	10%	10%	10%	15%
累計契約数			6	10	14	17	20	23	26	28	30	32

テレワーク事業② 直販（単価120,000円）

	4月	5月	6月	7月	8月	9月	10月	11月	12月	1月	2月	3月
営業人員数			2	2	2	2	2	2	2	2	2	2
営業日数			22	21	19	19	20	20	20	20	18	19	22
アタック数/月			50	50	50	50	50	50	50	50	50	50
アタック数（月別）			2,200	2,100	1,900	1,900	2,000	2,000	2,000	2,000	1,800	1,900	2,200
成約率			0.25%	0.3%	0.25%	0.25%	0.25%	0.3%	0.25%	0.3%	0.3%	0.25%
契約数/月			6	5	5	5	5	5	5	5	5	6
契約単価			120,000	120,000	120,000	120,000	120,000	120,000	120,000	120,000	120,000	120,000
解約率			10%	10%	10%	10%	10%	10%	10%	10%	10%	10%
累計契約数			6	10	14	18	21	24	27	29	31	34

医療ビジネス（シフト管理） 直販（単価6000円）

	4月	5月	6月	7月	8月	9月	10月	11月	12月	1月	2月	3月
営業人員数			2	2	2	2	2	2	2	2	2	2
営業日数			22	21	19	19	20	20	20	20	18	19	22
アタック数/日			50	50	50	50	50	50	50	50	50	50
アタック数（月別）			2,200	2,100	1,900	1,900	2,000	2,000	2,000	2,000	1,800	1,900	2,200
成約率			0.50%	0.50%	0.50%	0.50%	0.50%	0.50%	0.50%	0.50%	0.50%	0.50%
契約数/月			11	11	10	10	10	10	10	10	9	10	11
契約単価			6,000	6,000	6,000	6,000	6,000	6,000	6,000	6,000	6,000	6,000
解約率			2.5%	2.5%	2.5%	2.5%	2.5%	2.5%	2.5%	2.5%	2.5%	2.5%
累計契約数			11	22	31	40	49	58	67	74	82	91

人材紹介事業

	4月	5月	6月	7月	8月	9月	10月	11月	12月	1月	2月	3月
成約数/月	0	0	0	0	0	0	0	0	0	0	0	0
紹介手数料/人	400,000	400,000	400,000	400,000	400,000	400,000	400,000	400,000	400,000	400,000	400,000	400,000
契約単価	0	0	0	0	0	0	0	0	0	0	0	0

3年目売り上げ合計

	4月	5月	6月	7月	8月	9月	10月	11月	12月	1月	2月	3月	合計
テレワーク事業③（直販6万）			390,000	650,000	910,000	1,105,000	1,300,000	1,495,000	1,690,000	1,820,000	1,950,000	2,080,000	13,390,000
テレワーク事業②（直販12万）			720,000	1,200,000	1,680,000	2,160,000	2,520,000	2,880,000	3,240,000	3,480,000	3,720,000	4,080,000	25,680,000
医療ビジネス（直販0.5万）			66,000	132,000	186,000	240,000	294,000	348,000	402,000	444,000	492,000	546,000	3,150,000
人材紹介売上			0	0	0	0	0	0	0	0	0	0	0
合計			1,176,000	1,982,000	2,776,000	3,505,000	4,114,000	4,723,000	5,332,000	5,744,000	6,162,000	6,706,000	42,220,000

売上モデル2年目（02年・福岡）

テレワーク事業① 直販（単価665,000円）

	4月	5月	6月	7月	8月	9月	10月	11月	12月	1月	2月	3月
営業人員数	2	2	2	2	2	2	2	2	2	2	2	2
営業日数	20	18	22	20	19	20	21	21	21	21	19	20
アタック数／日	50	50	50	50	50	50	50	50	50	50	50	50
アタック数／月	2,000	1,800	2,200	2,000	1,900	2,000	2,100	2,000	2,100	2,100	1,900	2,000
成約率（月別）	0.3%	0.3%	0.3%	0.3%	0.3%	0.3%	0.3%	0.3%	0.3%	0.3%	0.3%	0.3%
成約数／月	6	5	7	6	6	6	6	6	6	6	6	6
契約単価	65,000	65,000	65,000	65,000	65,000	65,000	65,000	65,000	65,000	65,000	65,000	65,000
解約率	10%	10%	10%	10%	10%	10%	10%	10%	10%	10%	10%	10%
累計契約数	35	37	40	42	44	46	47	48	49	50	51	52

テレワーク事業② 直販（単価120,000円）

	4月	5月	6月	7月	8月	9月	10月	11月	12月	1月	2月	3月
営業人員数	2	2	2	2	2	2	2	2	2	2	2	2
営業日数	20	18	22	20	19	20	21	21	21	21	19	20
アタック数／日	50	50	50	50	50	50	50	50	50	50	50	50
アタック数／月	2,000	1,800	2,200	2,000	1,900	2,000	2,100	2,000	2,100	2,100	1,900	2,000
成約率（月別）	0.25%	0.30%	0.30%	0.30%	0.30%	0.30%	0.30%	0.30%	0.30%	0.30%	0.30%	0.30%
成約数／月	5	5	7	6	6	6	6	6	6	6	6	6
契約単価	120,000	120,000	120,000	120,000	120,000	120,000	120,000	120,000	120,000	120,000	120,000	120,000
解約率	10%	10%	10%	10%	10%	10%	10%	10%	10%	10%	10%	10%
累計契約数	36	37	40	42	44	46	47	48	49	50	51	52

医療ビジネス（シフト管理） 直販（単価5,000円）

	4月	5月	6月	7月	8月	9月	10月	11月	12月	1月	2月	3月
営業人員数	2	2	2	2	2	2	2	2	2	2	2	2
営業日数	20	18	22	20	19	20	21	21	21	21	21	20
アタック数／日	50	50	50	50	50	50	50	50	50	50	50	50
アタック数／月	2,000	1,800	2,200	2,000	1,900	2,000	2,100	2,000	2,100	2,100	2,100	2,000
成約率（月別）	0.5%	0.5%	0.5%	0.5%	0.5%	0.5%	0.5%	0.5%	0.5%	0.5%	0.5%	0.5%
成約数／月	10	9	11	10	10	10	11	10	10	11	10	10
契約単価	7,000	7,000	7,000	7,000	7,000	7,000	7,000	7,000	7,000	7,000	7,000	7,000
解約率	2.0%	2.0%	2.0%	2.0%	2.0%	2.0%	2.0%	2.0%	2.0%	2.0%	2.0%	2.0%
累計契約数	99	106	115	123	131	138	146	153	161	169	176	182

人材紹介事業

	4月	5月	6月	7月	8月	9月	10月	11月	12月	1月	2月	3月
成約数／月	0	0	0	0	0	0	1	0	0	0	0	1
紹介手数料／人	400,000	400,000	400,000	400,000	400,000	400,000	400,000	400,000	400,000	400,000	400,000	400,000
契約単価	0	0	0	0	0	0	400,000	0	0	0	0	400,000

4年目売り上げ合計

	4月	5月	6月	7月	8月	9月	10月	11月	12月	1月	2月	3月	合計
テレワーク事業①（直販65万）	2,275,000	2,405,000	2,600,000	2,730,000	2,860,000	2,990,000	3,055,000	3,120,000	3,185,000	3,250,000	3,315,000	3,380,000	35,165,000
テレワーク事業②（直販12万）	4,320,000	4,440,000	4,800,000	5,040,000	5,280,000	5,520,000	5,640,000	5,760,000	5,880,000	6,000,000	6,120,000	6,240,000	65,040,000
医療ビジネス	693,000	742,000	805,000	861,000	917,000	966,000	1,022,000	1,071,000	1,127,000	1,183,000	1,232,000	1,274,000	11,893,000
人材紹介売上	0	0	0	0	0	0	400,000	0	0	0	0	400,000	800,000
合計	7,288,000	7,587,000	8,205,000	8,631,000	9,057,000	9,476,000	10,117,000	9,951,000	10,192,000	10,433,000	10,667,000	11,294,000	112,898,000

貸借対照表（予想以上パターン）

1年目　　　単位　円

科目	4月	5月	6月	7月	8月	9月	累計	10月	11月	12月	1月	2月	3月	当月累計 金額
現金及び預金	16,700,000	12,350,780	10,645,560	9,411,900	8,779,860	9,768,440		11,317,592	13,632,416	16,018,940	18,608,132	21,647,792	22,532,613	171,414,025
売掛金	777,000	1,636,000	2,921,000	5,126,000	7,964,000	10,150,000		12,708,000	12,789,000	13,141,000	14,116,000	16,261,000	18,162,000	115,751,000
前払費用														0
短期貸付金														0
立替金														0
仮払金														0
未収入金														0
【流動資産】	17,477,000	13,986,780	13,566,560	14,537,900	16,743,860	19,918,440		24,025,592	26,421,416	29,159,940	32,724,132	37,908,792	40,694,613	287,165,025
建物														0
建物付属設備														0
構築物														0
機械装置														0
工具器具備品														0
土地														0
一括償却資産														0
減価償却累計額														0
（有形固定資産）	0	0	0	0	0	0		0	0	0	0	0	0	0
ソフトウェア	1,200,000	1,200,000	1,200,000	1,200,000	1,200,000	1,200,000		1,200,000	1,200,000	1,200,000	1,200,000	1,200,000	1,200,000	14,400,000
（無形固定資産）	1,200,000	1,200,000	1,200,000	1,200,000	1,200,000	1,200,000		1,200,000	1,200,000	1,200,000	1,200,000	1,200,000	1,200,000	14,400,000
出資金														0
投資有価証券														0
敷金														0
保険積立金														0
長期前払費用														0
（投資その他の資産）														0
【固定資産】	1,200,000	1,200,000	1,200,000	1,200,000	1,200,000	1,200,000		1,200,000	1,200,000	1,200,000	1,200,000	1,200,000	1,200,000	14,400,000
【資産の部】	18,677,000	15,186,780	14,766,560	15,737,900	17,943,860	21,118,440		25,225,592	27,621,416	30,359,940	33,924,132	39,108,792	41,894,613	301,565,025
短期借入金	8,000,000	8,000,000	8,000,000	8,000,000	8,000,000	8,000,000		8,000,000	8,000,000	8,000,000	8,000,000	8,000,000	5,411,757	93,411,757
未払金	5,126,220	3,341,220	4,154,660	5,758,040	6,975,420	8,600,848		10,393,176	10,402,476	10,551,808	11,076,340	12,547,936	15,736,932	104,665,076
前受金														0
源泉預り金														0
預り金														0
【流動負債】	13,126,220	11,341,220	12,154,660	13,758,040	14,975,420	16,600,848		18,393,176	18,402,476	18,551,808	19,076,340	20,547,936	21,148,689	198,076,833
長期借入金														0
【固定負債】	0	0	0	0	0	0		0	0	0	0	0	0	0
【負債の部】	13,126,220	11,341,220	12,154,660	13,758,040	14,975,420	16,600,848		18,393,176	18,402,476	18,551,808	19,076,340	20,547,936	21,148,689	198,076,833
資本金	9,900,000	9,900,000	9,900,000	9,900,000	9,900,000	9,900,000		9,900,000	9,900,000	9,900,000	9,900,000	9,900,000	9,900,000	118,800,000
資本準備金														0
利益準備金														0
繰越利益剰余金	△4,349,220	△6,054,440	△7,288,100	△7,920,140	△6,931,560	△5,382,408		△3,067,584	△681,060	1,908,132	4,947,792	8,660,856	10,845,924	△15,311,808
【純資産の部】	5,550,780	3,845,560	2,611,900	1,979,860	2,968,440	4,517,592		6,832,416	9,218,940	11,808,132	14,847,792	18,560,856	20,745,924	103,488,192
【負債及び純資産の部】	18,677,000	15,186,780	14,766,560	15,737,900	17,943,860	21,118,440		25,225,592	27,621,416	30,359,940	33,924,132	39,108,792	41,894,613	301,565,025

貸借対照表（予想以上パターン）

2年目　　　単位：円

科目	4月	5月	6月	7月	8月	9月	10月	11月	12月	1月	2月	3月	当月累計 金額
現金及び預金	31,306,287	34,084,561	38,108,902	42,326,012	41,814,228	46,669,773	51,629,719	56,454,305	61,004,438	50,999,054	55,790,688	57,734,578	567,922,545
売掛金	18,879,000	18,920,000	19,698,000	20,545,000	21,053,000	21,092,000	21,746,000	21,600,000	21,645,000	21,690,000	21,665,000	22,407,000	250,940,000
前払費用													0
短期貸付金													0
立替金													0
仮払金													0
未収入金													0
【流動資産】	50,185,287	53,004,561	57,806,902	62,871,012	62,867,228	67,761,773	73,375,719	78,054,305	82,649,438	72,689,054	77,455,688	80,141,578	818,862,545
建物													0
建物付属設備													0
構築物													0
機械装置													0
工具器具備品													0
土地													0
一括償却資産													0
減価償却累計額													0
（有形固定資産）	0	0	0	0	0	0	0	0	0	0	0	0	0
ソフトウェア	2,700,000	2,700,000	2,700,000	2,700,000	2,700,000	2,700,000	2,700,000	2,700,000	2,700,000	2,700,000	2,700,000	2,700,000	32,400,000
（無形固定資産）	2,700,000	2,700,000	2,700,000	2,700,000	2,700,000	2,700,000	2,700,000	2,700,000	2,700,000	2,700,000	2,700,000	2,700,000	32,400,000
出資金													0
投資有価証券													0
敷金													0
保険積立金													0
長期前払費用													0
（投資その他の資産）	0	0	0	0	0	0	0	0	0	0	0	0	0
【固定資産】	2,700,000	2,700,000	2,700,000	2,700,000	2,700,000	2,700,000	2,700,000	2,700,000	2,700,000	2,700,000	2,700,000	2,700,000	32,400,000
【資産の部】	52,885,287	55,704,561	60,506,902	65,571,012	65,567,228	70,461,773	76,075,719	80,754,305	85,349,438	75,389,054	80,155,688	82,841,578	851,262,545
短期借入金	5,411,757	5,411,757	5,411,757	5,411,757	5,411,757	5,411,757	5,411,757	5,411,757	5,411,757	5,411,757	5,411,757	2,745,867	62,275,194
未払金	16,100,726	14,895,658	15,480,890	21,056,784	16,197,454	16,132,054	16,921,414	17,049,866	31,650,384	16,896,366	16,892,866	18,882,257	218,158,723
未払費用													0
前受金													0
預り金													0
温泉預り金													0
【流動負債】	21,512,483	20,307,415	20,892,647	26,468,541	21,609,211	21,543,811	22,333,171	22,461,623	37,062,141	22,310,123	22,304,623	21,628,124	280,433,917
長期借入金													0
【固定負債】	0	0	0	0	0	0	0	0	0	0	0	0	0
【負債の部】	21,512,483	20,307,415	20,892,647	26,468,541	21,609,211	21,543,811	22,333,171	22,461,623	37,062,141	22,310,123	22,304,623	21,628,124	280,433,917
資本金	9,900,000	9,900,000	9,900,000	9,900,000	9,900,000	9,900,000	9,900,000	9,900,000	9,900,000	9,900,000	9,900,000	9,900,000	118,800,000
資本準備金	7,848,606	7,848,606	7,848,606	7,848,606	7,848,606	7,848,606	7,848,606	7,848,606	7,848,606	7,848,606	7,848,606	7,848,606	94,183,272
利益準備金													0
繰越利益剰余金	13,624,198	17,648,539	21,865,649	21,353,865	26,209,410	31,169,356	35,993,942	40,544,075	30,538,691	35,330,325	40,102,458	43,464,848	357,845,356
【純資産の部】	31,372,804	35,397,145	39,614,255	39,102,471	43,958,016	48,917,962	53,742,548	58,292,681	48,287,297	53,078,931	57,851,064	61,213,454	570,213,454
【負債及び純資産の部】	52,885,287	55,704,561	60,506,902	65,571,012	65,567,228	70,461,773	76,075,719	80,754,305	85,349,438	75,389,054	80,155,688	82,841,578	851,262,545

貸借対照表（予想以上パターン）

3年目　　単位：円

科　目	4月	5月	6月	7月	8月	9月	10月	11月	12月	1月	2月	3月	当月累計金額
現金及び預金	61,259,321	63,406,904	67,725,346	72,546,625	59,648,081	65,159,935	70,667,925	75,525,515	81,733,476	68,777,750	75,444,448	79,457,370	841,352,696
売掛金	23,609,000	23,415,000	25,149,000	26,469,000	27,558,000	28,005,000	29,236,000	29,592,000	30,348,000	30,675,000	31,350,000	32,218,000	337,824,000
前払費用													0
短期貸付金													0
立替金													0
仮払金													0
未収入金													0
【流動資産】	85,068,321	86,821,904	92,874,346	99,015,625	87,206,081	93,164,935	99,903,925	105,117,515	112,081,476	99,452,750	106,794,448	111,675,370	1,179,176,696
建物													0
建物付属設備													0
構築物													0
機械装置													0
工具器具備品													0
土地													0
一括償却資産													0
減価償却累計額													0
（有形固定資産）													0
ソフトウェア													0
（無形固定資産）													0
出資金													0
投資有価証券													0
敷金	2,700,000	4,500,000	4,500,000	4,500,000	4,500,000	4,500,000	4,500,000	4,500,000	4,500,000	4,500,000	4,500,000	4,500,000	52,200,000
保証積立金													0
長期前払費用													0
（投資その他の資産）	2,700,000	4,500,000	4,500,000	4,500,000	4,500,000	4,500,000	4,500,000	4,500,000	4,500,000	4,500,000	4,500,000	4,500,000	52,200,000
【固定資産】	2,700,000	4,500,000	4,500,000	4,500,000	4,500,000	4,500,000	4,500,000	4,500,000	4,500,000	4,500,000	4,500,000	4,500,000	52,200,000
【資産の部】	87,768,321	91,321,904	97,374,346	103,515,625	91,706,081	97,664,935	104,403,925	109,617,515	116,581,476	103,952,750	111,294,448	116,175,370	1,231,376,696
短期借入金	2,745,867	2,745,867	2,745,867	2,745,867	2,745,867	2,745,867	2,745,867	2,745,867	2,745,867	2,745,867	2,745,867	0	30,204,537
未払金	19,861,417	19,096,557	20,327,721	39,367,545	22,046,146	22,497,010	24,378,410	23,384,039	43,303,726	24,008,303	24,508,835	25,134,616	307,914,324
前受金													0
源泉預り金													0
預り金													0
【流動負債】	22,607,284	21,842,424	23,073,588	42,113,412	24,792,013	25,242,877	27,124,277	26,129,906	46,049,593	26,754,170	27,254,702	25,134,616	338,118,861
長期借入金													0
【固定負債】													0
【負債の部】	22,607,284	21,842,424	23,073,588	42,113,412	24,792,013	25,242,877	27,124,277	26,129,906	46,049,593	26,754,170	27,254,702	25,134,616	338,118,861
資本金	9,900,000	9,900,000	9,900,000	9,900,000	9,900,000	9,900,000	9,900,000	9,900,000	9,900,000	9,900,000	9,900,000	9,900,000	118,800,000
資本準備金	7,848,606	7,848,606	7,848,606	7,848,606	7,848,606	7,848,606	7,848,606	7,848,606	7,848,606	7,848,606	7,848,606	7,848,606	94,183,272
利益準備金													0
繰越損益剰余金	47,412,431	51,730,873	56,552,152	43,653,608	49,165,462	54,673,452	59,531,042	65,739,003	52,783,277	59,449,975	66,291,140	73,292,148	680,274,563
【純資産の部】	65,161,037	69,479,479	74,300,758	61,402,214	66,914,068	72,422,058	77,279,848	83,487,609	70,531,883	77,198,581	84,039,746	91,040,754	893,257,835
【負債及び純資産の部】	87,768,321	91,321,904	97,374,346	103,515,625	91,706,081	97,664,935	104,403,925	109,617,515	116,581,476	103,952,750	111,294,448	116,175,370	1,231,376,696

貸借対照表（予想以上パターン）

4年目　　　　　　　　　　　　　　　　　　　　　　　　　　　　　　　　　　　　　単位:円

科目	4月	5月	6月	7月	8月	9月	10月	11月	12月	1月	2月	3月	金額
現金及び預金	86,540,754	93,538,686	101,349,022	109,557,627	93,882,641	102,367,882	111,178,322	118,698,331	127,718,339	109,698,012	118,521,454	127,743,296	1,300,794,367
売掛金	34,398,000	34,100,000	34,998,000	35,462,000	35,526,000	36,303,000	37,450,000	36,903,000	37,170,000	37,437,000	37,690,000	38,656,000	436,493,000
前払費用													0
短期貸付金													0
立替金													0
仮払金													0
未収入金													0
【流動資産】	120,938,754	127,638,686	136,347,022	145,019,627	129,908,641	138,670,882	148,628,322	155,601,331	164,888,339	147,135,012	156,211,454	166,399,296	1,737,287,367
建物	0	0	0	0	0	0	0	0	0	0	0	0	0
建物付属設備	0	0	0	0	0	0	0	0	0	0	0	0	0
構築物	0	0	0	0	0	0	0	0	0	0	0	0	0
機械装置	0	0	0	0	0	0	0	0	0	0	0	0	0
工具器具備品	0	0	0	0	0	0	0	0	0	0	0	0	0
土地	0	0	0	0	0	0	0	0	0	0	0	0	0
一括償却資産	0	0	0	0	0	0	0	0	0	0	0	0	0
減価償却累計額	0	0	0	0	0	0	0	0	0	0	0	0	0
（有形固定資産）	0	0	0	0	0	0	0	0	0	0	0	0	0
ソフトウェア	0	0	0	0	0	0	0	0	0	0	0	0	0
（無形固定資産）	0	0	0	0	0	0	0	0	0	0	0	0	0
出資金													0
投資有価証券	4,500,000	4,500,000	4,500,000	4,500,000	4,500,000	4,500,000	4,500,000	4,500,000	4,500,000	4,500,000	4,500,000	4,500,000	54,000,000
保険積立金													0
敷金													0
長期前払費用													0
（投資その他の資産）	4,500,000	4,500,000	4,500,000	4,500,000	4,500,000	4,500,000	4,500,000	4,500,000	4,500,000	4,500,000	4,500,000	4,500,000	54,000,000
【固定資産】	4,500,000	4,500,000	4,500,000	4,500,000	4,500,000	4,500,000	4,500,000	4,500,000	4,500,000	4,500,000	4,500,000	4,500,000	54,000,000
【資産の部】	125,438,754	132,138,686	140,847,022	149,519,627	134,308,641	143,170,882	153,128,322	160,101,331	169,388,339	151,835,012	160,711,454	170,899,296	1,791,287,367
短期借入金	0	0	0	0	0	0	0	0	0	0	0	0	0
未払金	27,400,068	26,289,663	26,789,395	51,136,986	27,440,759	27,492,559	29,929,991	27,882,991	55,190,328	28,613,558	28,468,158	29,205,558	385,840,016
前受金	0	0	0	0	0	0	0	0	0	0	0	0	0
預り金	0	0	0	0	0	0	0	0	0	0	0	0	0
【流動負債】	27,400,068	26,289,663	26,789,395	51,136,986	27,440,759	27,492,559	29,929,991	27,882,991	55,190,328	28,613,558	28,468,158	29,205,558	385,840,016
長期借入金	0	0	0	0	0	0	0	0	0	0	0	0	0
【固定負債】	0	0	0	0	0	0	0	0	0	0	0	0	0
【負債の部】	27,400,068	26,289,663	26,789,663	51,136,986	27,440,759	27,492,559	29,929,991	27,882,991	55,190,328	28,613,558	28,468,158	29,205,558	385,840,016
資本金	9,900,000	9,900,000	9,900,000	9,900,000	9,900,000	9,900,000	9,900,000	9,900,000	9,900,000	9,900,000	9,900,000	9,900,000	118,800,000
資本準備金	7,848,606	7,848,606	7,848,606	7,848,606	7,848,606	7,848,606	7,848,606	7,848,606	7,848,606	7,848,606	7,848,606	7,848,606	94,183,272
利益準備金	0	0	0	0	0	0	0	0	0	0	0	0	0
繰越利益剰余金	80,290,080	88,100,416	96,309,021	80,634,035	89,119,276	97,929,716	105,449,725	114,469,733	96,449,406	105,272,848	114,494,690	123,945,132	1,192,464,079
【純資産の部】	98,038,686	105,849,022	114,057,627	98,382,641	106,867,882	115,678,322	123,198,331	132,218,339	114,198,012	123,021,454	132,243,296	141,693,738	1,405,447,351
【負債及び純資産の部】	125,438,754	132,138,686	140,847,022	149,519,627	134,308,641	143,170,882	153,128,322	160,101,331	169,388,339	151,835,012	160,711,454	170,899,296	1,791,287,367

損益計算書（予想以上パターン）

1年目　　　単位：円

科目	4月	5月	6月	7月	8月	9月	10月	11月	12月	1月	2月	3月	当期金額累計 金額
テレワーク事業①(ライト)	132,000	396,000	726,000	1,386,000	2,244,000	2,970,000	3,828,000	3,894,000	4,026,000	4,356,000	5,016,000	5,742,000	34,716,000
テレワーク事業②(ノーマル)	520,000	910,000	1,560,000	2,730,000	4,290,000	5,330,000	6,760,000	6,630,000	6,630,000	7,020,000	8,190,000	8,970,000	59,540,000
テレワーク事業③(PT)	75,000	150,000	300,000	375,000	525,000	675,000	675,000	675,000	750,000	750,000	825,000	900,000	6,675,000
医療ビジネス（シフト管理）	50,000	180,000	335,000	635,000	905,000	1,175,000	1,445,000	1,590,000	1,735,000	1,990,000	2,230,000	2,550,000	14,820,000
人材紹介売上	0	0	0	0	0	0	0	0	0	0	0	0	0
【総売上高】	777,000	1,636,000	2,921,000	5,126,000	7,964,000	10,150,000	12,708,000	12,789,000	13,141,000	14,116,000	16,261,000	18,162,000	115,751,000
外注費	0	0	0	0	0	0	0	0	0	0	0	0	0
【売上原価】	0	0	0	0	0	0	0	0	0	0	0	0	0
【売上総利益】	777,000	1,636,000	2,921,000	5,126,000	7,964,000	10,150,000	12,708,000	12,789,000	13,141,000	14,116,000	16,261,000	18,162,000	115,751,000
役員報酬	842,000	842,000	842,000	842,000	842,000	842,000	842,000	842,000	842,000	842,000	842,000	842,000	10,104,000
給料手当	1,300,000	1,300,000	1,684,000	2,752,000	3,720,000	4,296,000	5,064,000	5,364,000	5,556,000	5,748,000	6,324,000	6,900,000	50,008,000
賞与	0	0	0	0	0	0	0	0	0	0	0	3,000,000	3,000,000
法定福利費(16%)	342,720	342,720	404,160	575,040	729,920	822,080	944,960	992,960	1,023,680	1,054,400	1,146,560	1,718,720	10,097,920
採用教育費	0	0	10,000	30,000	50,000	65,000	85,000	85,000	90,000	95,000	110,000	125,000	745,000
退職金	0	0	0	0	0	0	0	0	0	0	0	0	0
業務委託費	15,000	30,000	60,000	75,000	105,000	135,000	135,000	135,000	150,000	150,000	165,000	180,000	1,335,000
広告宣伝費	300,000	0	0	0	0	0	0	0	0	0	0	0	300,000
賃借料	200,000	200,000	200,000	200,000	200,000	200,000	200,000	200,000	200,000	200,000	200,000	200,000	2,400,000
修繕費	0	0	0	0	0	0	0	0	0	0	0	0	0
消耗品費	830,000	30,000	330,000	630,000	630,000	480,000	830,000	430,000	180,000	180,000	480,000	480,000	5,510,000
水道光熱費	30,000	30,000	35,000	35,000	40,000	40,000	45,000	45,000	50,000	50,000	55,000	55,000	510,000
旅費交通費	178,000	178,000	178,000	190,000	202,000	202,000	214,000	214,000	214,000	214,000	214,000	202,000	2,400,000
手数料	23,500	23,500	28,500	34,000	41,500	46,000	52,000	53,500	56,500	58,500	61,000	65,500	538,500
租税公課(印紙税等)	10,000	10,000	10,000	10,000	10,000	10,000	10,000	10,000	10,000	10,000	10,000	10,000	120,000
会議費	15,000	15,000	15,000	15,000	15,000	25,000	15,000	15,000	25,000	15,000	15,000	30,000	220,000
交際接待費	30,000	30,000	30,000	30,000	30,000	30,000	30,000	30,000	30,000	30,000	30,000	30,000	360,000
保険料	200,000	0	0	0	0	0	0	0	0	0	0	0	200,000
通信費	30,000	30,000	40,000	60,000	80,000	95,000	115,000	115,000	120,000	125,000	140,000	155,000	1,105,000
リース料	80,000	80,000	80,000	80,000	80,000	80,000	80,000	80,000	80,000	80,000	80,000	80,000	960,000
地代家賃	200,000	200,000	200,000	200,000	200,000	200,000	200,000	200,000	200,000	200,000	200,000	200,000	2,400,000
管理諸費	500,000	0	0	0	0	0	0	0	0	0	0	0	500,000
【販売費及び一般管理費】	5,126,220	3,341,220	4,154,660	5,758,040	6,975,420	7,568,080	8,849,960	8,811,460	8,825,680	9,049,900	10,072,560	14,280,220	92,813,420
【営業利益】	△4,349,220	△1,705,220	△1,233,660	△632,040	988,580	2,581,920	3,858,040	3,977,540	4,315,320	5,066,100	6,188,440	3,881,780	22,937,580
受取利息	0	0	0	0	0	0	0	0	0	0	0	0	0
受取配当金	0	0	0	0	0	0	0	0	0	0	0	0	0
雑収入	0	0	0	0	0	0	0	0	0	0	0	240,000	240,000
【営業外収益】	0	0	0	0	0	0	0	0	0	0	0	240,000	240,000
支払利息	0	0	0	0	0	0	0	0	0	0	0	480,000	480,000
【営業外費用】	0	0	0	0	0	0	0	0	0	0	0	480,000	480,000
【経常利益】	△4,349,220	△1,705,220	△1,233,660	△632,040	988,580	2,581,920	3,858,040	3,977,540	4,315,320	5,066,100	6,188,440	3,641,780	22,697,580
【特別利益】	0	0	0	0	0	0	0	0	0	0	0	0	0
【特別損失】	0	0	0	0	0	0	0	0	0	0	0	0	0
税引前当期純利益	△4,349,220	△1,705,220	△1,233,660	△632,040	988,580	2,581,920	3,858,040	3,977,540	4,315,320	5,066,100	6,188,440	3,641,780	22,697,580
法人税,住民税及び事業税(40%)	0	0	0	0	0	1,032,768	1,543,216	1,591,016	1,726,128	2,026,440	2,475,376	1,456,712	11,851,656
【当期純利益】	△4,349,220	△1,705,220	△1,233,660	△632,040	988,580	1,549,152	2,314,824	2,386,524	2,589,192	3,039,660	3,713,064	2,185,068	10,845,924
【前期繰越利益剰余金】	0	△4,349,220	△6,054,440	△7,288,100	△7,920,140	△6,931,560	△5,382,408	△3,067,584	△681,060	1,908,132	4,947,792	8,660,856	△26,157,732
利益剰余金配当額	0	0	0	0	0	0	0	0	0	0	0	0	0
【期末繰越利益剰余金】	△4,349,220	△6,054,440	△7,288,100	△7,920,140	△6,931,560	△5,382,408	△3,067,584	△681,060	1,908,132	4,947,792	8,660,856	10,845,924	△15,311,808

損益計算書（予想以上パターン）

2年目

単位：円

科目	4月	5月	6月	7月	8月	9月	10月	11月	12月	1月	2月	3月	全体
テレワーク事業①(ライト)	5,544,000	5,610,000	5,808,000	6,210,000	6,348,000	6,072,000	6,141,000	6,210,000	6,210,000	6,210,000	6,210,000	6,072,000	72,645,000
テレワーク事業②(ノーマル)	9,360,000	9,620,000	10,140,000	10,530,000	10,920,000	11,180,000	11,310,000	11,440,000	11,440,000	11,440,000	11,440,000	11,700,000	130,520,000
テレワーク事業③(PT)	1,050,000	1,200,000	1,275,000	1,350,000	1,350,000	1,425,000	1,500,000	1,575,000	1,650,000	1,725,000	1,725,000	1,950,000	17,775,000
医療ビジネス（ソフト管理）	2,525,000	2,490,000	2,475,000	2,455,000	2,435,000	2,415,000	2,395,000	2,375,000	2,345,000	2,315,000	2,290,000	2,285,000	28,800,000
人材紹介売上	400,000	0	0	0	0	0	400,000	0	0	0	0	400,000	1,200,000
【純売上高】	18,879,000	18,920,000	19,698,000	20,545,000	21,053,000	21,092,000	21,746,000	21,600,000	21,645,000	21,690,000	21,685,000	22,407,000	250,940,000
外注費							200,000					200,000	400,000
【売上原価】							200,000					200,000	400,000
【売上総利益】	18,879,000	18,920,000	19,698,000	20,545,000	21,053,000	21,092,000	21,546,000	21,600,000	21,645,000	21,690,000	21,685,000	22,207,000	250,540,000
役員報酬	1,259,400	1,259,400	1,259,400	1,259,400	1,259,400	1,259,400	1,259,400	1,259,400	1,259,400	1,259,400	1,259,400	1,259,400	15,112,800
給料手当	7,416,500	7,608,500	7,800,500	7,992,500	8,184,500	8,184,500	8,394,500	8,844,000	8,844,000	8,844,000	8,844,000	9,036,000	99,993,500
賞与				7,188,000					15,484,000				22,672,000
法定福利費(16%)	1,388,144	1,418,864	1,449,584	2,630,384	1,511,024	1,511,024	1,544,624	1,616,544	4,093,984	1,616,544	1,616,544	1,647,264	22,044,528
退職金	130,000	135,000	140,000	145,000	150,000	150,000	150,000	155,000	155,000	155,000	155,000	160,000	1,780,000
通勤費	25,000	25,000	25,000	25,000	25,000	25,000	25,000	25,000	25,000	25,000	25,000	25,000	300,000
業務委託費	210,000	240,000	255,000	270,000	270,000	285,000	300,000	315,000	330,000	345,000	345,000	390,000	3,555,000
会議費	1,000,000											2,000,000	3,000,000
広告宣伝費	150,000	150,000	150,000	150,000	150,000	150,000	150,000	150,000	150,000	150,000	150,000	150,000	1,800,000
維持費	600,000												600,000
消耗品費	490,000	190,000	390,000	190,000	190,000	40,000	340,000	390,000	40,000	40,000	40,000	390,000	2,730,000
水道光熱費	45,000	45,000	52,500	52,500	60,000	60,000	67,500	67,500	75,000	75,000	82,500	82,500	765,000
旅費交通費	256,000	256,000	256,000	256,000	256,000	256,000	268,000	280,000	280,000	280,000	280,000	280,000	3,204,000
手数料	68,500	70,000	71,500	73,000	74,500	74,500	76,000	79,000	79,000	79,000	79,000	80,500	904,500
租税公課(印紙税等)	10,000	10,000	10,000	10,000	10,000	10,000	10,000	10,000	10,000	10,000	10,000	10,000	120,000
交際接待費	30,000	30,000	30,000	30,000	30,000	30,000	30,000	30,000	30,000	30,000	30,000	30,000	360,000
保険料	60,000	60,000	60,000	60,000	60,000	60,000	60,000	60,000	60,000	60,000	60,000	60,000	720,000
通信費	185,000	190,000	195,000	200,000	205,000	205,000	205,000	210,000	210,000	210,000	210,000	215,000	2,440,000
リース料	100,000	100,000	100,000	100,000	100,000	100,000	100,000	100,000	100,000	100,000	100,000	100,000	1,200,000
地代家賃	450,000	450,000	450,000	450,000	450,000	450,000	450,000	450,000	450,000	450,000	450,000	450,000	5,400,000
管理諸費	25,000	25,000	25,000	25,000	25,000	25,000	25,000	25,000	25,000	25,000	25,000	25,000	300,000
【販売費及び一般管理費】	14,248,544	12,212,764	12,669,484	21,056,784	12,960,424	12,825,424	13,505,024	14,016,444	31,650,384	13,703,944	13,711,444	16,440,664	189,001,328
【営業利益】	4,630,456	6,707,236	7,028,516	△511,784	8,092,576	8,266,576	8,040,976	7,583,556	△10,005,384	7,986,056	7,953,556	5,766,336	61,538,672
受取利息	0	0	0	0	0	0	0	0	0	0	0	0	0
受取配当金	0	0	0	0	0	0	0	0	0	0	0	0	0
雑収入	0	0	0	0	0	0	0	0	0	0	0	0	0
【営業外収益】	0	0	0	0	0	0	0	0	0	0	0	0	0
支払利息	0	0	0	0	0	0	0	0	0	0	0	162,353	162,353
【営業外費用】	0	0	0	0	0	0	0	0	0	0	0	162,353	162,353
【経常利益】	4,630,456	6,707,236	7,028,516	△511,784	8,092,576	8,266,576	8,040,976	7,583,556	△10,005,384	7,986,056	7,953,556	5,603,983	61,376,319
【特別損益】	0	0	0	0	0	0	0	0	0	0	0	0	0
【特別損失】	0	0	0	0	0	0	0	0	0	0	0	0	0
【税引前当期純利益】	4,630,456	6,707,236	7,028,516	△511,784	8,092,576	8,266,576	8,040,976	7,583,556	△10,005,384	7,986,056	7,953,556	5,603,983	61,376,319
法人税、住民税及び事業税(40%)	1,852,182	2,682,894	2,811,406	△511,784	3,237,030	3,306,630	3,216,390	3,033,422	△10,005,384	3,194,422	3,181,422	2,241,593	28,757,395
【当期純利益】	2,778,274	4,024,342	4,217,110	△511,784	4,855,546	4,959,946	4,824,586	4,550,134	△10,005,384	4,791,634	4,772,134	3,362,390	32,618,924
【期首繰越利益剰余金】	10,845,924	13,624,198	17,648,539	21,865,649	21,353,865	26,209,410	31,169,356	35,993,942	40,544,075	30,538,691	35,330,325	40,102,458	325,226,432
利益剰余金配当額	0	0	0	0	0	0	0	0	0	0	0	0	0
【期末繰越利益剰余金】	13,624,198	17,648,539	21,865,649	21,353,865	26,209,410	31,169,356	35,993,942	40,544,075	30,538,691	35,330,325	40,102,458	43,464,848	357,845,356

損益計算書（予想以上パターン）

3年目　　単位：円

科目	4月	5月	6月	7月	8月	9月	10月	11月	12月	1月	2月	3月	金額
テレワーク事業①（ライト）	6,408,000	6,408,000	6,994,000	7,416,000	7,776,000	7,704,000	7,992,000	8,280,000	8,568,000	8,712,000	8,928,000	8,856,000	94,032,000
テレワーク事業②（ノーマル）	12,285,000	12,285,000	13,347,000	14,145,000	14,808,000	15,336,000	15,732,000	16,128,000	16,524,000	16,653,000	17,052,000	17,583,000	181,878,000
テレワーク事業③（PT）	1,950,000	1,950,000	1,950,000	1,950,000	1,950,000	1,875,000	1,950,000	1,950,000	1,950,000	1,950,000	1,950,000	1,875,000	23,250,000
医療ビジネス（シフト管理）	2,766,000	2,772,000	2,868,000	2,958,000	3,024,000	3,090,000	3,162,000	3,234,000	3,306,000	3,360,000	3,420,000	3,504,000	37,464,000
人材紹介売上	400,000	0	0	0	0	0	400,000	0	0	0	0	400,000	1,200,000
【純売上高】	23,809,000	23,415,000	25,149,000	26,469,000	27,558,000	28,005,000	29,236,000	29,592,000	30,348,000	30,675,000	31,350,000	32,218,000	337,824,000
外注費	200,000	0	0	0	0	0	200,000	0	0	0	0	200,000	600,000
【売上原価】	200,000	0	0	0	0	0	200,000	0	0	0	0	200,000	600,000
【売上総利益】	23,609,000	23,415,000	25,149,000	26,469,000	27,558,000	28,005,000	29,036,000	29,592,000	30,348,000	30,675,000	31,350,000	32,018,000	337,224,000
役員報酬	1,598,750	1,598,750	1,598,750	1,598,750	1,598,750	1,598,750	1,598,750	1,598,750	1,598,750	1,598,750	1,598,750	1,598,750	19,185,000
給料手当	9,831,160	10,121,160	10,505,160	11,154,385	11,538,385	11,922,385	11,922,385	12,379,610	12,763,610	12,763,610	12,955,610	13,147,610	141,005,070
賞与				18,503,800					20,206,800				38,710,600
法定福利費（16%）	1,828,786	1,875,186	1,936,626	5,001,110	2,101,942	2,163,382	2,163,382	2,236,538	5,531,066	2,297,978	2,328,698	2,359,418	31,824,107
採用教育費	160,000	160,000	170,000	180,000	190,000	200,000	200,000	205,000	215,000	215,000	220,000	225,000	2,340,000
退職金	100,000					100,000				100,000			300,000
業務委託費	390,000	390,000	390,000	390,000	390,000	375,000	390,000	390,000	390,000	390,000	390,000	375,000	4,650,000
広告宣伝費	1,000,000						2,000,000						3,000,000
賃借料	150,000	300,000	300,000	300,000	300,000	300,000	300,000	300,000	300,000	300,000	300,000	300,000	3,450,000
消耗品費	240,000	40,000	340,000	340,000	340,000	340,000	340,000	190,000	340,000	40,000	190,000	190,000	2,930,000
水道光熱費	82,500	82,500	140,000	140,000	140,000	140,000	140,000	140,000	140,000	140,000	140,000	140,000	1,565,000
旅費交通費	330,000	330,000	330,000	342,000	342,000	342,000	342,000	354,000	354,000	354,000	354,000	354,000	4,128,000
手数料	83,500	85,000	88,000	92,500	95,500	98,500	101,500	101,500	104,500	106,000	106,000	107,500	1,165,500
租税公課（印紙税等）	10,000	10,000	10,000	10,000	10,000	10,000	10,000	10,000	10,000	10,000	10,000	10,000	120,000
会議費	100,000	100,000	100,000	100,000	100,000	100,000	100,000	100,000	100,000	100,000	100,000	100,000	1,200,000
交際接待費	60,000	60,000	60,000	60,000	60,000	60,000	60,000	60,000	60,000	60,000	60,000	60,000	720,000
保険料	300,000												300,000
通信費	215,000	215,000	225,000	235,000	245,000	255,000	255,000	260,000	270,000	270,000	275,000	280,000	3,000,000
リース料	100,000	100,000	170,000	170,000	170,000	170,000	170,000	170,000	170,000	170,000	170,000	170,000	1,900,000
地代家賃	450,000	750,000	750,000	750,000	750,000	750,000	750,000	750,000	750,000	750,000	750,000	750,000	8,700,000
管理諸費									300,000				300,000
【販売費及び一般管理費】	17,029,696	16,217,596	17,113,536	39,267,545	18,371,577	18,825,017	20,940,017	19,245,398	43,303,726	19,563,838	19,948,056	20,267,278	270,163,277
【営業利益】	6,579,304	7,197,404	8,035,464	△12,898,545	9,186,423	9,179,983	8,095,983	10,346,602	△12,955,726	11,111,162	11,401,942	11,750,722	67,030,723
受取利息	0	0	0	0	0	0	0	0	0	0	0	0	0
受取配当金	0	0	0	0	0	0	0	0	0	0	0	0	0
雑収入	0	0	0	0	0	0	0	0	0	0	0	82,376	82,376
【営業外収益】	0	0	0	0	0	0	0	0	0	0	0	82,376	82,376
支払利息	0	0	0	0	0	0	0	0	0	0	0	0	0
【営業外費用】	0	0	0	0	0	0	0	0	0	0	0	0	0
【経常利益】	6,579,304	7,197,404	8,035,464	△12,898,545	9,186,423	9,179,983	8,095,983	10,346,602	△12,955,726	11,111,162	11,401,942	11,668,346	66,948,347
【特別利益】	0	0	0	0	0	0	0	0	0	0	0	0	0
【特別損失】	0	0	0	0	0	0	0	0	0	0	0	0	0
【税引前当期純利益】	6,579,304	7,197,404	8,035,464	△12,898,545	9,186,423	9,179,983	8,095,983	10,346,602	△12,955,726	11,111,162	11,401,942	11,668,346	66,948,347
法人税・住民税及び事業税（40%）	2,631,722	2,878,962	3,214,186	△5,159,418	3,674,569	3,671,993	3,238,393	4,138,641	△12,955,726	4,444,465	4,560,777	4,667,339	37,121,047
【当期純利益】	3,947,583	4,318,443	4,821,279	△12,898,545	5,511,854	5,507,990	4,857,590	6,207,961	△12,955,726	6,666,697	6,841,165	7,001,008	29,827,300
【期首繰越利益剰余金】	43,464,848	47,412,431	51,730,873	56,552,152	43,653,608	49,165,462	54,673,452	59,531,042	65,739,003	52,783,277	59,449,975	66,291,140	650,447,263
利益剰余金配当金	0	0	0	0	0	0	0	0	0	0	0	0	0
【期末繰越利益剰余金】	47,412,431	51,730,873	56,552,152	43,653,608	49,165,462	54,673,452	59,531,042	65,739,003	52,783,277	59,449,975	66,291,140	73,292,148	680,274,563

損益計算書（予想以上パターン）

4年目　　　単位：円

科目	4月	5月	6月	7月	8月	9月	10月	11月	12月	1月	2月	3月	当月累計 金額
テレワーク事業①（タイト）	9,345,000	9,414,000	9,705,000	9,849,000	9,993,000	10,137,000	10,209,000	10,281,000	10,353,000	10,425,000	10,497,000	10,569,000	120,777,000
テレワーク事業②（ノーマル）	18,429,000	18,420,000	18,957,000	19,221,000	19,485,000	19,749,000	19,881,000	20,013,000	20,145,000	20,277,000	20,409,000	20,541,000	235,527,000
テレワーク事業③（PT）	2,080,000	2,080,000	2,080,000	2,080,000	2,080,000	2,080,000	2,080,000	2,080,000	2,080,000	2,080,000	2,080,000	2,080,000	24,800,000
医療ビジネス（ソフト管理）	4,144,000	4,186,000	4,256,000	4,312,000	4,368,000	4,417,000	4,480,000	4,529,000	4,592,000	4,655,000	4,704,000	4,746,000	53,389,000
人材紹介売上	400,000					800,000	800,000					800,000	2,000,000
【純売上高】	34,398,000	34,100,000	34,998,000	35,462,000	35,926,000	36,303,000	37,450,000	36,903,000	37,170,000	37,437,000	37,690,000	38,656,000	436,493,000
外注費	200,000						400,000					400,000	1,000,000
【売上総利益①】	34,198,000	34,100,000	34,998,000	35,462,000	35,926,000	36,303,000	37,050,000	36,903,000	37,170,000	37,437,000	37,690,000	38,256,000	435,493,000
役員報酬	1,627,818	1,627,818	1,627,818	1,627,818	1,627,818	1,627,818	1,627,818	1,627,818	1,627,818	1,627,818	1,627,818	1,627,818	19,533,817
給料手当	13,689,665	13,988,365	14,180,365	14,372,365	14,564,365	14,564,365	14,756,365	14,756,365	14,756,365	15,221,547	15,221,547	15,221,547	175,293,226
賞与				25,506,270					28,724,720				54,230,990
法定福利費（16%）	2,450,797	2,498,589	2,529,309	6,641,033	2,590,749	2,590,749	2,621,469	2,621,469	7,217,425	2,695,898	2,695,898	2,695,898	39,849,285
採用教育費	230,000	230,000	235,000	240,000	245,000	245,000	250,000	250,000	250,000	255,000	255,000	255,000	2,940,000
退職金	100,000						200,000					200,000	500,000
業務委託費	390,000	390,000	390,000	390,000	390,000	390,000	390,000	390,000	390,000	390,000	390,000	360,000	4,650,000
広告宣伝費	1,000,000					2,000,000							3,000,000
賃借料	150,000	150,000	150,000	150,000	150,000	150,000	150,000	150,000	150,000	150,000	150,000	150,000	1,800,000
修繕費	540,000	190,000	190,000	190,000	190,000	40,000	490,000	40,000	40,000	340,000	40,000	40,000	2,330,000
消耗品費	140,000	140,000	140,000	140,000	140,000	140,000	140,000	140,000	140,000	140,000	140,000	140,000	1,680,000
水道光熱費	378,000	378,000	378,000	378,000	378,000	378,000	378,000	378,000	378,000	378,000	378,000	378,000	4,572,000
旅費交通費	113,500	115,000	116,500	116,500	118,000	118,000	118,000	121,000	121,000	121,000	10,000	10,000	1,198,500
手数料	10,000	10,000	10,000	10,000	10,000	10,000	10,000	10,000	10,000	10,000	10,000	10,000	120,000
租税公課（印紙税等）	100,000	100,000	100,000	100,000	100,000	100,000	100,000	100,000	100,000	100,000	100,000	100,000	1,200,000
会議費	60,000	60,000	60,000	60,000	60,000	60,000	60,000	60,000	60,000	60,000	60,000	60,000	720,000
交際接待費	350,000												350,000
保険料	285,000	285,000	290,000	295,000	300,000	300,000	305,000	305,000	305,000	310,000	310,000	310,000	3,600,000
通信費	170,000	170,000	170,000	170,000	170,000	170,000	170,000	170,000	170,000	170,000	170,000	170,000	2,040,000
リース料													0
地代家賃	750,000	750,000	750,000	750,000	750,000	750,000	750,000	750,000	750,000	750,000	750,000	750,000	9,000,000
管理諸費													
【販売費及び一般管理費】	22,534,780	21,082,772	21,316,992	51,136,986	21,783,932	21,618,932	24,516,652	21,869,652	55,190,328	22,731,263	22,320,263	22,505,263	328,607,818
【営業利益】	11,663,220	13,017,228	13,681,008	△15,674,986	14,142,068	14,684,068	12,533,348	15,033,348	△18,020,328	14,705,737	15,369,737	15,750,737	106,885,182
受取利息													0
受取配当金													0
雑収入													0
【営業外収益】	0	0	0	0	0	0	0	0	0	0	0	0	0
支払利息													0
【営業外費用】	0	0	0	0	0	0	0	0	0	0	0	0	0
【経常利益】	11,663,220	13,017,228	13,681,008	△15,674,986	14,142,068	14,684,068	12,533,348	15,033,348	△18,020,328	14,705,737	15,369,737	15,750,737	106,885,182
【特別損失】													0
【特別利益】													0
【税引前当期純利益】	11,663,220	13,017,228	13,681,008	△15,674,986	14,142,068	14,684,068	12,533,348	15,033,348	△18,020,328	14,705,737	15,369,737	15,750,737	106,885,182
法人税、住民税及び事業税（40%）	4,665,288	5,206,891	5,472,403		5,656,827	5,873,627	5,013,339	6,013,339		5,882,295	6,147,895	6,300,295	56,232,198
【当期純利益】	6,997,932	7,810,337	8,208,605	△15,674,986	8,485,241	8,810,441	7,520,009	9,020,009	△18,020,328	8,823,442	9,221,842	9,450,442	50,652,984
【期首繰越利益剰余金】	73,292,148	80,290,080	88,100,416	96,309,021	80,634,035	89,119,276	97,929,716	105,449,725	114,469,733	96,449,406	105,272,848	114,494,690	1,141,811,095
利益準備金当期													
【期末繰越利益剰余金】	80,290,080	88,100,416	96,309,021	80,634,035	89,119,276	97,929,716	105,449,725	114,469,733	96,449,406	105,272,848	114,494,690	123,945,132	1,192,464,079

キャッシュフロー計算書（予想以上パターン）

1年目

	4月	5月	6月	7月	8月	9月	10月	11月	12月	1月	2月	3月	合計
営業活動によるキャッシュフロー													
営業収入	0	777,000	1,636,000	2,921,000	5,126,000	7,964,000	10,150,000	12,708,000	12,789,000	13,141,000	14,116,000	16,261,000	97,589,000
Δ 仕入支出	0	0	0	0	0	0	0	0	0	0	0	0	0
Δ 人件費支出	0	2,142,000	2,142,000	2,526,000	3,594,000	4,562,000	5,138,000	5,906,000	6,206,000	6,398,000	6,590,000	7,166,000	52,370,000
Δ その他販管費支出	0	2,984,220	1,199,220	1,628,660	2,164,040	2,413,420	2,430,080	2,943,960	2,605,460	2,427,680	2,459,900	2,906,560	26,163,200
利子配当等受取額	0	0	0	0	0	0	0	0	0	0	0	0	0
Δ 法人税等支払額	0	0	0	0	0	0	1,032,788	1,543,216	1,591,016	1,726,128	2,026,440	2,475,376	10,394,944
Δ													0
Δ													0
Δ													0
【営業活動CF】	0	Δ 4,349,220	Δ 1,705,220	Δ 1,233,660	Δ 632,040	988,580	3,614,688	5,401,256	5,568,556	6,041,448	7,092,540	8,663,816	29,450,744
投資活動によるキャッシュフロー													
有形固定資産取得													0
有形固定資産売却													0
貸付金支出													0
貸付金回収	1,200,000												1,200,000
Δ 敷金支出	Δ 1,200,000												Δ 1,200,000
【投資活動CF】	Δ 1,200,000	0	0	0	0	0	0	0	0	0	0	0	Δ 1,200,000
財務活動によるキャッシュフロー													
借入金収入	8,000,000												8,000,000
Δ 借入金支出												2,828,243	2,828,243
株式発行収入													0
Δ 配当金支出													0
【財務活動CF】	8,000,000	0	0	0	0	0	0	0	0	0	0	Δ 2,828,243	5,171,757
現金預金の増加額	6,800,000	Δ 4,349,220	Δ 1,705,220	Δ 1,233,660	Δ 632,040	988,580	3,614,688	5,401,256	5,568,556	6,041,448	7,092,540	5,835,573	33,422,501
現金預金の期首残高	9,900,000	16,700,000	12,350,780	10,645,560	9,411,900	8,779,860	9,768,440	13,383,128	18,784,384	24,352,940	30,394,388	37,486,928	9,900,000
現金預金の期末残高	16,700,000	12,350,780	10,645,560	9,411,900	8,779,860	9,768,440	13,383,128	18,784,384	24,352,940	30,394,388	37,486,928	43,322,501	43,322,501

キャッシュフロー計算書（予想以上パターン）

2年目

	4月	5月	6月	7月	8月	9月	10月	11月	12月	1月	2月	3月	合計
営業活動によるキャッシュフロー													
営業収入	18,162,000	18,879,000	18,920,000	19,698,000	20,545,000	21,053,000	21,092,000	21,746,000	21,600,000	21,645,000	21,690,000	21,665,000	246,695,000
△ 仕入支出	0	0	0	0	0	0	0	200,000	0	0	0	0	200,000
△ 人件費支出	10,742,000	8,675,900	8,867,900	9,059,584	16,439,900	9,443,900	9,443,900	9,653,900	10,103,400	25,587,400	10,103,400	10,103,400	138,224,900
△ その他販管費支出	7,114,220	5,572,644	3,344,864	3,609,584	4,616,884	3,516,524	3,381,524	3,851,124	3,913,044	6,062,984	3,600,544	3,608,044	52,191,984
利子配当受取額	0	0	0	0	0	0	0	0	0	0	0	0	0
△ 法人税等支払額	1,456,712	1,852,182	2,682,894	2,811,406	0	3,237,030	3,306,630	3,216,390	3,033,422	0	3,194,422	3,181,422	27,972,514
													0
													0
△													0
△													0
△													0
【営業活動CF】	1,762,492	6,482,638	9,390,130	9,839,922	△ 511,784	11,329,606	11,573,206	11,257,366	10,616,978	△ 10,005,384	11,180,478	11,134,978	84,050,630
投資活動によるキャッシュフロー													0
有形固定資産取得													0
有形固定資産売却													0
貸付金支出	2,700,000												2,700,000
貸付金回収	1,200,000												1,200,000
△ 敷金支出													0
敷金返還													0
△	△ 1,500,000												△ 1,500,000
【投資活動CF】	△ 1,500,000	0	0	0	0	0	0	0	0	0	0	0	△ 1,500,000
財務活動によるキャッシュフロー													0
借入金収入	7,848,606												7,848,606
△ 借入金支出												2,828,243	2,828,243
株式発行収入													0
△ 配当金支出													0
【財務活動CF】	7,848,606	0	0	0	0	0	0	0	0	0	0	△ 2,828,243	5,020,363
現金預金の増加額	8,111,098	6,482,638	9,390,130	9,839,922	△ 511,784	11,329,606	11,573,206	11,257,366	10,616,978	△ 10,005,384	11,180,478	8,306,735	87,570,993
現金預金の期首残高	43,322,501	51,433,599	57,916,237	67,306,368	77,146,290	76,634,506	87,964,113	99,537,319	110,794,685	121,411,664	111,406,280	122,586,758	43,322,501
現金預金の期末残高	51,433,599	57,916,237	67,306,368	77,146,290	76,634,506	87,964,113	99,537,319	110,794,685	121,411,664	111,406,280	122,586,758	130,893,494	130,893,494

キャッシュフロー計算書（予想以上パターン）

3年目

	4月	5月	6月	7月	8月	9月	10月	11月	12月	1月	2月	3月	合計
営業活動によるキャッシュフロー													
営業収入	22,407,000	23,809,000	23,415,000	25,149,000	26,469,000	27,558,000	28,005,000	29,236,000	29,592,000	30,348,000	30,675,000	31,350,000	328,013,000
△ 仕入支出	200,000	200,000	0	0	0	0	0	200,000	0	0	0	0	600,000
△ 人件費支出	10,295,400	11,429,910	11,719,910	12,103,910	31,256,935	13,137,135	13,521,135	13,521,135	13,978,360	34,569,160	14,362,360	14,554,360	194,449,710
△ その他販管費支出	6,145,264	5,599,786	4,497,686	5,009,626	8,110,610	5,234,442	5,303,882	7,418,882	5,267,038	8,734,566	5,201,478	5,393,698	71,916,954
利子配当金受取額	0	0	0	0	0	0	0	0	0	0	0	0	0
△ 法人税等支払額	2,241,593	2,631,722	2,878,962	3,214,186	0	3,674,569	3,671,993	3,238,393	4,136,641	0	4,444,465	4,560,777	34,695,301
													0
△													0
△													0
【営業活動CF】	8,007,929	9,211,026	10,076,366	11,249,650	△12,898,545	12,860,993	12,851,977	11,334,377	14,485,243	△12,955,726	15,555,627	15,962,719	95,741,638
投資活動によるキャッシュフロー													0
有形固定資産取得													0
有形固定資産売却													0
貸付金支出													0
貸付金回収													0
△ 敷金支出		1,800,000											1,800,000
敷金返還	0												0
【投資活動CF】	0	△1,800,000	0	0	0	0	0	0	0	0	0	0	△1,800,000
財務活動によるキャッシュフロー													0
借入金収入													0
△ 借入金支出													0
株式発行収入													0
△ 配当金支出	0											2,828,243	△2,828,243
【財務活動CF】	0	0	0	0	0	0	0	0	0	0	0	△2,828,243	△2,828,243
現金等の増加額	8,007,929	7,411,026	10,076,366	11,249,650	△12,898,545	12,860,993	12,851,977	11,334,377	14,485,243	△12,955,726	15,555,627	13,134,476	91,113,395
現金預金の期首残高	130,893,494	138,901,423	146,312,449	156,388,815	167,638,465	154,739,921	167,600,913	180,452,890	191,787,267	206,272,510	193,316,785	208,872,412	130,893,494
現金預金の期末残高	138,901,423	146,312,449	156,388,815	167,638,465	154,739,921	167,600,913	180,452,890	191,787,267	206,272,510	193,316,785	208,872,412	222,006,688	222,006,688

キャッシュフロー計算書（予想以上パターン）
4年目

	4月	5月	6月	7月	8月	9月	10月	11月	12月	1月	2月	3月	合計
営業活動によるキャッシュフロー													
営業収入	32,218,000	34,398,000	34,100,000	34,998,000	35,462,000	35,926,000	36,303,000	37,450,000	36,903,000	37,170,000	37,437,000	37,690,000	430,055,000
△ 仕入支出	200,000	200,000	0	0	0	0	0	400,000	0	0	0	0	800,000
△ 人件費支出	14,746,380	15,317,483	15,616,183	15,808,183	41,506,453	16,192,183	16,192,183	16,384,183	16,384,183	45,108,903	16,849,365	16,849,365	246,955,028
△ その他経費支出	5,520,918	7,217,297	5,466,589	5,508,809	9,630,533	5,591,749	5,426,749	8,132,469	5,485,469	10,081,425	5,881,898	5,470,898	79,414,805
利子配当受取額	0	0	0	0	0	0	0	0	0	0	0	0	0
△ 法人税等支払額	4,667,339	4,665,288	5,206,891	5,472,403		5,656,827	5,873,627	5,013,339	6,013,339	0	5,882,295	6,147,895	54,599,242
													0
△													0
△													0
【営業活動CF】	16,418,061	16,328,507	18,224,119	19,153,411	△ 15,674,986	19,798,895	20,557,695	17,546,687	21,046,687	△ 18,020,328	20,588,031	21,517,631	157,484,409
投資活動によるキャッシュフロー													
△ 有形固定資産取得													0
有形固定資産売却													0
△ 貸付金支出													0
貸付金回収													0
△ 敷金支出													0
敷金返還													0
【投資活動CF】	0	0	0	0	0	0	0	0	0	0	0	0	0
財務活動によるキャッシュフロー													
借入金収入													0
△ 借入金支出													0
株式発行収入													0
△ 配当金支出													0
【財務活動CF】	0	0	0	0	0	0	0	0	0	0	0	0	0
現金預金の増加額	16,418,061	16,328,507	18,224,119	19,153,411	△ 15,674,986	19,798,895	20,557,695	17,546,687	21,046,687	△ 18,020,328	20,588,031	21,517,631	157,484,409
現金預金の期首残高	222,006,888	238,424,949	254,753,457	272,977,575	292,130,986	276,456,000	296,254,895	316,812,589	334,359,276	355,405,962	337,385,635	357,973,666	222,006,888
現金預金の期末残高	238,424,949	254,753,457	272,977,575	292,130,986	276,456,000	296,254,895	316,812,589	334,359,276	355,405,962	337,385,635	357,973,666	379,491,298	379,491,298

売上モデル1年目（広義）

テレワーク事業① 直販（単価66,000円）

	4月	5月	6月	7月	8月	9月	10月	11月	12月	1月	2月	3月
営業人員数	1	1	1	1	2	2	2	2	1.5	1.5	2.5	2.5
営業日数	19	17	22	21	20	21	22	19	20	18	18	23
アタック数／日	50	50	50	50	50	50	50	50	50	50	50	50
アタック数（月別）	950	850	1,100	2,100	2,000	2,100	2,200	1,425	1,500	2,250	2,250	2,875
成約率（月別）	0.25%	0.5%	0.5%	0.5%	0.75%	0.75%	0.75%	0.5%	0.5%	0.5%	0.75%	0.75%
契約単価	66,000	66,000	66,000	66,000	66,000	66,000	66,000	66,000	66,000	66,000	66,000	66,000
解約率	10%	10%	10%	10%	10%	15%	10%	10%	10%	10%	10%	15%
累計契約数	2	6	11	21	34	45	58	59	61	66	76	87

テレワーク事業② 直販（単価130,000円）

	4月	5月	6月	7月	8月	9月	10月	11月	12月	1月	2月	3月
営業人員数	1	1	1	1	2	2	2	2	1.5	1.5	2.5	2.5
営業日数	19	17	22	21	20	21	22	19	20	18	18	23
アタック数／日	50	50	50	50	50	50	50	50	50	50	50	50
アタック数（月別）	950	850	1,100	2,100	2,000	2,100	2,200	1,425	1,500	2,250	2,250	2,875
成約率（月別）	0.25%	0.5%	0.5%	0.5%	0.75%	0.75%	0.75%	0.5%	0.5%	0.5%	0.75%	0.75%
契約単価	130,000	130,000	130,000	130,000	130,000	130,000	130,000	130,000	130,000	130,000	130,000	130,000
解約率	15%	15%	15%	15%	15%	25%	15%	15%	15%	15%	15%	25%
累計契約数	4	7	12	21	33	41	52	51	51	54	63	69

テレワーク事業③ パートナー販売（単価75,000円）

	4月	5月	6月	7月	8月	9月	10月	11月	12月	1月	2月	3月
パートナー数	1	1	1	1	2	2	2	2	2	2	2	3
成約数／月	75,000	75,000	75,000	75,000	75,000	75,000	75,000	75,000	75,000	75,000	75,000	75,000
契約単価	10%	10%	10%	10%	15%	15%	10%	10%	10%	15%	15%	15%
解約率												
累計契約数	1	2	4	5	7	9	9	10	10	11	11	12

医療ビジネス（シフト管理） 直販（単価5,000円）

	4月	5月	6月	7月	8月	9月	10月	11月	12月	1月	2月	3月
営業人員数	1	1	1	1	2	2	2	2	1.5	1.5	2.5	2.5
営業日数	19	17	22	21	20	21	22	19	20	18	18	23
アタック数／日	50	50	50	50	50	50	50	50	50	50	50	50
アタック数（月別）	950	850	1,100	2,100	2,000	2,100	2,200	1,425	1,500	2,250	2,250	2,875
成約率（月別）	3%	3%	3%	3%	3%	3%	3%	3%	3%	3%	3%	3%
契約単価	5,000	5,000	5,000	5,000	5,000	5,000	5,000	5,000	5,000	5,000	5,000	5,000
解約率	5%	5%	5%	5%	5%	5%	5%	5%	5%	5%	5%	5%
累計契約数	10	36	67	127	181	235	289	318	347	398	446	510

人材紹介事業

	4月	5月	6月	7月	8月	9月	10月	11月	12月	1月	2月	3月
成約数／月	400,000	400,000	400,000	400,000	400,000	400,000	400,000	400,000	400,000	400,000	400,000	400,000
紹介手数料／人	0	0	0	0	0	0	0	0	0	0	0	0
契約単価	0	0	0	0	0	0	0	0	0	0	0	0

1年目売り上げ合計

	4月	5月	6月	7月	8月	9月	10月	11月	12月	1月	2月	3月	合計
テレワーク事業①（直販6.6万）	132,000	396,000	726,000	1,386,000	2,244,000	2,970,000	3,828,000	3,894,000	4,026,000	4,356,000	5,016,000	5,742,000	34,716,000
テレワーク事業②（直販12万）	520,000	910,000	1,560,000	2,730,000	4,290,000	5,330,000	6,760,000	6,630,000	6,630,000	7,020,000	8,190,000	8,970,000	59,540,000
テレワーク事業③（PT7.5万）	75,000	150,000	300,000	375,000	525,000	675,000	675,000	675,000	750,000	750,000	825,000	900,000	6,675,000
医療ビジネス（直販0.5万）	50,000	180,000	335,000	635,000	905,000	1,175,000	1,445,000	1,590,000	1,735,000	1,990,000	2,230,000	2,550,000	14,820,000
入材紹介売上													
合計	777,000	1,636,000	2,921,000	5,126,000	7,964,000	10,150,000	12,708,000	12,789,000	13,141,000	14,116,000	16,261,000	18,162,000	115,751,000

売上モデル2年目（広島）

テレワーク事業① 直販（単価666,000円）

項目	4月	5月	6月	7月	8月	9月	10月	11月	12月	1月	2月	3月
営業人員数	2	2	2	2	2	2	2	2	2	2	2	2
営業日数	20	18	22	21	21	20	20	20	18	17	18	22
アタック数／日	50	50	50	50	50	50	50	50	50	50	50	50
アタック数／月	2,000	1,800	2,200	2,100	2,100	2,000	2,000	2,000	1,800	1,700	1,800	2,200
成約率（月別）	0.5%	0.5%	0.5%	0.5%	0.5%	0.5%	0.5%	0.5%	0.5%	0.5%	0.5%	0.5%
成約数	10	9	11	11	11	10	10	10	9	9	9	11
契約単価	66,000	66,000	66,000	69,000	69,000	69,000	69,000	69,000	69,000	69,000	69,000	69,000
解約率	15%	10%	10%	10%	15%	15%	10%	10%	10%	10%	10%	15%
累計契約数	84	85	88	90	92	88	89	90	90	90	90	88

テレワーク事業② 直販（単価130,000円）

項目	4月	5月	6月	7月	8月	9月	10月	11月	12月	1月	2月	3月
営業人員数	2	2	2	2	2	2	2	2	2	2	2	2
営業日数	20	18	22	21	21	20	20	20	18	17	18	22
アタック数／日	50	50	50	50	50	50	50	50	50	50	50	50
アタック数／月	2,000	1,800	2,200	2,100	2,100	2,000	2,000	2,000	1,800	1,700	1,800	2,200
成約率（月別）	0.5%	0.5%	0.5%	0.5%	0.5%	0.5%	0.5%	0.5%	0.5%	0.5%	0.5%	0.5%
成約数	10	9	11	11	11	10	10	10	9	9	9	11
契約単価	130,000	130,000	130,000	130,000	130,000	130,000	130,000	130,000	130,000	130,000	130,000	130,000
解約率	15%	10%	10%	10%	10%	15%	10%	10%	10%	10%	10%	10%
累計契約数	72	74	78	81	84	86	87	88	88	88	88	90

テレワーク事業③ パートナー販売（単価75,000円）

項目	4月	5月	6月	7月	8月	9月	10月	11月	12月	1月	2月	3月
パートナー数／月	3	3	3	3	3	3	3	3	3	3	3	3
契約単価	75,000	75,000	75,000	75,000	75,000	75,000	75,000	75,000	75,000	75,000	75,000	75,000
解約率	10%	10%	10%	10%	10%	15%	10%	10%	10%	10%	10%	15%
累計契約数	14	16	17	18	18	19	20	21	22	23	23	26

医療ビジネス（レフト管理）直販（単価5,000円）

項目	4月	5月	6月	7月	8月	9月	10月	11月	12月	1月	2月	3月
営業人員数	2	2	2	2	2	2	2	2	2	2	2	2
営業日数	20	18	22	21	21	20	20	20	18	17	18	22
アタック数／日	50	50	50	50	50	50	50	50	50	50	50	50
アタック数／月	2,000	1,800	2,200	2,100	2,100	2,000	2,000	2,000	1,800	1,700	1,800	2,200
成約率（月別）	1.0%	1.0%	1.0%	1.0%	1.0%	1.0%	1.0%	1.0%	1.0%	1.0%	1.0%	1.0%
成約数	20	18	22	21	21	20	20	20	18	17	18	22
契約単価	5,000	5,000	5,000	5,000	5,000	5,000	5,000	5,000	5,000	5,000	5,000	5,000
解約率	5%	5%	5%	5%	5%	5%	5%	5%	5%	5%	5%	5%
累計契約数	505	498	495	491	487	483	479	475	469	463	458	457

人材紹介事業

項目	4月	5月	6月	7月	8月	9月	10月	11月	12月	1月	2月	3月
成約数／月	1	0	0	0	0	0	1	0	0	0	0	1
紹介手数料／人	400,000	400,000	400,000	400,000	400,000	400,000	400,000	400,000	400,000	400,000	400,000	400,000
契約単価	400000	0	0	0	0	0	400000	0	0	0	0	400000

2年目売り上げ合計

項目	4月	5月	6月	7月	8月	9月	10月	11月	12月	1月	2月	3月	合計
テレワーク事業①（直販6.7）	5,544,000	5,610,000	5,808,000	6,210,000	6,348,000	6,072,000	6,141,000	6,210,000	6,210,000	6,210,000	6,210,000	6,072,000	72,645,000
テレワーク事業②（直販12.5）	9,360,000	9,620,000	10,140,000	10,530,000	10,920,000	11,180,000	11,310,000	11,440,000	11,440,000	11,440,000	11,440,000	11,700,000	130,520,000
テレワーク事業③（PT1.5万）	1,050,000	1,200,000	1,275,000	1,350,000	1,350,000	1,425,000	1,500,000	1,575,000	1,650,000	1,725,000	1,725,000	1,950,000	17,775,000
医療ビジネス（直販0.5万）	2,525,000	2,490,000	2,475,000	2,455,000	2,435,000	2,415,000	2,395,000	2,375,000	2,345,000	2,315,000	2,290,000	2,285,000	28,800,000
人材紹介売上	400,000	0	0	0	0	0	400,000	0	0	0	0	400,000	1,200,000
合計	18,879,000	18,920,000	19,698,000	20,545,000	21,053,000	21,092,000	21,746,000	21,600,000	21,645,000	21,690,000	21,665,000	22,407,000	250,940,000

売上モデル3年目（広島）

テレワーク事業① 直販

	4月	5月	6月	7月	8月	9月	10月	11月	12月	1月	2月	3月
営業人員数	2	2	2	2	2	2	2	2	2	2	2	2
営業日数	20	17	22	21	19	19	20	20	20	18	19	22
アタック数／日	50	50	50	50	50	50	50	50	50	50	50	50
アタック数／月	2,000	1,700	2,200	2,100	1,900	1,900	2,000	2,000	2,000	1,800	1,900	2,200
成約率（月別）	0.50%	0.5%	0.5%	0.5%	0.5%	0.5%	0.5%	0.5%	0.5%	0.5%	0.5%	0.50%
契約数（月別）	10	9	11	11	10	10	10	10	10	9	10	11
契約単価	135,000	135,000	135,000	135,000	135,000	135,000	135,000	135,000	135,000	135,000	135,000	135,000
解約率	10%	10%	10%	10%	10%	10%	10%	10%	10%	10%	10%	15%
累計契約件数	89	89	91	95	93	90	91	92	93	93	94	91

テレワーク事業② 直販（単価120,000円）

	4月	5月	6月	7月	8月	9月	10月	11月	12月	1月	2月	3月
営業人員数	2	2	2	2	2	2	2	2	2	2	2	2
営業日数	20	17	22	21	19	19	20	20	20	18	19	22
アタック数／日	50	50	50	50	50	50	50	50	50	50	50	50
アタック数／月	2,000	1,700	2,200	2,100	1,900	1,900	2,000	2,000	2,000	1,800	1,900	2,200
成約率（月別）	0.50%	0.5%	0.5%	0.5%	0.5%	0.5%	0.50%	0.5%	0.5%	0.5%	0.50%	0.50%
契約数（月別）	10	9	11	11	10	10	10	10	10	9	10	11
契約単価	135,000	135,000	135,000	135,000	135,000	135,000	135,000	135,000	135,000	135,000	135,000	135,000
解約率	10%	10%	10%	10%	10%	10%	10%	10%	10%	10%	10%	15%
累計契約件数	91	91	93	95	96	96	96	96	96	95	96	97

テレワーク事業③ パートナー販売（単価75,000円）

	4月	5月	6月	7月	8月	9月	10月	11月	12月	1月	2月	3月
パートナー数	5	5	5	5	5	5	5	5	5	5	5	5
成約数／月	3	3	3	3	3	3	3	3	3	3	3	3
契約単価	75,000	75,000	75,000	75,000	75,000	75,000	75,000	75,000	75,000	75,000	75,000	75,000
解約率	10%	10%	10%	10%	10%	15%	10%	10%	10%	10%	10%	15%
累計契約件数	26	26	26	26	26	25	26	26	26	26	26	25

医療ビジネス（シフト管理）直販（単価65000円）

	4月	5月	6月	7月	8月	9月	10月	11月	12月	1月	2月	3月
営業人員数	2	2	2	2	2	2	2	2	2	2	2	2
営業日数	20	17	22	21	19	19	20	20	20	18	19	22
アタック数／日	50	50	50	50	50	50	50	50	50	50	50	50
アタック数／月	2,000	1,700	2,200	2,100	1,900	1,900	2,000	2,000	2,000	1,800	1,900	2,200
成約率（月別）	0.75%	0.75%	0.75%	0.75%	0.75%	0.75%	0.75%	0.75%	0.75%	0.75%	0.75%	0.75%
契約数（月別）	15	13	17	16	14	14	15	15	15	14	14	17
契約単価	6,000	6,000	6,000	6,000	6,000	6,000	6,000	6,000	6,000	6,000	6,000	6,000
解約率	2.5%	2.5%	2.5%	2.5%	2.5%	2.5%	2.5%	2.5%	2.5%	2.5%	2.5%	2.5%
累計契約件数	461	462	467	471	473	475	478	481	484	486	488	493

人材紹介事業

	4月	5月	6月	7月	8月	9月	10月	11月	12月	1月	2月	3月
成約数／月	1	0	0	0	0	0	1	0	0	0	0	1
紹介手数料／人	400,000	400,000	400,000	400,000	400,000	400,000	400,000	400,000	400,000	400,000	400,000	400,000
契約単価	400000	0	0	0	0	0	400000	0	0	0	0	400000

3年目売り上げ合計

	4月	5月	6月	7月	8月	9月	10月	11月	12月	1月	2月	3月	合計
テレワーク事業①（直販5万）	6,408,000	6,408,000	6,552,000	6,696,000	6,768,000	6,480,000	6,552,000	6,624,000	6,696,000	6,696,000	6,768,000	6,552,000	79,200,000
テレワーク事業②（追販12万）	12,285,000	12,285,000	12,555,000	12,825,000	12,960,000	12,960,000	12,960,000	12,960,000	12,960,000	12,825,000	12,960,000	13,095,000	153,630,000
テレワーク事業③（PT1.5万）	1,950,000	1,950,000	1,950,000	1,950,000	1,950,000	1,875,000	1,950,000	1,950,000	1,950,000	1,950,000	1,950,000	1,875,000	23,250,000
医療ビジネス（直販0.5万）	2,766,000	2,772,000	2,802,000	2,826,000	2,838,000	2,850,000	2,868,000	2,886,000	2,904,000	2,916,000	2,928,000	2,958,000	34,314,000
人材紹介売上	400,000	400,000	400,000	400,000	400,000	400,000	400,000	400,000	400,000	400,000	400,000	400,000	1,200,000
合計	23,809,000	23,415,000	23,859,000	24,297,000	24,516,000	24,165,000	24,730,000	24,420,000	24,510,000	24,387,000	24,606,000	24,880,000	291,594,000

売上モデル４年目（広島）

テレワーク事業① 直販（単価65,000円）

	4月	5月	6月	7月	8月	9月	10月	11月	12月	1月	2月	3月
営業人員数	2	2	2	2	2	2	2	2	2	2	2	2
営業日数	20	18	22	20	20	20	21	21	21	21	19	20
アタック数／日	50	50	50	50	50	50	50	50	50	50	50	50
アタック数／月	2,000	1,800	2,200	2,000	2,000	2,000	2,100	2,100	2,100	2,100	1,900	2,000
成約率（月別）	0.3%	0.3%	0.3%	0.3%	0.3%	0.3%	0.3%	0.3%	0.3%	0.3%	0.3%	0.3%
契約数	6	5	7	6	6	6	6	6	6	6	6	6
契約単価	75,000	75,000	75,000	75,000	75,000	75,000	75,000	75,000	75,000	75,000	75,000	75,000
解約率	7%	7%	7%	7%	7%	7%	7%	7%	7%	7%	7%	7%
累計契約数	91	90	96	91	91	91	91	91	91	91	91	91

テレワーク事業② 直販（単価120,000円）

	4月	5月	6月	7月	8月	9月	10月	11月	12月	1月	2月	3月
営業人員数	2	2	2	2	2	2	2	2	2	2	2	2
営業日数	20	18	22	20	20	20	21	21	21	21	19	20
アタック数／日	50	50	50	50	50	50	50	50	50	50	50	50
アタック数／月	2,000	1,800	2,200	2,000	2,000	2,000	2,100	2,100	2,100	2,100	1,900	2,000
成約率（月別）	0.3%	0.3%	0.3%	0.3%	0.30%	0.30%	0.30%	0.3%	0.3%	0.3%	0.30%	0.30%
契約数	6	5	7	6	6	6	6	6	6	6	6	6
契約単価	141,000	141,000	141,000	141,000	141,000	141,000	141,000	141,000	141,000	141,000	141,000	141,000
解約率	6%	6%	6%	6%	6%	6%	6%	6%	6%	6%	6%	6%
累計契約数	97	96	97	97	97	97	97	97	97	97	97	97

テレワーク事業③ パートナー販売（単価75,000円）

	4月	5月	6月	7月	8月	9月	10月	11月	12月	1月	2月	3月
パートナー数／月	5	5	5	5	5	5	5	5	5	5	5	5
成約数／月	3	3	3	3	3	3	3	3	3	3	3	3
契約単価	80,000	80,000	80,000	80,000	80,000	80,000	80,000	80,000	80,000	80,000	80,000	80,000
解約率	10%	10%	10%	10%	10%	15%	10%	10%	10%	10%	10%	15%
累計契約数	26	26	26	26	26	25	26	26	26	26	26	25

医療ビジネス（レフト管理）直販（単価65,000円）

	4月	5月	6月	7月	8月	9月	10月	11月	12月	1月	2月	3月
営業人員数	2	2	2	2	2	2	2	2	2	2	2	2
営業日数	20	18	22	20	20	20	21	21	21	21	19	20
アタック数／日	50	50	50	50	50	50	50	50	50	50	50	50
アタック数／月	2,000	1,800	2,200	2,000	2,000	2,000	2,100	2,100	2,100	2,100	1,900	2,000
成約率（月別）	0.5%	0.5%	0.5%	0.5%	0.5%	0.5%	0.5%	0.5%	0.5%	0.5%	0.5%	0.5%
契約数	10	9	11	10	10	10	11	11	11	11	11	11
契約単価	7,000	7,000	7,000	7,000	7,000	7,000	7,000	7,000	7,000	7,000	7,000	7,000
解約率	2%	2.0%	2.0%	2.0%	2.0%	2.0%	2.0%	2.0%	2.0%	2.0%	2.0%	2.0%
累計契約数	493	492	493	493	493	493	494	494	495	496	496	496

人材紹介事業

	4月	5月	6月	7月	8月	9月	10月	11月	12月	1月	2月	3月
成約数／月	1	1	0	0	0	0	0	0	0	0	0	1
紹介手数料／人	400,000	400,000	400,000	400,000	400,000	400,000	400,000	400,000	400,000	400,000	400,000	400,000
契約単価	400000	400000	0	0	0	0	0	0	0	0	0	400000

4年目売り上げ合計

	4月	5月	6月	7月	8月	9月	10月	11月	12月	1月	2月	3月	合計
テレワーク事業①（直販6.5）	6,825,000	6,750,000	6,825,000	6,825,000	6,825,000	6,825,000	6,825,000	6,825,000	6,825,000	6,825,000	6,825,000	6,825,000	81,825,000
テレワーク事業②（直販12万）	13,677,000	13,536,000	13,677,000	13,677,000	13,677,000	13,677,000	13,677,000	13,677,000	13,677,000	13,677,000	13,677,000	13,677,000	163,983,000
テレワーク事業③（PTT.5万）	2,080,000	2,080,000	2,080,000	2,080,000	2,080,000	2,000,000	2,080,000	2,080,000	2,080,000	2,080,000	2,080,000	2,000,000	24,800,000
医療ビジネス（直販6.5万）	3,451,000	3,444,000	3,451,000	3,451,000	3,451,000	3,451,000	3,458,000	3,458,000	3,465,000	3,472,000	3,472,000	3,472,000	41,496,000
人材紹介売上	400,000	400,000	0	0	0	0	0	0	0	0	0	400,000	1,200,000
合計	26,433,000	25,810,000	26,033,000	26,033,000	26,033,000	25,953,000	26,440,000	26,040,000	26,047,000	26,054,000	26,054,000	26,374,000	313,304,000

売上モデル1年目（21年・福岡）

テレワーク事業① 直販（単価65,000円）

	4月	5月	6月	7月	8月	9月	10月	11月	12月	1月	2月	3月
営業人員数			2	2	2	2	2	2	2	2	2	2
営業日数			22	21	19	19	20	20	20	18	19	22
アタック数／日			50	50	50	50	50	50	50	50	50	50
アタック数／月（月別）			2,200	2,100	1,900	1,900	2,000	2,000	2,000	1,800	1,900	2,200
成約率			0.25%	0.25%	0.25%	0.25%	0.25%	0.25%	0.25%	0.25%	0.25%	0.25%
契約単価			5	5	5	5	5	5	5	5	5	6
解約率			72,000	72,000	72,000	72,000	72,000	72,000	72,000	72,000	72,000	72,000
累計契約数			10%	10%	10%	15%	10%	10%	10%	10%	10%	15%
			6	10	14	17	20	23	26	28	30	32

テレワーク事業② 直販（単価120,000円）

	4月	5月	6月	7月	8月	9月	10月	11月	12月	1月	2月	3月
営業人員数			2	2	2	2	2	2	2	2	2	2
営業日数			22	22	19	19	20	20	20	18	19	22
アタック数／日			50	50	50	50	50	50	50	50	50	50
アタック数／月（月別）			2,200	2,100	1,900	1,900	2,000	2,000	2,000	1,800	1,900	2,200
成約率			0.25%	0.3%	0.25%	0.25%	0.25%	0.3%	0.3%	0.25%	0.25%	0.25%
契約単価			5	5	5	5	5	5	5	5	5	6
解約率			132,000	132,000	132,000	132,000	132,000	132,000	132,000	132,000	132,000	132,000
累計契約数			10%	10%	10%	10%	10%	10%	10%	10%	10%	10%
			6	10	14	18	21	24	27	29	31	34

医療ビジネス（シフト管理）直販（単価6000円）

	4月	5月	6月	7月	8月	9月	10月	11月	12月	1月	2月	3月
営業人員数			2	2	2	2	2	2	2	2	2	2
営業日数			22	22	19	19	20	20	20	18	19	22
アタック数／日			50	50	50	50	50	50	50	50	50	50
アタック数／月（月別）			2,200	2,100	1,900	1,900	2,000	2,000	2,000	1,800	1,900	2,200
成約率			0.50%	0.50%	0.50%	0.50%	0.50%	0.50%	0.50%	0.50%	0.50%	0.50%
契約単価			11	11	10	10	10	10	10	9	10	11
解約率			6,000	6,000	6,000	6,000	6,000	6,000	6,000	6,000	6,000	6,000
累計契約数			2.5%	2.5%	2.5%	2.5%	2.5%	2.5%	2.5%	2.5%	2.5%	2.5%
			11	22	31	40	49	58	67	74	82	91

人材紹介事業

	4月	5月	6月	7月	8月	9月	10月	11月	12月	1月	2月	3月
成約数／月	0	0	0	0	0	0	0	0	0	0	0	0
紹介手数料／人	400,000	400,000	400,000	400,000	400,000	400,000	400,000	400,000	400,000	400,000	400,000	400,000
契約単価	0	0	0	0	0	0	0	0	0	0	0	0

3年目売り上げ合計

	4月	5月	6月	7月	8月	9月	10月	11月	12月	1月	2月	3月	合計
テレワーク事業①（直販6万）			432,000	720,000	1,008,000	1,224,000	1,440,000	1,656,000	1,872,000	2,016,000	2,160,000	2,304,000	14,832,000
テレワーク事業②（直販12万）			792,000	1,320,000	1,848,000	2,376,000	2,772,000	3,168,000	3,564,000	3,828,000	4,092,000	4,488,000	28,248,000
医療ビジネス（直販0.5万）			66,000	132,000	186,000	240,000	294,000	348,000	402,000	444,000	492,000	546,000	3,150,000
人材紹介売上												0	0
合計			1,290,000	2,172,000	3,042,000	3,840,000	4,506,000	5,172,000	5,838,000	6,288,000	6,744,000	7,338,000	46,230,000

売上モデル2年目（22年 事業料）

テレワーク事業① 直販（単価65,000円）

	4月	5月	6月	7月	8月	9月	10月	11月	12月	1月	2月	3月
営業人員数	2	2	2	2	2	2	2	2	2	2	2	2
営業日数	20	18	22	20	19	20	21	20	21	21	19	20
アタック数／日	50	50	50	50	50	50	50	50	50	50	50	50
アタック数／月	2,000	1,800	2,200	2,000	1,900	2,000	2,100	2,000	2,100	2,100	1,900	2,000
成約率（月別）	0.3%	0.3%	0.3%	0.3%	0.3%	0.3%	0.3%	0.3%	0.3%	0.3%	0.3%	0.3%
	6	6	7	6	6	6	6	6	6	6	6	6
契約単価	72,000	72,000	72,000	72,000	72,000	72,000	72,000	72,000	72,000	72,000	72,000	72,000
解約率	10%	10%	10%	10%	10%	10%	10%	10%	10%	10%	10%	10%
累計契約数	35	37	40	42	44	46	47	48	49	50	51	52

テレワーク事業② 直販（単価120,000円）

	4月	5月	6月	7月	8月	9月	10月	11月	12月	1月	2月	3月
営業人員数	2	2	2	2	2	2	2	2	2	2	2	2
営業日数	20	18	22	20	19	20	21	20	21	21	19	20
アタック数／日	50	50	50	50	50	50	50	50	50	50	50	50
アタック数／月	2,000	1,800	2,200	2,000	1,900	2,000	2,100	2,000	2,100	2,100	1,900	2,000
成約率（月別）	0.25%	0.30%	0.30%	0.30%	0.30%	0.30%	0.30%	0.30%	0.30%	0.30%	0.30%	0.30%
	5	5	7	6	6	6	6	6	6	6	6	6
契約単価	132,000	132,000	132,000	132,000	132,000	132,000	132,000	132,000	132,000	132,000	132,000	132,000
解約率	10%	10%	10%	10%	10%	10%	10%	10%	10%	10%	10%	10%
累計契約数	36	36	40	42	44	46	47	48	49	49	51	52

医療ビジネス（シフト管理） 直販（単価50000円）

	4月	5月	6月	7月	8月	9月	10月	11月	12月	1月	2月	3月
営業人員数	2	2	2	2	2	2	2	2	2	2	2	2
営業日数	20	18	22	20	19	20	21	20	21	21	19	20
アタック数／日	50	50	50	50	50	50	50	50	50	50	50	50
アタック数／月	2,000	1,800	2,200	2,000	1,900	2,000	2,100	2,000	2,100	2,100	1,900	2,000
成約率（月別）	0.5%	0.5%	0.5%	0.5%	0.5%	0.5%	0.5%	0.5%	0.5%	0.5%	0.5%	0.5%
	10	9	11	10	10	10	11	10	11	11	10	10
契約単価	7,000	7,000	7,000	7,000	7,000	7,000	7,000	7,000	7,000	7,000	7,000	7,000
解約率	2%	2.0%	2.0%	2.0%	2.0%	2.0%	2.0%	2.0%	2.0%	2.0%	2.0%	2.0%
累計契約数	99	106	115	123	131	138	146	153	161	169	176	182

人材紹介事業

	4月	5月	6月	7月	8月	9月	10月	11月	12月	1月	2月	3月
成約数／月	0	0	0	0	0	0	0	0	0	0	0	1
紹介手数料／人	400,000	400,000	400,000	400,000	400,000	400,000	400,000	400,000	400,000	400,000	400,000	400,000
契約単価	0	0	0	0	0	0	400000	0	0	0	0	400,000

4年目売り上げ合計

	4月	5月	6月	7月	8月	9月	10月	11月	12月	1月	2月	3月	合計
テレワーク事業①（直販6万）	2,520,000	2,664,000	2,880,000	3,024,000	3,168,000	3,312,000	3,384,000	3,456,000	3,528,000	3,600,000	3,672,000	3,744,000	38,952,000
テレワーク事業②（直販12万）	4,752,000	4,884,000	5,280,000	5,544,000	5,808,000	6,072,000	6,204,000	6,336,000	6,468,000	6,600,000	6,732,000	6,864,000	71,544,000
医療ビジネス（直販0.5万）	693,000	742,000	805,000	861,000	917,000	966,000	1,022,000	1,071,000	1,127,000	1,183,000	1,232,000	1,274,000	11,893,000
人材紹介売上	0	0	0	0	0	0	400,000	0	0	0	0	400,000	800,000
合計	7,965,000	8,290,000	8,965,000	9,429,000	9,893,000	10,350,000	11,010,000	10,863,000	11,123,000	11,383,000	11,636,000	12,282,000	123,189,000

貸借対照表（最悪パターン）

1年目　　　　　　　　　　　　　　　　　　　　　　　　　　　　　　　　　　　　　　　単位：円

科目	4月	5月	6月	7月	8月	9月	10月	11月	12月	1月	2月	3月	金額
現金及び預金	16,700,000	12,297,280	10,484,560	8,863,400	7,547,610	7,456,940	8,182,442	9,455,816	10,806,290	12,342,482	14,250,674	13,433,277	131,820,771
売掛金	725,000	1,530,000	2,735,000	4,790,000	7,430,000	9,470,000	11,840,000	11,925,000	12,265,000	12,750,000	14,200,000	15,235,000	104,895,000
前払費用	0	0	0	0	0	0	0	0	0	0	0	0	0
短期貸付金	0	0	0	0	0	0	0	0	0	0	0	0	0
立替金	0	0	0	0	0	0	0	0	0	0	0	0	0
仮払金	0	0	0	0	0	0	0	0	0	0	0	0	0
未収入金	0	0	0	0	0	0	0	0	0	0	0	0	0
【流動資産】	17,425,000	13,827,280	13,219,560	13,653,400	14,977,610	16,926,940	20,022,442	21,380,816	23,071,290	25,092,482	28,450,674	28,668,277	236,715,771
建物	0	0	0	0	0	0	0	0	0	0	0	0	0
建物付属設備	0	0	0	0	0	0	0	0	0	0	0	0	0
構築物	0	0	0	0	0	0	0	0	0	0	0	0	0
機械装置	0	0	0	0	0	0	0	0	0	0	0	0	0
工具器具備品	0	0	0	0	0	0	0	0	0	0	0	0	0
土地	0	0	0	0	0	0	0	0	0	0	0	0	0
一括償却資産	0	0	0	0	0	0	0	0	0	0	0	0	0
減価償却累計額	0	0	0	0	0	0	0	0	0	0	0	0	0
（有形固定資産）	0	0	0	0	0	0	0	0	0	0	0	0	0
ソフトウェア	1,200,000	1,200,000	1,200,000	1,200,000	1,200,000	1,200,000	1,200,000	1,200,000	1,200,000	1,200,000	1,200,000	1,200,000	14,400,000
（無形固定資産）	1,200,000	1,200,000	1,200,000	1,200,000	1,200,000	1,200,000	1,200,000	1,200,000	1,200,000	1,200,000	1,200,000	1,200,000	14,400,000
出資金	0	0	0	0	0	0	0	0	0	0	0	0	0
投資有価証券	0	0	0	0	0	0	0	0	0	0	0	0	0
敷金	0	0	0	0	0	0	0	0	0	0	0	0	0
保険積立金	0	0	0	0	0	0	0	0	0	0	0	0	0
長期前払費用	0	0	0	0	0	0	0	0	0	0	0	0	0
（投資その他の資産）	0	0	0	0	0	0	0	0	0	0	0	0	0
【固定資産】	1,200,000	1,200,000	1,200,000	1,200,000	1,200,000	1,200,000	1,200,000	1,200,000	1,200,000	1,200,000	1,200,000	1,200,000	14,400,000
【資産の部】	18,625,000	15,027,280	14,419,560	14,853,400	16,177,610	18,126,940	21,222,442	22,580,816	24,271,290	26,292,482	29,650,674	29,868,277	251,115,771
短期借入金	8,000,000	8,000,000	8,000,000	8,000,000	8,000,000	8,000,000	8,000,000	8,000,000	8,000,000	8,000,000	8,000,000	5,411,757	93,411,757
未払金	5,127,720	3,342,720	4,356,160	6,105,790	7,520,670	8,744,498	10,566,626	10,574,526	10,728,808	10,841,808	12,189,154	14,610,436	104,708,916
前受金	0	0	0	0	0	0	0	0	0	0	0	0	0
預り金	0	0	0	0	0	0	0	0	0	0	0	0	0
【流動負債】	13,127,720	11,342,720	12,356,160	14,105,790	15,520,670	16,744,498	18,566,626	18,574,526	18,728,808	18,841,808	20,189,154	20,022,193	198,120,673
長期借入金	0	0	0	0	0	0	0	0	0	0	0	0	0
【固定負債】	0	0	0	0	0	0	0	0	0	0	0	0	0
【負債の部】	13,127,720	11,342,720	12,356,160	14,105,790	15,520,670	16,744,498	18,566,626	18,574,526	18,728,808	18,841,808	20,189,154	20,022,193	198,120,673
資本金	9,900,000	9,900,000	9,900,000	9,900,000	9,900,000	9,900,000	9,900,000	9,900,000	9,900,000	9,900,000	9,900,000	9,900,000	118,800,000
資本準備金	0	0	0	0	0	0	0	0	0	0	0	0	0
利益準備金	0	0	0	0	0	0	0	0	0	0	0	0	0
繰越利益剰余金	△4,402,720	△6,215,440	△7,836,600	△9,152,390	△9,243,060	△8,517,558	△7,244,184	△5,893,710	△4,357,518	△2,449,326	△438,480	△53,916	△65,804,902
【純資産の部】	5,497,280	3,684,560	2,063,400	747,610	656,940	1,382,442	2,655,816	4,006,290	5,542,482	7,450,674	9,461,520	9,846,084	52,995,098
【負債及び純資産の部】	18,625,000	15,027,280	14,419,560	14,853,400	16,177,610	18,126,940	21,222,442	22,580,816	24,271,290	26,292,482	29,650,674	29,868,277	251,115,771

貸借対照表（最悪パターン）

2年目

単位：円

科目	4月	5月	6月	7月	8月	9月	10月	11月	12月	1月	2月	3月	当月残高累計 金額
現金及び預金	20,406,447	21,498,837	23,887,194	25,946,918	22,067,824	24,894,133	27,861,743	30,818,871	33,588,756	22,066,382	25,145,248	25,379,390	303,539,723
売掛金	16,130,000	16,275,000	17,005,000	17,979,000	18,518,000	18,629,000	19,455,000	19,486,000	19,661,000	19,711,000	19,691,000	20,030,000	222,570,000
前払費用	0	0	0	0	0	0	0	0	0	0	0	0	0
立替金	0	0	0	0	0	0	0	0	0	0	0	0	0
短期貸付金	0	0	0	0	0	0	0	0	0	0	0	0	0
仮払金	0	0	0	0	0	0	0	0	0	0	0	0	0
未収入金	0	0	0	0	0	0	0	0	0	0	0	0	0
【流動資産】	36,536,447	37,771,837	40,872,194	43,925,918	40,585,824	43,523,133	47,316,743	50,304,871	53,249,756	41,777,382	44,836,248	45,409,390	526,109,723
建物	0	0	0	0	0	0	0	0	0	0	0	0	0
建物付属設備	0	0	0	0	0	0	0	0	0	0	0	0	0
構築物	0	0	0	0	0	0	0	0	0	0	0	0	0
機械装置	0	0	0	0	0	0	0	0	0	0	0	0	0
工具器具備品	0	0	0	0	0	0	0	0	0	0	0	0	0
土地	0	0	0	0	0	0	0	0	0	0	0	0	0
一括償却資産	0	0	0	0	0	0	0	0	0	0	0	0	0
減価償却累計額	0	0	0	0	0	0	0	0	0	0	0	0	0
（有形固定資産）	0	0	0	0	0	0	0	0	0	0	0	0	0
ソフトウェア	0	0	0	0	0	0	0	0	0	0	0	0	0
（無形固定資産）	0	0	0	0	0	0	0	0	0	0	0	0	0
出資金	0	0	0	0	0	0	0	0	0	0	0	0	0
投資有価証券	0	0	0	0	0	0	0	0	0	0	0	0	0
敷金	2,700,000	2,700,000	2,700,000	2,700,000	2,700,000	2,700,000	2,700,000	2,700,000	2,700,000	2,700,000	2,700,000	2,700,000	32,400,000
保険積立金	0	0	0	0	0	0	0	0	0	0	0	0	0
長期前払費用	0	0	0	0	0	0	0	0	0	0	0	0	0
（投資その他の資産）	2,700,000	2,700,000	2,700,000	2,700,000	2,700,000	2,700,000	2,700,000	2,700,000	2,700,000	2,700,000	2,700,000	2,700,000	32,400,000
【固定資産】	2,700,000	2,700,000	2,700,000	2,700,000	2,700,000	2,700,000	2,700,000	2,700,000	2,700,000	2,700,000	2,700,000	2,700,000	32,400,000
【資産の部】	39,236,447	40,471,837	43,572,194	46,625,918	43,285,824	46,223,133	50,016,743	53,004,871	55,949,756	44,477,382	47,536,248	48,109,390	558,509,723
短期借入金	5,411,757	5,411,757	5,411,757	5,411,757	5,411,757	5,411,757	5,411,757	5,411,757	5,411,757	5,411,757	5,411,757	2,745,867	62,275,194
未払金	15,039,610	13,904,642	14,925,276	21,858,094	15,691,690	15,661,390	16,497,872	16,716,114	31,183,394	16,632,114	16,628,614	18,481,075	213,219,889
前受金	0	0	0	0	0	0	0	0	0	0	0	0	0
源泉預り金	0	0	0	0	0	0	0	0	0	0	0	0	0
預り金	0	0	0	0	0	0	0	0	0	0	0	0	0
【流動負債】	20,451,367	19,316,399	20,337,033	27,269,851	21,103,447	21,073,147	21,909,629	22,127,871	36,595,151	22,043,871	22,040,371	21,226,942	275,495,083
長期借入金	0	0	0	0	0	0	0	0	0	0	0	0	0
【固定負債】	0	0	0	0	0	0	0	0	0	0	0	0	0
【負債の部】	20,451,367	19,316,399	20,337,033	27,269,851	21,103,447	21,073,147	21,909,629	22,127,871	36,595,151	22,043,871	22,040,371	21,226,942	275,495,083
資本金	9,900,000	9,900,000	9,900,000	9,900,000	9,900,000	9,900,000	9,900,000	9,900,000	9,900,000	9,900,000	9,900,000	9,900,000	118,800,000
資本準備金	7,848,606	7,848,606	7,848,606	7,848,606	7,848,606	7,848,606	7,848,606	7,848,606	7,848,606	7,848,606	7,848,606	7,848,606	94,183,272
利益準備金	0	0	0	0	0	0	0	0	0	0	0	0	0
繰越利益剰余金	1,036,474	3,406,831	5,486,555	1,607,461	4,433,770	7,401,380	10,358,508	13,128,393	1,605,999	4,684,885	7,747,270	9,133,842	70,031,368
【純資産の部】	18,785,080	21,155,437	23,235,161	19,356,067	22,182,376	25,149,986	28,107,114	30,876,999	19,354,605	22,433,491	25,495,876	26,882,448	283,014,640
【負債及び純資産の部】	39,236,447	40,471,837	43,572,194	46,625,918	43,285,824	46,223,133	50,016,743	53,004,871	55,949,756	44,477,382	47,536,248	48,109,390	558,509,723

貸借対照表（最悪パターン）

3年目　　　単位：円

科目	4月	5月	6月	7月	8月	9月	10月	11月	12月	1月	2月	3月	当月累計 金額
現金及び預金	26,928,315	29,627,130	33,053,144	36,706,559	22,219,836	25,844,186	29,461,187	32,025,937	35,841,388	19,874,424	23,670,375	24,746,383	339,998,865
売掛金	21,928,000	21,540,000	21,960,000	22,374,000	22,584,000	22,389,000	23,080,000	22,770,000	22,854,000	22,740,000	22,944,000	22,827,000	269,990,000
前払費用													0
短期貸付金													0
立替金													0
仮払金													0
未収入金													0
【流動資産】	48,856,315	51,167,130	55,013,144	59,080,559	44,803,836	48,233,186	52,541,187	54,795,937	58,695,388	42,614,424	46,614,375	47,573,383	609,988,865
建物													0
建物付属設備													0
構築物													0
機械装置													0
工具器具備品													0
土地													0
減価償却資産													0
一括償却資産													0
減価償却累計額													0
（有形固定資産）	0	0	0	0	0	0	0	0	0	0	0	0	0
ソフトウェア													0
（無形固定資産）	0	0	0	0	0	0	0	0	0	0	0	0	0
出資金													0
投資有価証券	2,700,000	2,700,000	2,700,000	2,700,000	2,700,000	2,700,000	2,700,000	2,700,000	2,700,000	2,700,000	2,700,000	2,700,000	32,400,000
敷金													0
保険積立金													0
長期前払費用													0
【投資その他の資産】	2,700,000	2,700,000	2,700,000	2,700,000	2,700,000	2,700,000	2,700,000	2,700,000	2,700,000	2,700,000	2,700,000	2,700,000	32,400,000
【固定資産】	2,700,000	2,700,000	2,700,000	2,700,000	2,700,000	2,700,000	2,700,000	2,700,000	2,700,000	2,700,000	2,700,000	2,700,000	32,400,000
【資産の部】	51,556,315	53,867,130	57,713,144	61,780,559	47,503,836	50,933,186	55,241,187	57,495,937	61,395,388	45,314,424	49,314,375	50,273,383	642,388,865
短期借入金	51,556,315	53,867,130	57,713,144	61,780,559	47,503,836	50,933,186	55,241,187	57,495,937	61,396,388	45,314,424	49,314,375	50,273,383	642,388,865
未払費用	2,745,867	2,745,867	2,745,867	2,745,867	2,745,867	2,745,867	2,745,867	2,745,867	2,745,867	2,745,867	2,745,867	2,745,867	30,204,537
前受金	19,229,185	18,113,985	18,306,585	36,860,724	18,959,649	18,771,999	20,515,249	18,954,549	38,820,964	18,944,049	19,039,749	18,791,549	265,308,238
温泉預り金													0
預り金													0
【流動負債】	21,975,052	20,859,852	21,052,452	39,606,591	21,705,516	21,517,866	23,261,116	21,700,416	41,566,831	21,689,916	21,785,616	18,791,549	295,512,775
長期借入金	0	0	0	0	0	0	0	0	0	0	0	0	0
【固定負債】	0	0	0	0	0	0	0	0	0	0	0	0	0
【負債の部】	21,975,052	20,859,852	21,052,452	39,606,591	21,705,516	21,517,866	23,261,116	21,700,416	41,566,831	21,689,916	21,785,616	18,791,549	295,512,775
資本金	9,900,000	9,900,000	9,900,000	9,900,000	9,900,000	9,900,000	9,900,000	9,900,000	9,900,000	9,900,000	9,900,000	9,900,000	118,800,000
利益準備金	7,848,606	7,848,606	7,848,606	7,848,606	7,848,606	7,848,606	7,848,606	7,848,606	7,848,606	7,848,606	7,848,606	7,848,606	94,183,272
繰越利益剰余金	11,832,657	15,258,671	18,912,086	4,425,363	8,049,713	11,666,714	14,231,464	18,046,915	2,079,951	5,875,902	9,780,153	13,733,228	133,892,818
【純資産の部】	29,581,263	33,007,277	36,660,692	22,173,969	25,798,319	29,415,320	31,980,070	35,795,521	19,828,557	23,624,508	27,528,759	31,481,834	346,876,090
【負債及び純資産の部】	51,556,315	53,867,130	57,713,144	61,780,559	47,503,836	50,933,186	55,241,187	57,495,937	61,395,388	45,314,424	49,314,375	50,273,383	642,388,865

損益計算書（最悪パターン）

1年目　　　　　　　　　　　　　　　　　　　　　　　　　　単位：円

科目	4月	5月	6月	7月	8月	9月	10月	11月	12月	1月	2月	3月	金額
テレワーク事業①(直販6万)	120,000	360,000	660,000	1,260,000	2,040,000	2,700,000	3,480,000	3,540,000	3,660,000	3,840,000	4,320,000	4,680,000	30,660,000
テレワーク事業②(直販12万)	480,000	840,000	1,440,000	2,520,000	3,960,000	4,920,000	6,240,000	6,120,000	6,120,000	6,240,000	6,960,000	7,320,000	53,160,000
テレワーク事業③(P17.5万)	75,000	150,000	300,000	375,000	525,000	675,000	675,000	675,000	750,000	750,000	825,000	900,000	6,675,000
医療ビジネス（通販1万）	50,000	180,000	335,000	635,000	905,000	1,175,000	1,445,000	1,590,000	1,735,000	1,920,000	2,095,000	2,335,000	14,400,000
人材紹介売上	0	0	0	0	0	0	0	0	0	0	0	0	0
【純売上高】	725,000	1,530,000	2,735,000	4,790,000	7,430,000	9,470,000	11,840,000	11,925,000	12,265,000	12,750,000	14,200,000	15,235,000	104,895,000
外注費	0	0	200,000	346,250	543,750	691,250	866,250	861,250	877,500	902,500	1,008,750	1,075,000	7,372,500
【売上原価】	0	0	200,000	346,250	543,750	691,250	866,250	861,250	877,500	902,500	1,008,750	1,075,000	7,372,500
【売上総利益】	725,000	1,530,000	2,535,000	4,443,750	6,886,250	8,778,750	10,973,750	11,063,750	11,387,500	11,847,500	13,191,250	14,160,000	97,522,500
役員報酬	842,000	842,000	842,000	842,000	842,000	842,000	842,000	842,000	842,000	842,000	842,000	842,000	10,104,000
給料手当	1,300,000	1,300,000	1,684,000	2,752,000	3,720,000	4,296,000	5,064,000	5,364,000	5,556,000	5,556,000	6,132,000	6,324,000	49,048,000
賞与	0	0	0	0	0	0	0	0	0	0	0	3,000,000	3,000,000
法定福利費(16%)	342,720	342,720	404,160	575,040	729,920	822,080	944,960	992,960	1,023,680	1,023,680	1,115,840	1,626,560	9,944,320
採用教育費	0	0	10,000	30,000	50,000	65,000	85,000	85,000	90,000	90,000	105,000	110,000	720,000
退職金	0	0	0	0	0	0	0	0	0	0	0	0	0
業務委託費	15,000	30,000	60,000	75,000	105,000	135,000	135,000	135,000	150,000	150,000	165,000	180,000	1,335,000
広告宣伝費	50,000	50,000	50,000	50,000	50,000	50,000	0	0	0	0	0	0	300,000
賃借料	200,000	200,000	200,000	200,000	200,000	200,000	200,000	200,000	200,000	200,000	200,000	200,000	2,400,000
梱包費	178,000	178,000	178,000	190,000	202,000	202,000	202,000	214,000	214,000	214,000	214,000	214,000	2,400,000
消耗品費	830,000	30,000	330,000	630,000	630,000	480,000	830,000	430,000	180,000	30,000	480,000	180,000	5,060,000
水道光熱費	30,000	30,000	35,000	35,000	40,000	40,000	45,000	45,000	50,000	50,000	55,000	55,000	510,000
旅費交通費	200,000	200,000	200,000	200,000	200,000	200,000	200,000	200,000	200,000	200,000	200,000	200,000	2,400,000
手数料	25,000	25,000	28,000	35,500	43,000	47,500	53,500	55,000	56,500	56,500	61,000	62,500	549,000
租税公課(印紙税等)	10,000	10,000	10,000	10,000	10,000	10,000	10,000	10,000	10,000	10,000	10,000	10,000	120,000
会議費	15,000	15,000	15,000	15,000	15,000	20,000	20,000	20,000	20,000	20,000	20,000	25,000	220,000
交際接待費	30,000	30,000	30,000	30,000	30,000	30,000	30,000	30,000	30,000	30,000	30,000	30,000	360,000
保険料	200,000	0	0	0	0	0	0	0	0	0	0	0	200,000
通信費	80,000	80,000	80,000	80,000	80,000	80,000	80,000	80,000	80,000	120,000	135,000	140,000	1,080,000
リース料	80,000	80,000	80,000	80,000	80,000	80,000	80,000	80,000	80,000	80,000	80,000	80,000	960,000
地代家賃	200,000	200,000	200,000	200,000	200,000	200,000	200,000	200,000	200,000	200,000	200,000	200,000	2,400,000
管理諸費	500,000	0	0	0	0	0	0	0	0	0	0	0	500,000
【販売費及び一般管理費】	5,127,720	3,342,720	4,156,160	5,759,540	6,976,920	7,569,580	8,851,460	8,812,960	8,827,180	8,867,180	9,839,840	13,279,060	91,210,320
【営業利益】	△4,402,720	△1,812,720	△1,621,160	△1,315,790	△90,670	1,209,170	2,122,290	2,250,790	2,560,320	3,180,320	3,351,410	880,940	6,312,180
受取利息	0	0	0	0	0	0	0	0	0	0	0	0	0
受取配当金	0	0	0	0	0	0	0	0	0	0	0	0	0
雑収入	0	0	0	0	0	0	0	0	0	0	0	0	0
支払利息	0	0	0	0	0	0	0	0	0	0	0	240,000	240,000
【営業外費用】	0	0	0	0	0	0	0	0	0	0	0	240,000	240,000
【経常利益】	△4,402,720	△1,812,720	△1,621,160	△1,315,790	△90,670	1,209,170	2,122,290	2,250,790	2,560,320	3,180,320	3,351,410	640,940	6,072,180
【特別利益】	0	0	0	0	0	0	0	0	0	0	0	0	0
【特別損失】	0	0	0	0	0	0	0	0	0	0	0	0	0
【税引前当期純利益】	△4,402,720	△1,812,720	△1,621,160	△1,315,790	△90,670	1,209,170	2,122,290	2,250,790	2,560,320	3,180,320	3,351,410	640,940	6,072,180
法人税、住民税及び事業税(40%)	0	0	0	0	0	483,668	848,916	900,316	1,024,128	1,272,128	1,340,564	256,376	6,126,096
【当期純利益】	△4,402,720	△1,812,720	△1,621,160	△1,315,790	△90,670	725,502	1,273,374	1,350,474	1,536,192	1,908,192	2,010,846	384,564	△53,916
【期首繰越利益剰余金】	0	△4,402,720	△6,215,440	△7,836,600	△9,152,390	△9,243,060	△8,517,558	△7,244,184	△5,893,710	△4,357,518	△2,449,326	△438,480	△65,750,986
【期末繰越利益剰余金】	△4,402,720	△6,215,440	△7,836,600	△9,152,390	△9,243,060	△8,517,558	△7,244,184	△5,893,710	△4,357,518	△2,449,326	△438,480	△53,916	△65,804,902
利益剰余金配当額	0	0	0	0	0	0	0	0	0	0	0	0	0

損益計算書（最悪パターン）

2年目　　単位　円

科目	4月	5月	6月	7月	8月	9月	10月	11月	12月	1月	2月	3月	金額
テレワーク事業①(直販6万)	4,560,000	4,620,000	4,800,000	5,229,000	5,418,000	5,229,000	5,355,000	5,481,000	5,481,000	5,481,000	5,481,000	5,355,000	62,490,000
テレワーク事業②(直販12万)	7,600,000	8,160,000	8,640,000	9,120,000	9,480,000	9,720,000	9,960,000	10,200,000	10,320,000	10,320,000	10,320,000	10,560,000	114,600,000
テレワーク事業③(PT7.5万)	1,050,000	1,200,000	1,275,000	1,350,000	1,350,000	1,425,000	1,500,000	1,575,000	1,650,000	1,725,000	1,725,000	1,950,000	17,775,000
医療ビジネス(直販3万)	2,320,000	2,295,000	2,290,000	2,280,000	2,270,000	2,255,000	2,240,000	2,230,000	2,210,000	2,185,000	2,165,000	2,165,000	26,905,000
人材紹介手売上	400,000	0	0	0	0	0	400,000	0	0	0	0	0	800,000
【純売上高】	16,130,000	18,275,000	17,005,000	17,979,000	18,518,000	18,629,000	19,455,000	19,486,000	19,661,000	19,711,000	19,691,000	20,030,000	222,570,000
外注費	1,117,500	1,165,000	1,226,250	1,308,250	1,354,000	1,364,500	1,401,250	1,438,000	1,454,250	1,460,500	1,460,500	1,488,750	16,238,750
【売上原価】	1,117,500	1,165,000	1,226,250	1,308,250	1,354,000	1,364,500	1,401,250	1,438,000	1,454,250	1,460,500	1,460,500	1,488,750	16,238,750
【売上総利益】	15,012,500	15,110,000	15,778,750	16,670,750	17,164,000	17,264,500	18,053,750	18,048,000	18,206,750	18,250,500	18,230,500	18,541,250	206,331,250
役員報酬	1,259,400	1,259,400	1,259,400	1,259,400	1,259,400	1,259,400	1,259,400	1,259,400	1,259,400	1,259,400	1,259,400	1,259,400	15,112,800
給料手当	6,583,000	6,775,000	7,416,500	7,608,500	7,800,500	7,800,500	7,992,500	8,394,500	8,394,500	8,394,500	8,394,500	8,844,000	94,398,500
賞与				7,188,000					14,332,000				21,520,000
法定福利費(16%)	1,254,784	1,285,504	1,388,144	1,449,584	1,449,584	1,449,584	1,480,304	1,544,624	3,837,744	1,544,624	1,544,624	1,616,544	20,965,008
採用教育費	115,000	120,000	130,000	135,000	140,000	140,000	145,000	150,000	150,000	150,000	150,000	155,000	1,680,000
退職金	100,000					100,000							200,000
業務委託費	210,000	240,000	255,000	270,000	270,000	285,000	300,000	315,000	330,000	345,000	345,000	390,000	3,555,000
広告宣伝費	1,000,000											2,000,000	3,000,000
地代家賃	150,000	150,000	150,000	150,000	150,000	150,000	150,000	150,000	150,000	150,000	150,000	150,000	1,800,000
消耗品費	600,000												600,000
修繕費	490,000	190,000	540,000	190,000	190,000	40,000	490,000	390,000	40,000	40,000	40,000	390,000	3,030,000
水道光熱費	45,000	45,000	52,500	52,500	60,000	60,000	67,500	67,500	75,000	75,000	82,500	82,500	765,000
旅費交通費	244,000	244,000	256,000	256,000	256,000	256,000	256,000	268,000	268,000	268,000	268,000	280,000	3,120,000
手数料	64,000	65,500	70,000	71,500	73,000	73,000	74,500	77,500	77,500	77,500	77,500	80,500	882,000
租税公課(印紙税等)	10,000	10,000	10,000	10,000	10,000	10,000	10,000	10,000	10,000	10,000	10,000	10,000	120,000
会議費	30,000	30,000	30,000	30,000	30,000	30,000	30,000	30,000	30,000	30,000	30,000	30,000	360,000
交際接待費	60,000	60,000	60,000	60,000	60,000	60,000	60,000	60,000	60,000	60,000	60,000	60,000	720,000
保険料	300,000												300,000
リース料	150,000	155,000	165,000	170,000	175,000	175,000	180,000	185,000	185,000	185,000	185,000	190,000	2,100,000
通信費	80,000	80,000	80,000	80,000	80,000	80,000	80,000	80,000	80,000	80,000	80,000	80,000	960,000
管理諸費	450,000	450,000	450,000	450,000	450,000	450,000	450,000	450,000	450,000	450,000	450,000	450,000	
【販売費及び一般管理費】	13,195,184	11,159,404	12,312,544	20,549,844	12,453,484	12,318,484	13,125,204	13,431,524	29,729,144	13,119,024	13,126,524	16,067,944	180,586,308
【営業利益】	1,817,316	3,950,596	3,466,206	△3,879,094	4,710,516	4,946,016	4,928,546	4,616,476	△11,522,394	5,131,476	5,103,976	2,473,306	25,742,942
受取利息	0	0	0	0	0	0	0	0	0	0	0	0	0
受取配当金													
雑収入													
【営業外収益】	0	0	0	0	0	0	0	0	0	0	0	0	0
支払利息												162,353	162,353
【営業外費用】	0	0	0	0	0	0	0	0	0	0	0	162,353	162,353
【経常利益】	1,817,316	3,950,596	3,466,206	△3,879,094	4,710,516	4,946,016	4,928,546	4,616,476	△11,522,394	5,131,476	5,103,976	2,310,953	25,580,589
【特別利益】	0	0	0	0	0	0	0	0	0	0	0	0	0
【特別損失】	0	0	0	0	0	0	0	0	0	0	0	0	0
【税引前当期純利益】	1,817,316	3,950,596	3,466,206	△3,879,094	4,710,516	4,946,016	4,928,546	4,616,476	△11,522,394	5,131,476	5,103,976	2,310,953	25,580,589
法人税・住民税及び事業税(40%)	728,926	1,580,238	1,386,482	△1,884,206	1,884,206	1,978,406	1,971,418	1,846,590	△11,522,394	2,052,590	2,041,590	924,381	16,392,831
【当期純利益】	1,090,390	2,370,358	2,079,724	△3,879,094	2,826,310	2,967,610	2,957,128	2,769,886	△13,128,393	3,078,886	3,062,386	1,386,572	9,187,758
【前期繰越利益剰余金】	△53,916	1,036,474	3,406,831	5,486,555	1,607,461	4,433,770	7,401,380	10,358,508	13,128,393	1,605,999	4,684,885	7,747,270	60,843,610
利益剰余金当期末残高	1,036,474	3,406,831	5,486,555	1,607,461	4,433,770	7,401,380	10,358,508	13,128,393	1,605,999	4,684,885	7,747,270	9,133,842	70,031,368
【期末繰越利益剰余金(税金)】	1,036,474	3,406,831	5,486,555	1,607,461	4,433,770	7,401,380	10,358,508	13,128,393	1,605,999	4,684,885	7,747,270	9,133,842	70,031,368

損益計算書（最悪パターン）

3年目
単位：円

次期推移

科目	4月	5月	6月	7月	8月	9月	10月	11月	12月	1月	2月	3月	金額
テレワーク事業①(直販5万)	5,742,000	5,742,000	5,874,000	6,006,000	6,072,000	5,808,000	5,874,000	5,940,000	6,006,000	6,006,000	6,072,000	5,874,000	71,016,000
テレワーク事業②(直販12万)	11,214,000	11,214,000	11,466,000	11,718,000	11,844,000	11,970,000	12,096,000	12,096,000	12,096,000	11,970,000	12,096,000	12,222,000	142,002,000
テレワーク事業③(PT1.5万)	1,950,000	1,950,000	1,950,000	1,950,000	1,950,000	1,875,000	1,950,000	1,950,000	1,950,000	1,950,000	1,950,000	1,875,000	23,250,000
医療ビジネス(直販1万)	2,622,000	2,634,000	2,670,000	2,700,000	2,718,000	2,736,000	2,760,000	2,784,000	2,802,000	2,814,000	2,826,000	2,856,000	32,922,000
人材紹介の売上	400,000	0	0	0	0	0	400,000	0	0	0	0	0	800,000
【純売上高】	21,928,000	21,540,000	21,960,000	22,374,000	22,584,000	22,389,000	23,080,000	22,770,000	22,854,000	22,740,000	22,944,000	22,827,000	269,990,000
外注費	1,575,500	1,575,500	1,607,500	1,639,500	1,855,500	1,637,750	1,660,000	1,665,500	1,671,000	1,660,500	1,676,500	1,664,250	19,689,000
【売上原価】	1,575,500	1,575,500	1,607,500	1,639,500	1,855,500	1,637,750	1,660,000	1,665,500	1,671,000	1,660,500	1,676,500	1,664,250	19,689,000
【売上総利益】	20,352,500	19,964,500	20,352,500	20,734,500	20,928,500	20,751,250	21,420,000	21,104,500	21,183,000	21,079,500	21,267,500	21,162,750	250,301,000
役員報酬	1,598,750	1,598,750	1,598,750	1,598,750	1,598,750	1,598,750	1,598,750	1,598,750	1,598,750	1,598,750	1,598,750	1,598,750	19,185,000
給料手当	8,939,160	8,939,160	8,939,160	9,131,160	9,323,160	9,323,160	9,323,160	9,323,160	9,323,160	9,323,160	9,323,160	9,323,160	110,533,920
賞与				17,735,800					19,307,800				37,043,600
法定福利費(16%)	1,686,066	1,686,066	1,686,066	4,554,514	1,747,506	1,747,506	1,747,506	1,747,506	4,836,754	1,747,506	1,747,506	1,747,506	26,682,003
採用教育費	155,000	155,000	155,000	160,000	165,000	165,000	165,000	165,000	165,000	165,000	165,000	165,000	1,945,000
退職金						100,000	100,000						200,000
業務委託費	390,000	390,000	390,000	390,000	390,000	375,000	390,000	390,000	390,000	390,000	390,000	375,000	4,650,000
広告宣伝費	1,000,000					2,000,000							3,000,000
賃借料	150,000	150,000	150,000	150,000	150,000	150,000	150,000	150,000	150,000	150,000	150,000	150,000	1,800,000
修繕費	240,000	40,000	40,000	190,000	190,000	40,000	340,000	40,000	40,000	40,000	40,000	40,000	1,280,000
消耗品費	45,000	45,000	52,500	52,500	60,000	60,000	67,500	67,500	75,000	75,000	82,500	82,500	765,000
水道光熱費	265,000	265,000	265,000	265,000	265,000	265,000	265,000	265,000	265,000	265,000	265,000	265,000	3,180,000
旅費交通費	80,500	80,500	82,000	83,500	83,500	83,500	83,500	83,500	83,500	83,500	83,500	83,500	921,000
手数料	10,000	10,000	10,000	10,000	10,000	10,000	10,000	10,000	10,000	10,000	10,000	10,000	120,000
租税公課(印紙税等)	100,000	100,000	100,000	100,000	100,000	100,000	100,000	100,000	100,000	100,000	100,000	100,000	1,200,000
会議費	60,000	60,000	60,000	60,000	60,000	60,000	60,000	60,000	60,000	60,000	60,000	60,000	720,000
交際接待費	300,000												300,000
保険料	190,000	190,000	190,000	195,000	200,000	200,000	200,000	200,000	200,000	200,000	200,000	200,000	2,365,000
通信費	80,000	80,000	80,000	80,000	80,000	80,000	80,000	80,000	80,000	80,000	80,000	80,000	960,000
リース料													0
地代家賃	450,000	450,000	450,000	450,000	450,000	450,000	450,000	450,000	450,000	450,000	450,000	450,000	5,400,000
管理諸費													0
【販売費及び一般管理費】(営業費用)	15,854,476	14,254,476	14,263,476	35,221,724	14,287,916	14,722,916	17,145,416	14,745,416	37,149,964	14,752,916	14,760,416	14,491,916	222,250,523
【営業利益】	4,498,024	5,710,024	6,089,024	△14,486,724	6,040,584	6,028,334	4,274,584	6,359,084	△15,966,964	6,326,584	6,507,084	6,670,834	28,050,477
受取利息													0
受取配当金													0
雑収入													0
【営業外収益】	0	0	0	0	0	0	0	0	0	0	0	0	0
支払利息													0
【営業外費用】	0	0	0	0	0	0	0	0	0	0	0	0	0
【経常利益】	4,498,024	5,710,024	6,089,024	△14,486,724	6,040,584	6,028,334	4,274,584	6,359,084	△15,966,964	6,326,584	6,507,084	6,670,834	28,050,477
【特別利益】													0
【特別損失】												82,376	82,376
【税引前当期純利益】	4,498,024	5,710,024	6,089,024	△14,486,724	6,040,584	6,028,334	4,274,584	6,359,084	△15,966,964	6,326,584	6,507,084	6,588,458	27,968,101
法人税,住民税及び事業税(40%)	1,799,210	2,284,010	2,435,610		2,416,234	2,411,334	1,709,834	2,543,634		2,530,634	2,602,834	2,635,383	23,368,715
【当期純利益】	2,698,815	3,426,014	3,653,415	△14,486,724	3,624,350	3,617,001	2,564,750	3,815,451	△15,966,964	3,795,951	3,904,251	3,953,075	4,599,386
(期首繰越利益剰余金)	9,133,842	11,832,657	15,258,671	18,912,086	4,425,363	8,049,713	11,666,714	14,231,464	18,046,915	2,079,951	5,875,902	9,780,153	129,293,432
利益剰余金配当額													3,000,000
(期末繰越利益剰余金)	11,832,657	15,258,671	18,912,086	4,425,363	8,049,713	11,666,714	14,231,464	18,046,915	2,079,951	5,875,902	9,780,153	13,733,228	130,892,818

キャッシュフロー計算書（最悪パターン）

1年目

	4月	5月	6月	7月	8月	9月	10月	11月	12月	1月	2月	3月	合計
営業活動によるキャッシュフロー													
営業収入	0	725,000	1,530,000	2,735,000	4,790,000	7,430,000	9,470,000	11,840,000	11,925,000	12,265,000	12,750,000	14,200,000	89,660,000
△ 仕入支出	0	0											0
△ 人件費支出		2,142,000	2,142,000	2,526,000	3,594,000	4,562,000	5,138,000	5,906,000	6,206,000	6,398,000	6,398,000	6,974,000	51,986,000
△ その他営業費支出		2,985,720	1,200,720	1,630,160	2,165,540	2,414,920	2,431,580	2,945,460	2,606,960	2,429,180	2,269,180	2,865,840	25,945,260
利子配当受取額	0	0	0	0	0	0	483,668	848,916	900,316	1,024,128	1,272,128	1,340,564	5,869,720
△ 法人税等支払額													0
													0
													0
【営業活動CF】	0	△ 4,402,720	△ 1,812,720	△ 1,421,160	△ 969,540	453,080	2,384,088	3,837,456	4,012,356	4,461,948	5,354,948	5,700,724	17,598,460
投資活動によるキャッシュフロー													
△ 有形固定資産取得													0
有形固定資産売却													0
△ 貸付金支出													0
貸付金回収													0
△ 敷金支出	1,200,000												1,200,000
【投資活動CF】	△ 1,200,000	0	0	0	0	0	0	0	0	0	0	0	△ 1,200,000
財務活動によるキャッシュフロー													
借入金収入	8,000,000												8,000,000
△ 借入金支出												2,828,243	2,828,243
株式発行収入													0
△ 配当金支出													0
【財務活動CF】	8,000,000	0	0	0	0	0	0	0	0	0	0	△ 2,828,243	5,171,757
現金預金の増加額	6,800,000	△ 4,402,720	△ 1,812,720	△ 1,421,160	△ 969,540	453,080	2,384,088	3,837,456	4,012,356	4,461,948	5,354,948	2,872,481	21,570,217
現金預金の期首残高	9,900,000	16,700,000	12,297,280	10,484,560	9,063,400	8,093,860	8,546,940	10,931,028	14,768,484	18,780,840	23,242,788	28,597,736	9,900,000
現金預金の期末残高	16,700,000	12,297,280	10,484,560	9,063,400	8,093,860	8,546,940	10,931,028	14,768,484	18,780,840	23,242,788	28,597,736	31,470,217	31,470,217

キャッシュフロー計算書（最悪パターン）

2年目

科目	4月	5月	6月	7月	8月	9月	10月	11月	12月	1月	2月	3月	合計
営業活動によるキャッシュフロー													
営業収入	15,235,000	16,130,000	16,275,000	17,005,000	17,979,000	18,518,000	18,629,000	19,455,000	19,486,000	19,661,000	19,711,000	19,691,000	217,775,000
△ 仕入支出	1,075,000	1,117,500	1,165,000	1,226,250	1,308,250	1,354,000	1,384,500	1,401,250	1,438,000	1,454,250	1,460,500	1,460,500	15,825,000
△ 人件費支出	10,166,000	7,842,400	8,034,400	8,675,900	16,055,900	9,059,900	9,059,900	9,251,900	9,653,900	23,985,900	9,653,900	9,653,900	131,093,900
△ その他経費支出	6,305,060	5,352,784	3,125,004	3,636,644	4,493,944	3,393,584	3,258,584	3,873,304	3,777,624	5,743,244	3,465,124	3,472,624	49,897,524
利子配当受取額	0	0	0	0	0	0	0	0	0	0	0	0	0
△ 法人税等支払額	256,376	726,926	1,580,238	1,386,482	0	1,884,206	1,978,406	1,971,418	1,846,590	0	2,052,590	2,041,590	15,724,826
													0
△													0
△													0
[営業活動CF]	△ 2,054,684	2,544,242	5,530,834	4,852,688	△ 3,879,094	6,594,722	6,924,422	6,899,964	6,465,066	△ 11,522,394	7,184,066	7,145,566	36,683,402
投資活動によるキャッシュフロー													
△ 有形固定資産取得													0
有形固定資産売却													0
△ 貸付金支出													0
貸付金回収													0
△ 敷金支出	2,700,000												2,700,000
敷金返還	1,200,000												1,200,000
△	△ 1,500,000												△ 1,500,000
[投資活動CF]		0	0	0	0	0	0	0	0	0	0	0	0
財務活動によるキャッシュフロー													
借入金収入												2,828,243	2,828,243
△ 借入金支出	7,848,606												7,848,606
株式発行収入													0
△ 配当金支出													0
[財務活動CF]	7,848,606	0	0	0	0	0	0	0	0	0	0	△ 2,828,243	5,020,363
現金預金の増加額	4,293,922	2,544,242	5,530,834	4,852,688	△ 3,879,094	6,594,722	6,924,422	6,899,964	6,465,066	△ 11,522,394	7,184,066	4,317,323	40,203,765
現金預金の期首残高	31,470,217	35,764,139	38,308,381	43,839,216	48,691,904	44,812,810	51,407,533	58,331,955	65,231,919	71,694,986	60,172,592	67,356,658	31,470,217
現金預金の期末残高	35,764,139	38,308,381	43,839,216	48,691,904	44,812,810	51,407,533	58,331,955	65,231,919	71,694,986	60,172,592	67,356,658	71,673,982	71,673,982

キャッシュフロー計算書（最悪パターン）
3年目

項目	4月	5月	6月	7月	8月	9月	10月	11月	12月	1月	2月	3月	合計
営業活動によるキャッシュフロー													
営業収入	20,030,000	21,960,000	22,374,000	22,584,000	22,389,000	23,080,000	22,770,000	22,854,000	22,740,000	22,944,000	22,827,000	269,990,000	516,542,000
△ 仕入支出	1,488,750	1,575,500	1,575,500	1,607,500	1,639,500	1,655,500	1,637,750	1,660,000	1,665,500	1,671,000	1,660,500	1,676,500	19,513,500
△ 人件費支出	10,103,400	10,537,910	10,537,910	10,537,910	28,465,710	10,921,910	10,921,910	10,921,910	10,921,910	30,229,710	10,921,910	10,921,910	165,944,010
△ その他経費支出	5,964,544	5,316,566	3,716,566	3,725,566	6,755,514	3,966,006	3,801,006	6,223,506	3,823,506	6,920,254	3,831,006	3,838,506	57,882,542
利子配当受取額	0	0	0	0	0	0	0	0	0	0	0	0	0
△ 法人税等支払額	924,381	1,799,210	2,284,010	2,435,610	0	2,416,234	2,411,334	1,709,834	2,543,634	0	2,530,634	2,602,834	21,657,713
△													0
△													0
△													0
【営業活動CF】	3,397,687	6,329,234	8,828,034	9,148,634	△14,471,724	8,952,818	8,820,668	5,758,418	8,872,718	△15,876,964	8,944,218	256,155,918	294,859,661
投資活動によるキャッシュフロー													
有形固定資産取得													0
有形固定資産売却													0
△ 貸付金支出													0
貸付金回収													0
△ 敷金支出													0
敷金返還													0
【投資活動CF】	0	0	0	0	0	0	0	0	0	0	0	0	0
財務活動によるキャッシュフロー													
借入金収入													0
△ 借入金支出													0
株式発行収入													0
△ 配当金支出												2,828,243	2,828,243
【財務活動CF】	0	0	0	0	0	0	0	0	0	0	0	△2,828,243	△2,828,243
現金現金の増加額	3,397,687	6,329,234	8,828,034	9,148,634	△14,471,724	8,952,818	8,820,668	5,758,418	8,872,718	△15,876,964	8,944,218	253,327,675	292,031,418
現金預金の期首残高	71,673,982	75,071,669	81,400,903	90,228,937	99,377,571	84,905,848	93,858,666	102,679,334	108,437,752	117,310,470	101,433,507	110,377,725	71,673,982
現金預金の期末残高	75,071,669	81,400,903	90,228,937	99,377,571	84,905,848	93,858,666	102,679,334	108,437,752	117,310,470	101,433,507	110,377,725	363,706,400	363,706,400

売上モデル1年目

テレワーク事業① 直販（単価660,000円）

	4月	5月	6月	7月	8月	9月	10月	11月	12月	1月	2月	3月
営業人員数	1	1	1	2	2	2	2	1.5	1.5	2	2	2
営業日数	19	17	22	21	20	21	22	19	20	18	18	23
アタック数／日	50	50	50	50	50	50	50	50	50	50	50	50
アタック数／月	950	850	1,100	2,100	2,000	2,100	2,200	1,425	1,500	1,800	1,800	2,300
成約率（月別）	0.25%	0.5%	0.5%	0.5%	0.75%	0.75%	0.75%	0.5%	0.5%	0.5%	0.75%	0.75%
契約単価	60,000	60,000	60,000	60,000	60,000	60,000	60,000	60,000	60,000	60,000	60,000	60,000
解約率	10%	10%	10%	10%	10%	15%	10%	10%	10%	10%	10%	15%
累計契約数	2	6	11	21	33	45	58	59	61	64	72	78

テレワーク事業② 直販（単価120,000円）

	4月	5月	6月	7月	8月	9月	10月	11月	12月	1月	2月	3月
営業人員数	1	1	1	2	2	2	2	1.5	1.5	2	2	2
営業日数	19	17	22	21	20	21	22	19	20	18	18	23
アタック数／日	50	50	50	50	50	50	50	50	50	50	50	50
アタック数／月	950	850	1,100	2,100	2,000	2,100	2,200	1,425	1,500	1,800	1,800	2,300
成約率（月別）	0.25%	0.5%	0.5%	0.5%	0.75%	0.75%	0.75%	0.5%	0.5%	0.5%	0.75%	0.75%
契約単価	120,000	120,000	120,000	120,000	120,000	120,000	120,000	120,000	120,000	120,000	120,000	120,000
解約率	15%	15%	15%	15%	15%	25%	15%	15%	15%	15%	15%	25%
累計契約数	4	7	12	21	33	41	52	51	51	52	58	61

テレワーク事業③ パートナー販売（単価75,000円）

	4月	5月	6月	7月	8月	9月	10月	11月	12月	1月	2月	3月
パートナー数	1	2	2	2	2	3	2	2	2	2	2	3
成約数／月												
契約単価	75,000	75,000	75,000	75,000	75,000	75,000	75,000	75,000	75,000	75,000	75,000	75,000
解約率	10%	10%	10%	10%	10%	15%	10%	10%	10%	10%	10%	15%
累計契約数	1	4	4	5	7	9	9	9	10	10	11	12

医療ビジネス（クライアント管理）直販（単価5,000円）

	4月	5月	6月	7月	8月	9月	10月	11月	12月	1月	2月	3月
営業人員数	1	1	1	2	2	2	2	1.5	1.5	2	2	2
営業日数	19	17	22	21	20	21	22	19	20	18	18	23
アタック数／日	50	50	50	50	50	50	50	50	50	50	50	50
アタック数／月	950	850	1,100	2,100	2,000	2,100	2,200	1,425	1,500	1,800	1,800	2,300
成約率（月別）	3%	3%	3%	3%	3%	3%	3%	3%	3%	3%	3%	3%
契約単価	5,000	5,000	5,000	5,000	5,000	5,000	5,000	5,000	5,000	5,000	5,000	5,000
解約率	5%	5%	5%	5%	5%	5%	5%	5%	5%	5%	5%	5%
累計契約数	29	36	67	127	181	235	289	318	347	384	419	467

人材紹介の事業

	4月	5月	6月	7月	8月	9月	10月	11月	12月	1月	2月	3月
成約数／月	0	0	0	0	0	0	0	0	0	0	0	0
紹介手数料／人	400,000	400,000	400,000	400,000	400,000	400,000	400,000	400,000	400,000	400,000	400,000	400,000
契約単価	0	0	0	0	0	0	0	0	0	0	0	0

1年間売り上げ合計

	4月	5月	6月	7月	8月	9月	10月	11月	12月	1月	2月	3月	合計
テレワーク事業①（直販6万）	120,000	360,000	660,000	1,260,000	2,040,000	2,700,000	3,480,000	3,540,000	3,660,000	3,840,000	4,320,000	4,680,000	30,660,000
テレワーク事業②（直販12万）	480,000	840,000	1,440,000	2,520,000	3,960,000	4,920,000	6,240,000	6,120,000	6,120,000	6,240,000	6,960,000	7,320,000	53,160,000
テレワーク事業③（PT7.5万）	75,000	150,000	300,000	375,000	525,000	675,000	675,000	675,000	750,000	750,000	825,000	900,000	6,675,000
医療ビジネス（直販0.5万）	50,000	180,000	335,000	635,000	905,000	1,176,000	1,445,000	1,590,000	1,735,000	1,920,000	2,095,000	2,335,000	14,400,000
人材紹介売上	0	0	0	0	0	0	0	0	0	0	0	0	0
合計	725,000	1,530,000	2,735,000	4,790,000	7,430,000	9,470,000	11,840,000	11,925,000	12,265,000	12,750,000	14,200,000	15,235,000	104,895,000

売上モデル2年目

テレワーク事業① 直販（単価660,000円）

	4月	5月	6月	7月	8月	9月	10月	11月	12月	1月	2月	3月
営業人員数	2	2	2	2	2	2	2	2	2	2	2	2
営業日数	20	18	22	21	21	20	20	20	18	17	18	22
アタック数／日	50	50	50	50	50	50	50	50	50	50	50	50
アタック数（月別）	2,000	1,800	2,200	2,100	2,100	2,000	2,000	2,000	1,800	1,700	1,800	2,200
成約率	0.5%	0.5%	0.5%	0.5%	0.5%	0.5%	0.5%	0.5%	0.5%	0.5%	0.5%	0.5%
成約数	10	9	11	11	11	10	10	10	9	9	9	11
契約単価	60,000	60,000	60,000	63,000	63,000	63,000	63,000	63,000	63,000	63,000	63,000	63,000
解約率	15%	10%	10%	10%	10%	15%	15%	10%	10%	10%	10%	15%
累計契約数	76	77	80	83	86	79	81	85	86	87	87	85

テレワーク事業② 直販（単価120,000円）

	4月	5月	6月	7月	8月	9月	10月	11月	12月	1月	2月	3月
営業人員数	2	2	2	2	2	2	2	2	2	2	2	2
営業日数	20	18	22	21	21	20	20	20	18	17	18	22
アタック数／日	50	50	50	50	50	50	50	50	50	50	50	50
アタック数（月別）	2,000	1,800	2,200	2,100	2,100	2,000	2,000	2,000	1,800	1,700	1,800	2,200
成約率	0.5%	0.5%	0.5%	0.5%	0.5%	0.5%	0.5%	0.5%	0.5%	0.5%	0.5%	0.5%
成約数	10	9	11	11	11	10	10	10	9	9	9	11
契約単価	120,000	120,000	120,000	120,000	120,000	120,000	120,000	120,000	120,000	120,000	120,000	120,000
解約率	10%	10%	10%	10%	10%	10%	10%	10%	10%	10%	10%	10%
累計契約数	65	68	72	76	79	81	83	85	86	86	86	88

テレワーク事業③ パートナー販売（単価75,000円）

	4月	5月	6月	7月	8月	9月	10月	11月	12月	1月	2月	3月
パートナー数	3	3	3	3	3	3	3	3	3	3	3	5
成約単価	75,000	75,000	75,000	75,000	75,000	75,000	75,000	75,000	75,000	75,000	75,000	75,000
解約率	10%	10%	10%	10%	10%	15%	10%	10%	10%	10%	10%	15%
累計契約数	14	16	17	18	18	19	20	21	22	23	23	26

医療ビジネス（フード管理） 直販（単価5000円）

	4月	5月	6月	7月	8月	9月	10月	11月	12月	1月	2月	3月
営業人員数	2	2	2	2	2	2	2	2	2	2	2	2
営業日数	20	18	22	21	21	20	20	20	18	17	18	22
アタック数／日	50	50	50	50	50	50	50	50	50	50	50	50
アタック数（月別）	2,000	1,800	2,200	2,100	2,100	2,000	2,000	2,000	1,800	1,700	1,800	2,200
成約率	1.0%	1.0%	1.0%	1.0%	1.0%	1.0%	1.0%	1.0%	1.0%	1.0%	1.0%	1.0%
成約数	20	18	22	21	21	20	20	20	18	17	18	22
契約単価	5,000	5,000	5,000	5,000	5,000	5,000	5,000	5,000	5,000	5,000	5,000	5,000
解約率	5%	5%	5%	5%	5%	5%	5%	5%	5%	5%	5%	5%
累計契約数	464	459	458	456	454	451	448	446	442	437	433	433

人材紹介事業

	4月	5月	6月	7月	8月	9月	10月	11月	12月	1月	2月	3月
紹介数／月	1	0	0	0	0	0	1	1	1	1	1	0
紹介手数料／人	400,000	400,000	400,000	400,000	400,000	400,000	400,000	400,000	400,000	400,000	400,000	400,000
契約単価	400,000	0	0	0	0	0	400,000	400,000	400,000	400,000	400,000	0

2年目売り上げ合計

	4月	5月	6月	7月	8月	9月	10月	11月	12月	1月	2月	3月	合計
テレワーク事業①（直販6.6万）	4,560,000	4,620,000	4,800,000	5,229,000	5,418,000	5,229,000	5,355,000	5,481,000	5,481,000	5,481,000	5,481,000	5,355,000	62,490,000
テレワーク事業②（直販12万）	7,800,000	8,160,000	8,640,000	9,120,000	9,480,000	9,720,000	9,960,000	10,200,000	10,320,000	10,320,000	10,320,000	10,560,000	117,600,000
テレワーク事業③（直販PT7.5万）	1,050,000	1,200,000	1,275,000	1,350,000	1,350,000	1,425,000	1,500,000	1,575,000	1,650,000	2,185,000	1,725,000	1,950,000	17,775,000
医療ビジネス（直販0.5万）	2,320,000	2,295,000	2,290,000	2,280,000	2,270,000	2,255,000	2,240,000	2,230,000	2,210,000	2,210,000	2,165,000	2,165,000	26,905,000
人材紹介売上	400,000						400,000	400,000	400,000				800,000
合計	16,130,000	16,275,000	17,005,000	17,979,000	18,518,000	18,629,000	19,455,000	19,486,000	19,661,000	19,711,000	19,691,000	20,030,000	222,570,000

売上モデルA 3年目

テレワーク事業① 直販（単価65,000円）

	4月	5月	6月	7月	8月	9月	10月	11月	12月	1月	2月	3月
営業人員数	2	2	2	2	2	2	2	2	2	2	2	2
営業日数	20	17	22	21	19	19	20	20	20	18	19	22
アタック数／日	50	50	50	50	50	50	50	50	50	50	50	50
アタック数／月	2,000	1,700	2,200	2,100	1,900	1,900	2,000	2,000	2,000	1,800	1,900	2,200
成約率（月別）	0.5%	0.5%	0.5%	0.5%	0.5%	0.5%	0.5%	0.5%	0.5%	0.5%	0.5%	0.5%
契約数／月	10	9	11	11	10	10	10	10	10	9	10	11
契約単価	66,000	66,000	66,000	66,000	66,000	66,000	66,000	66,000	66,000	66,000	66,000	66,000
解約率	10%	10%	10%	10%	10%	15%	10%	10%	10%	10%	10%	15%
累計契約数	87	87	89	91	92	88	91	90	91	91	92	89

テレワーク事業② 直販（単価120,000円）

	4月	5月	6月	7月	8月	9月	10月	11月	12月	1月	2月	3月
営業人員数	2	2	2	2	2	2	2	2	2	2	2	2
営業日数	20	17	22	21	19	19	20	20	20	18	19	22
アタック数／日	50	50	50	50	50	50	50	50	50	50	50	50
アタック数／月	2,000	1,700	2,200	2,100	1,900	1,900	2,000	2,000	2,000	1,800	1,900	2,200
成約率（月別）	0.50%	0.5%	0.5%	0.50%	0.50%	0.50%	0.50%	0.5%	0.5%	0.5%	0.50%	0.50%
契約数／月	10	9	11	11	10	10	10	10	10	9	10	11
契約単価	126,000	126,000	126,000	126,000	126,000	126,000	126,000	126,000	126,000	126,000	126,000	126,000
解約率	10%	10%	10%	10%	10%	10%	10%	10%	10%	10%	10%	10%
累計契約数	89	89	89	93	94	95	96	96	96	95	96	97

テレワーク販売（単価75,000円）

	4月	5月	6月	7月	8月	9月	10月	11月	12月	1月	2月	3月
パートナー数	5	5	5	5	5	5	5	5	5	5	5	5
成約数／月	3	3	3	3	3	3	3	3	3	3	3	3
契約単価	75,000	75,000	75,000	75,000	75,000	75,000	75,000	75,000	75,000	75,000	75,000	75,000
解約率	10%	10%	10%	10%	10%	10%	10%	10%	10%	10%	10%	15%
累計契約数	26	26	26	26	26	25	26	26	26	26	26	25

医療ビジネス（レント管理）直販（単価5,000円）

	4月	5月	6月	7月	8月	9月	10月	11月	12月	1月	2月	3月
営業人員数	2	2	2	2	2	2	2	2	2	2	2	2
営業日数	20	17	22	21	19	19	20	20	20	18	19	22
アタック数／日	50	50	50	50	50	50	50	50	50	50	50	50
アタック数／月	2,000	1,700	2,200	2,100	1,900	1,900	2,000	2,000	2,000	1,800	1,900	2,200
成約率（月別）	0.75%	0.75%	0.75%	0.75%	0.75%	0.75%	0.75%	0.75%	0.75%	0.75%	0.75%	0.75%
契約数／月	15	13	17	16	14	14	15	15	15	14	14	17
契約単価	6,000	6,000	6,000	6,000	6,000	6,000	6,000	6,000	6,000	6,000	6,000	6,000
解約率	2.5%	2.5%	2.5%	2.5%	2.5%	2.5%	2.5%	2.5%	2.5%	2.5%	2.5%	2.5%
累計契約数	437	439	445	450	453	456	460	464	467	469	471	476

人材紹介事業

	4月	5月	6月	7月	8月	9月	10月	11月	12月	1月	2月	3月
成約数／月	1	1	0	0	0	0	1	0	0	0	0	0
紹介手数料／人	400,000	400,000	400,000	400,000	400,000	400,000	400,000	400,000	400,000	400,000	400,000	400,000
契約単価	400000	400000	0	0	0	0	400000	0	0	0	0	400,000

2年目売り上げ合計

	4月	5月	6月	7月	8月	9月	10月	11月	12月	1月	2月	3月
テレワーク事業①（直販6.5万）	5,742,000	5,742,000	5,874,000	6,006,000	6,072,000	5,808,000	5,874,000	5,940,000	6,006,000	6,006,000	6,072,000	5,874,000
テレワーク事業②（直販12万）	11,214,000	11,214,000	11,466,000	11,718,000	11,844,000	11,970,000	12,096,000	12,096,000	12,096,000	11,970,000	12,096,000	12,222,000
テレワーク事業③（P17.5万）	1,950,000	1,950,000	1,950,000	1,950,000	1,950,000	1,875,000	1,950,000	1,950,000	1,950,000	1,950,000	1,950,000	1,875,000
医療ビジネス（直販0.5万）	2,622,000	2,634,000	2,670,000	2,700,000	2,718,000	2,736,000	2,760,000	2,784,000	2,802,000	2,814,000	2,826,000	2,866,000
人材紹介の売上	400,000	400,000	0	0	0	0	400,000	0	0	0	0	0
合計	21,928,000	21,540,000	21,960,000	22,374,000	22,584,000	22,389,000	23,080,000	22,770,000	22,854,000	22,740,000	22,944,000	22,827,000

貸借対照表（プランB）

1年目 単位：円

科目	4月	5月	6月	7月	8月	9月	10月	11月	12月	1月	2月	3月	金額
現金及び預金	16,700,000	12,285,280	10,460,560	8,803,400	7,403,610	7,180,940	7,805,642	8,949,416	10,170,290	11,568,682	13,341,074	12,365,277	127,035,171
売掛金	725,000	1,530,000	2,735,000	4,790,000	7,430,000	9,470,000	11,840,000	11,925,000	12,265,000	12,750,000	14,200,000	15,235,000	104,895,000
前払費用	0	0	0	0	0	0	0	0	0	0	0	0	0
短期貸付金	0	0	0	0	0	0	0	0	0	0	0	0	0
立替金	0	0	0	0	0	0	0	0	0	0	0	0	0
仮払金	0	0	0	0	0	0	0	0	0	0	0	0	0
未収入金	0	0	0	0	0	0	0	0	0	0	0	0	0
【流動資産】	17,425,000	13,815,280	13,195,560	13,593,400	14,833,610	16,650,940	19,645,642	20,874,416	22,435,290	24,319,682	27,541,074	27,600,277	231,930,171
建物	0	0	0	0	0	0	0	0	0	0	0	0	0
建物付属設備	0	0	0	0	0	0	0	0	0	0	0	0	0
構築物	0	0	0	0	0	0	0	0	0	0	0	0	0
機械装置	0	0	0	0	0	0	0	0	0	0	0	0	0
工具器具備品	0	0	0	0	0	0	0	0	0	0	0	0	0
土地	0	0	0	0	0	0	0	0	0	0	0	0	0
一括償却資産	0	0	0	0	0	0	0	0	0	0	0	0	0
減価償却累計額	0	0	0	0	0	0	0	0	0	0	0	0	0
（有形固定資産）	0	0	0	0	0	0	0	0	0	0	0	0	0
ソフトウェア	0	0	0	0	0	0	0	0	0	0	0	0	0
（無形固定資産）	0	0	0	0	0	0	0	0	0	0	0	0	0
出資金	0	0	0	0	0	0	0	0	0	0	0	0	0
投資有価証券	0	0	0	0	0	0	0	0	0	0	0	0	0
敷金	1,200,000	1,200,000	1,200,000	1,200,000	1,200,000	1,200,000	1,200,000	1,200,000	1,200,000	1,200,000	1,200,000	1,200,000	14,400,000
保険積立金	0	0	0	0	0	0	0	0	0	0	0	0	0
長期前払費用	0	0	0	0	0	0	0	0	0	0	0	0	0
（投資その他の資産）	1,200,000	1,200,000	1,200,000	1,200,000	1,200,000	1,200,000	1,200,000	1,200,000	1,200,000	1,200,000	1,200,000	1,200,000	14,400,000
【固定資産】	1,200,000	1,200,000	1,200,000	1,200,000	1,200,000	1,200,000	1,200,000	1,200,000	1,200,000	1,200,000	1,200,000	1,200,000	14,400,000
【資産の部】	18,625,000	15,015,280	14,395,560	14,793,400	16,033,610	17,850,940	20,845,642	22,074,416	23,635,290	25,519,682	28,741,074	28,800,277	246,330,171
短期借入金	8,000,000	8,000,000	8,000,000	8,000,000	8,000,000	8,000,000	8,000,000	8,000,000	8,000,000	8,000,000	8,000,000	5,411,757	93,411,757
未払費用	5,139,720	3,354,720	4,392,160	6,118,790	7,652,670	8,845,298	10,690,226	10,704,126	10,865,608	10,978,608	12,347,554	14,776,036	105,942,516
前受金	0	0	0	0	0	0	0	0	0	0	0	0	0
源泉預り金	0	0	0	0	0	0	0	0	0	0	0	0	0
預り金	0	0	0	0	0	0	0	0	0	0	0	0	0
【流動負債】	13,139,720	11,354,720	12,392,160	14,189,790	15,652,670	16,845,298	18,696,226	18,704,126	18,865,608	18,978,608	20,347,554	20,187,793	199,354,273
長期借入金	0	0	0	0	0	0	0	0	0	0	0	0	0
【固定負債】	0	0	0	0	0	0	0	0	0	0	0	0	0
【負債の部】	13,139,720	11,354,720	12,392,160	14,189,790	15,652,670	16,845,298	18,696,226	18,704,126	18,865,608	18,978,608	20,347,554	20,187,793	199,354,273
資本金	9,900,000	9,900,000	9,900,000	9,900,000	9,900,000	9,900,000	9,900,000	9,900,000	9,900,000	9,900,000	9,900,000	9,900,000	118,800,000
資本準備金	0	0	0	0	0	0	0	0	0	0	0	0	0
利益準備金	0	0	0	0	0	0	0	0	0	0	0	0	0
繰越利益剰余金	△4,414,720	△6,239,440	△7,896,600	△9,296,390	△9,519,060	△8,894,358	△7,750,584	△6,529,710	△5,130,318	△3,358,926	△1,506,480	△1,287,516	△71,824,102
【純資産の部】	5,485,280	3,660,560	2,003,400	603,610	380,940	1,005,642	2,149,416	3,370,290	4,769,682	6,541,074	8,393,520	8,612,484	46,975,898
【負債及び純資産の部】	18,625,000	15,015,280	14,395,560	14,793,400	16,033,610	17,850,940	20,845,642	22,074,416	23,635,290	25,519,682	28,741,074	28,800,277	246,330,171

貸借対照表 (プランB)

2年目　　　単位：円

科目	4月	5月	6月	7月	8月	9月	計	10月	11月	12月	1月	2月	3月	金額
現金及び預金	15,872,847	16,590,638	18,586,732	20,284,928	15,773,878	18,219,144	18,219,144	20,806,934	23,381,323	25,765,553	13,603,554	16,299,405	16,150,512	221,335,449
売掛金	16,130,000	16,275,000	17,005,000	17,979,000	18,518,000	18,629,000	18,629,000	19,455,000	19,486,000	19,661,000	19,711,000	19,691,000	20,030,000	222,570,000
前払費用	0	0	0	0	0	0	0	0	0	0	0	0	0	0
短期貸付金	0	0	0	0	0	0	0	0	0	0	0	0	0	0
立替金	0	0	0	0	0	0	0	0	0	0	0	0	0	0
仮払金	0	0	0	0	0	0	0	0	0	0	0	0	0	0
未収入金	0	0	0	0	0	0	0	0	0	0	0	0	0	0
【流動資産】	32,002,847	32,865,638	35,591,732	38,263,928	34,291,878	36,848,144	36,848,144	40,261,934	42,867,323	45,426,553	33,314,554	35,990,405	36,180,512	443,905,449
建物	0	0	0	0	0	0	0	0	0	0	0	0	0	0
建物付属設備	0	0	0	0	0	0	0	0	0	0	0	0	0	0
構築物	0	0	0	0	0	0	0	0	0	0	0	0	0	0
機械装置	0	0	0	0	0	0	0	0	0	0	0	0	0	0
工具器具備品	0	0	0	0	0	0	0	0	0	0	0	0	0	0
土地	0	0	0	0	0	0	0	0	0	0	0	0	0	0
一括償却資産	0	0	0	0	0	0	0	0	0	0	0	0	0	0
減価償却累計額	0	0	0	0	0	0	0	0	0	0	0	0	0	0
(有形固定資産②)	0	0	0	0	0	0	0	0	0	0	0	0	0	0
ソフトウェア	0	0	0	0	0	0	0	0	0	0	0	0	0	0
(無形固定資産③)	0	0	0	0	0	0	0	0	0	0	0	0	0	0
出資金	0	0	0	0	0	0	0	0	0	0	0	0	0	0
投資有価証券	0	0	0	0	0	0	0	0	0	0	0	0	0	0
敷金	6,000,000	6,000,000	6,000,000	6,000,000	6,000,000	6,000,000	6,000,000	6,000,000	6,000,000	6,000,000	6,000,000	6,000,000	6,000,000	72,000,000
保険積立金	0	0	0	0	0	0	0	0	0	0	0	0	0	0
長期前払費用	0	0	0	0	0	0	0	0	0	0	0	0	0	0
(投資その他の資産)	6,000,000	6,000,000	6,000,000	6,000,000	6,000,000	6,000,000	6,000,000	6,000,000	6,000,000	6,000,000	6,000,000	6,000,000	6,000,000	72,000,000
(固定資産)	6,000,000	6,000,000	6,000,000	6,000,000	6,000,000	6,000,000	6,000,000	6,000,000	6,000,000	6,000,000	6,000,000	6,000,000	6,000,000	72,000,000
【資産の部】	38,002,847	38,865,638	41,591,732	44,263,928	40,291,878	42,848,144	42,848,144	46,261,934	48,867,323	51,426,553	39,314,554	41,990,405	42,180,512	515,905,449
短期借入金	5,411,757	5,411,757	5,411,757	5,411,757	5,411,757	5,411,757	5,411,757	5,411,757	5,411,757	5,411,757	5,411,757	5,411,757	2,745,867	62,275,194
未払費用	15,412,209	14,278,906	15,306,804	22,490,050	16,072,734	16,041,210	16,041,210	16,880,610	17,101,771	31,822,999	17,015,149	17,011,649	18,868,019	218,302,110
前受金	0	0	0	0	0	0	0	0	0	0	0	0	0	0
源泉預り金	0	0	0	0	0	0	0	0	0	0	0	0	0	0
預り金	0	0	0	0	0	0	0	0	0	0	0	0	0	0
【流動負債】	20,823,966	19,690,663	20,718,561	27,901,807	21,484,491	21,452,967	21,452,967	22,292,367	22,513,528	37,234,756	22,426,906	22,423,406	21,613,886	280,577,304
長期借入金	0	0	0	0	0	0	0	0	0	0	0	0	0	0
【固定負債】	0	0	0	0	0	0	0	0	0	0	0	0	0	0
【負債の部】	20,823,966	19,690,663	20,718,561	27,901,807	21,484,491	21,452,967	21,452,967	22,292,367	22,513,528	37,234,756	22,426,906	22,423,406	21,613,886	280,577,304
資本金	9,900,000	9,900,000	9,900,000	9,900,000	9,900,000	9,900,000	9,900,000	9,900,000	9,900,000	9,900,000	9,900,000	9,900,000	9,900,000	118,800,000
資本準備金	7,848,606	7,848,606	7,848,606	7,848,606	7,848,606	7,848,606	7,848,606	7,848,606	7,848,606	7,848,606	7,848,606	7,848,606	7,848,606	94,183,272
利益準備金	0	0	0	0	0	0	0	0	0	0	0	0	0	0
繰越利益剰余金	△ 569,725	1,426,369	3,124,565	△ 1,386,485	1,058,781	3,646,571	3,646,571	6,220,960	8,605,190	△ 3,556,809	△ 860,958	1,818,392	2,818,021	22,344,873
【純資産の部】	17,178,881	19,174,975	20,873,171	16,362,121	18,807,387	21,395,177	21,395,177	23,969,566	26,353,796	14,191,797	16,887,648	19,566,998	20,566,627	235,328,145
【負債及び純資産の部】	38,002,847	38,865,638	41,591,732	44,263,928	40,291,878	42,848,144	42,848,144	46,261,934	48,867,323	51,426,553	39,314,554	41,990,405	42,180,512	515,905,449

貸借対照表（プランB）

3年目　　　単位：円

科目	4月	5月	6月	7月	8月	9月	10月	11月	12月	1月	2月	3月	当月累計 金額
現金及び預金	17,312,494	19,634,473	22,683,651	25,963,958	10,849,603	14,092,039	17,325,056	19,508,416	22,943,117	6,342,638	9,757,256	10,453,796	196,866,497
売掛金	21,928,000	21,540,000	21,960,000	22,374,000	22,584,000	22,389,000	23,080,000	22,770,000	22,854,000	22,740,000	22,944,000	22,827,000	269,990,000
前払費用	0	0	0	0	0	0	0	0	0	0	0	0	0
短期貸付金	0	0	0	0	0	0	0	0	0	0	0	0	0
立替金	0	0	0	0	0	0	0	0	0	0	0	0	0
仮払金	0	0	0	0	0	0	0	0	0	0	0	0	0
未収入金	0	0	0	0	0	0	0	0	0	0	0	0	0
【流動資産】	39,240,494	41,174,473	44,643,651	48,337,958	33,433,603	36,481,039	40,405,056	42,278,416	45,797,117	29,082,638	32,701,256	33,280,796	466,856,497
建物	0	0	0	0	0	0	0	0	0	0	0	0	0
建物付属設備	0	0	0	0	0	0	0	0	0	0	0	0	0
構築物	0	0	0	0	0	0	0	0	0	0	0	0	0
機械装置	0	0	0	0	0	0	0	0	0	0	0	0	0
工具器具備品	0	0	0	0	0	0	0	0	0	0	0	0	0
土地	0	0	0	0	0	0	0	0	0	0	0	0	0
一括償却資産	0	0	0	0	0	0	0	0	0	0	0	0	0
減価償却累計額	0	0	0	0	0	0	0	0	0	0	0	0	0
（有形固定資産）	0	0	0	0	0	0	0	0	0	0	0	0	0
ソフトウェア	0	0	0	0	0	0	0	0	0	0	0	0	0
（無形固定資産）	0	0	0	0	0	0	0	0	0	0	0	0	0
出資金	0	0	0	0	0	0	0	0	0	0	0	0	0
投資有価証券	0	0	0	0	0	0	0	0	0	0	0	0	0
敷金	6,000,000	6,000,000	6,000,000	6,000,000	6,000,000	6,000,000	6,000,000	6,000,000	6,000,000	6,000,000	6,000,000	6,000,000	72,000,000
保険積立金	0	0	0	0	0	0	0	0	0	0	0	0	0
長期前払費用	0	0	0	0	0	0	0	0	0	0	0	0	0
（投資その他の資産）	6,000,000	6,000,000	6,000,000	6,000,000	6,000,000	6,000,000	6,000,000	6,000,000	6,000,000	6,000,000	6,000,000	6,000,000	72,000,000
【固定資産】	6,000,000	6,000,000	6,000,000	6,000,000	6,000,000	6,000,000	6,000,000	6,000,000	6,000,000	6,000,000	6,000,000	6,000,000	72,000,000
【資産の部】	45,240,494	47,174,473	50,643,651	54,337,958	39,433,603	42,481,039	46,405,056	48,278,416	51,797,117	35,082,638	38,701,256	39,280,796	538,856,497
短期借入金	2,745,867	2,745,867	2,745,867	2,745,867	2,745,867	2,745,867	2,745,867	2,745,867	2,745,867	2,745,867	2,745,867	0	30,204,537
未払金	19,606,021	18,490,821	18,679,693	37,488,356	19,341,564	19,155,982	20,896,640	19,335,299	39,454,479	19,325,382	19,419,218	19,280,444	270,473,900
未払費用	0	0	0	0	0	0	0	0	0	0	0	0	0
前受金	0	0	0	0	0	0	0	0	0	0	0	0	0
預り金	0	0	0	0	0	0	0	0	0	0	0	0	0
【流動負債】	22,351,888	21,236,688	21,425,560	40,234,223	22,087,431	21,901,849	23,642,507	22,081,166	42,200,346	22,071,249	22,165,085	19,280,444	300,678,437
長期借入金	0	0	0	0	0	0	0	0	0	0	0	0	0
【固定負債】	0	0	0	0	0	0	0	0	0	0	0	0	0
【負債の部】	22,351,888	21,236,688	21,425,560	40,234,223	22,087,431	21,901,849	23,642,507	22,081,166	42,200,346	22,071,249	22,165,085	19,280,444	300,678,437
資本金	9,900,000	9,900,000	9,900,000	9,900,000	9,900,000	9,900,000	9,900,000	9,900,000	9,900,000	9,900,000	9,900,000	9,900,000	118,800,000
資本準備金	7,848,606	7,848,606	7,848,606	7,848,606	7,848,606	7,848,606	7,848,606	7,848,606	7,848,606	7,848,606	7,848,606	7,848,606	94,183,272
利益準備金	0	0	0	0	0	0	0	0	0	0	0	0	0
繰越利益剰余金	5,140,000	8,189,178	11,469,485	△3,644,870	△402,434	2,830,683	5,013,943	8,448,644	△8,151,835	△4,737,217	△1,212,434	2,251,745	25,194,788
【純資産の部】	22,888,606	25,937,784	29,218,091	14,103,736	17,346,172	20,579,189	22,762,549	26,197,250	9,596,771	13,011,389	16,536,172	20,000,351	238,178,060
【負債及び純資産の部】	45,240,494	47,174,473	50,643,651	54,337,958	39,433,603	42,481,039	46,405,056	48,278,416	51,797,117	35,082,638	38,701,256	39,280,796	538,856,497

損益計算書（プランB）

単位：円

科目	4月	5月	6月	7月	8月	9月	10月	11月	12月	1月	2月	3月	金額
テレワーク事業①（直販5万）	120,000	360,000	660,000	1,260,000	2,040,000	2,700,000	3,480,000	3,540,000	3,660,000	3,840,000	4,320,000	4,680,000	30,660,000
テレワーク事業②（直販12万）	480,000	840,000	1,440,000	2,520,000	3,960,000	4,920,000	6,240,000	6,120,000	6,120,000	6,240,000	6,960,000	7,320,000	53,160,000
テレワーク事業③（PT7.5万）	75,000	150,000	300,000	375,000	525,000	675,000	675,000	675,000	750,000	750,000	825,000	900,000	6,675,000
医療ビジネス（直販1万）	50,000	180,000	335,000	635,000	905,000	1,175,000	1,445,000	1,590,000	1,735,000	1,920,000	2,095,000	2,335,000	14,400,000
人材紹介売上	0	0	0	0	0	0	0	0	0	0	0	0	0
【純売上高】	725,000	1,530,000	2,735,000	4,790,000	7,430,000	9,470,000	11,840,000	11,925,000	12,265,000	12,750,000	14,200,000	15,235,000	104,895,000
外注費	0	0	200,000	346,250	543,750	691,250	866,250	861,250	877,500	902,500	1,008,750	1,075,000	7,372,500
【売上原価】	0	0	200,000	346,250	543,750	691,250	866,250	861,250	877,500	902,500	1,008,750	1,075,000	7,372,500
【売上総利益】	725,000	1,530,000	2,535,000	4,443,750	6,886,250	8,778,750	10,973,750	11,063,750	11,387,500	11,847,500	13,191,250	14,160,000	97,522,500
役員報酬	842,000	842,000	842,000	842,000	842,000	842,000	842,000	842,000	842,000	842,000	842,000	842,000	10,104,000
給料手当	1,300,000	1,300,000	1,684,000	2,752,000	3,720,000	4,296,000	5,064,000	5,364,000	5,556,000	5,556,000	6,132,000	6,324,000	49,048,000
賞与	0	0	0	0	0	0	0	0	0	0	0	3,000,000	3,000,000
法定福利費（16%）	342,720	342,720	404,160	575,040	729,920	822,080	944,960	992,960	1,023,680	1,023,680	1,115,840	1,626,560	9,944,320
採用教育費	0	0	10,000	30,000	50,000	65,000	85,000	85,000	90,000	90,000	105,000	110,000	720,000
退職金	0	0	0	0	0	0	0	0	0	0	0	0	0
業務委託費	15,000	30,000	60,000	75,000	105,000	135,000	135,000	135,000	150,000	150,000	165,000	180,000	1,335,000
広告宣伝費	300,000	0	0	0	0	0	0	0	0	0	0	0	300,000
賃借料	200,000	200,000	200,000	200,000	200,000	200,000	200,000	200,000	200,000	200,000	200,000	200,000	2,400,000
修繕費	0	0	0	0	0	0	0	0	0	0	0	0	0
消耗品費	830,000	30,000	330,000	630,000	630,000	480,000	830,000	430,000	180,000	30,000	480,000	180,000	5,060,000
水道光熱費	30,000	30,000	35,000	35,000	40,000	40,000	45,000	45,000	50,000	50,000	55,000	55,000	510,000
旅費交通費	190,000	190,000	214,000	274,000	334,000	370,000	418,000	430,000	442,000	442,000	478,000	490,000	4,272,000
手数料	25,000	25,000	28,000	35,500	43,000	47,500	53,500	55,000	56,500	56,500	61,000	62,500	549,000
租税公課（印紙税等）	10,000	10,000	10,000	10,000	10,000	10,000	10,000	10,000	10,000	10,000	10,000	10,000	120,000
会議費	15,000	15,000	25,000	15,000	15,000	25,000	15,000	15,000	25,000	15,000	15,000	25,000	220,000
交際接待費	30,000	30,000	30,000	30,000	30,000	30,000	30,000	30,000	30,000	30,000	30,000	30,000	360,000
保険料	0	0	0	0	0	0	0	0	0	0	0	0	0
諸会費	200,000	0	0	0	0	0	0	0	0	0	0	0	200,000
通信費	30,000	30,000	40,000	60,000	80,000	95,000	115,000	115,000	120,000	120,000	135,000	140,000	1,080,000
リース料	80,000	80,000	80,000	80,000	80,000	80,000	80,000	80,000	80,000	80,000	80,000	80,000	960,000
地代家賃	200,000	200,000	200,000	200,000	200,000	200,000	200,000	200,000	200,000	200,000	200,000	200,000	2,400,000
管理諸費	500,000	0	0	0	0	0	0	0	0	0	0	0	500,000
【販売費及び一般管理費】	5,139,720	3,354,720	4,192,160	5,843,540	7,108,920	7,737,580	9,067,460	9,028,960	9,055,180	8,895,180	10,103,840	13,555,060	93,082,320
【営業利益】	△4,414,720	△1,824,720	△1,657,160	△1,399,790	△222,670	1,041,170	1,906,290	2,034,790	2,332,320	2,952,320	3,087,410	604,940	4,440,180
受取利息	0	0	0	0	0	0	0	0	0	0	0	0	0
受取配当金	0	0	0	0	0	0	0	0	0	0	0	240,000	240,000
雑収入	0	0	0	0	0	0	0	0	0	0	0	0	0
【営業外収益】	0	0	0	0	0	0	0	0	0	0	0	240,000	240,000
支払利息	0	0	0	0	0	0	0	0	0	0	0	480,000	480,000
【営業外費用】	0	0	0	0	0	0	0	0	0	0	0	480,000	480,000
【経常利益】	△4,414,720	△1,824,720	△1,657,160	△1,399,790	△222,670	1,041,170	1,906,290	2,034,790	2,332,320	2,952,320	3,087,410	364,940	4,200,180
【特別利益】	0	0	0	0	0	0	0	0	0	0	0	0	0
【特別損失】	0	0	0	0	0	0	0	0	0	0	0	0	0
【税引前当期純利益】	△4,414,720	△1,824,720	△1,657,160	△1,399,790	△222,670	1,041,170	1,906,290	2,034,790	2,332,320	2,952,320	3,087,410	364,940	4,200,180
法人税, 住民税及び事業税（40%）	0	0	0	0	0	416,468	762,516	813,916	932,928	1,180,928	1,234,964	145,976	5,487,696
【当期純利益】	△4,414,720	△1,824,720	△1,657,160	△1,399,790	△222,670	624,702	1,143,774	1,220,874	1,399,392	1,771,392	1,852,446	218,964	△1,287,516
【期首繰越利益剰余金】	0	△4,414,720	△6,239,440	△7,896,600	△9,296,390	△9,519,060	△8,894,358	△7,750,584	△6,529,710	△5,130,318	△3,358,926	△1,506,480	71,824,102
利益剰余金配当金	0	0	0	0	0	0	0	0	0	0	0	0	0
【期末繰越利益剰余金】	△4,414,720	△6,239,440	△7,896,600	△9,296,390	△9,519,060	△8,894,358	△7,750,584	△6,529,710	△5,130,318	△3,358,926	△1,506,480	△1,287,516	70,536,586

損益計算書 （プランB）

2年目　　　　　　　　　　　　　　　　　　　　　　　　　　　　　　　　　　　　　　　単位：円

科目	4月	5月	6月	7月	8月	9月	10月	11月	12月	1月	2月	3月	金額（当月累計）
テレワーク事業①（直販65）	4,560,000	4,620,000	4,800,000	5,229,000	5,418,000	5,229,000	5,355,000	5,481,000	5,481,000	5,481,000	5,481,000	5,355,000	62,490,000
テレワーク事業②（直販1275）	7,800,000	8,160,000	8,640,000	9,120,000	9,480,000	9,720,000	9,960,000	10,200,000	10,320,000	10,320,000	10,320,000	10,560,000	114,600,000
テレワーク事業③（PT7.5）	1,050,000	1,200,000	1,275,000	1,350,000	1,350,000	1,425,000	1,500,000	1,575,000	1,650,000	1,725,000	1,725,000	1,950,000	17,775,000
医療ビジネス（直販17.5）	2,320,000	2,295,000	2,290,000	2,280,000	2,270,000	2,255,000	2,240,000	2,230,000	2,210,000	2,185,000	2,165,000	2,165,000	26,905,000
人材紹介売上	400,000						400,000						800,000
【純売上高】	16,130,000	16,275,000	17,005,000	17,979,000	18,518,000	18,629,000	19,455,000	19,486,000	19,661,000	19,711,000	19,691,000	20,030,000	222,570,000
外注費	900,497	938,773	988,129	1,054,206	1,091,072	1,099,533	1,129,147	1,158,760	1,171,855	1,176,891	1,176,891	1,199,656	13,085,411
【売上総利益】	15,229,503	15,336,227	16,016,871	16,924,794	17,426,928	17,529,467	18,325,853	18,327,240	18,489,145	18,534,109	18,514,109	18,830,344	209,484,589
役員報酬	1,259,400	1,259,400	1,259,400	1,259,400	1,259,400	1,259,400	1,259,400	1,259,400	1,259,400	1,259,400	1,259,400	1,259,400	15,112,800
給料手当	6,583,000	6,775,000	7,416,500	7,600,500	7,800,500	7,800,500	7,992,500	8,394,500	8,394,500	8,394,500	8,394,500	8,844,000	94,398,500
賞与				7,188,000					14,332,000				21,520,000
法定福利費（16%）	1,254,784	1,285,504	1,388,144	2,568,944	1,449,584	1,449,584	1,480,304	1,544,624	3,837,744	1,544,624	1,544,624	1,616,544	20,965,008
福利教育費	115,000	120,000	130,000	135,000	140,000	140,000	145,000	150,000	150,000	150,000	150,000	155,000	1,680,000
退職金						100,000	100,000						200,000
業務委託費	210,000	240,000	255,000	270,000	270,000	285,000	300,000	315,000	330,000	345,000	345,000	390,000	3,555,000
広告宣伝費	1,000,000											2,000,000	3,000,000
賃借料	150,000	150,000	150,000	150,000	150,000	150,000	150,000	150,000	150,000	150,000	150,000	150,000	1,800,000
報償費	50,000	50,000	50,000	50,000	50,000	50,000	50,000	50,000	50,000	50,000	50,000	50,000	600,000
消耗品費	490,000	190,000	540,000	190,000	190,000	40,000	490,000	390,000	40,000	40,000	40,000	390,000	3,030,000
水道光熱費	45,000	45,000	52,500	52,500	60,000	60,000	67,500	67,500	75,000	75,000	82,500	82,500	765,000
旅費交通費	532,000	544,000	580,000	592,000	604,000	604,000	616,000	640,000	640,000	640,000	640,000	664,000	7,296,000
手数料	64,000	65,500	70,000	71,500	73,000	73,000	74,500	77,500	77,500	77,500	77,500	80,500	882,000
租税公課（印紙税等）	10,000	10,000	10,000	10,000	10,000	10,000	10,000	10,000	10,000	10,000	10,000	10,000	120,000
会議費	30,000	30,000	30,000	30,000	30,000	30,000	30,000	30,000	30,000	30,000	30,000	30,000	360,000
交際接待費	60,000	60,000	60,000	60,000	60,000	60,000	60,000	60,000	60,000	60,000	60,000	60,000	720,000
保険料	300,000												300,000
通信費	150,000	155,000	165,000	170,000	175,000	175,000	180,000	185,000	185,000	185,000	185,000	190,000	2,100,000
管理諸費	80,000	80,000	80,000	80,000	80,000	80,000	80,000	80,000	80,000	80,000	80,000	80,000	960,000
リース料													
地代家賃	1,000,000	1,000,000	1,000,000	1,000,000	1,000,000	1,000,000	1,000,000	1,000,000	1,000,000	1,000,000	1,000,000	1,000,000	
【販売費及び一般管理費】	14,033,184	12,009,404	13,186,544	21,435,844	13,351,464	13,216,484	14,035,204	14,353,524	30,651,144	14,041,024	14,048,524	17,001,944	191,384,308
【営業利益】	1,196,319	3,326,823	2,830,327	△4,511,050	4,075,444	4,312,983	4,290,649	3,973,716	△12,161,999	4,493,085	4,465,585	1,828,400	18,120,281
受取利息	0	0	0	0	0	0	0	0	0	0	0	0	0
雑収入	0	0	0	0	0	0	0	0	0	0	0	0	0
【営業外収益】	0	0	0	0	0	0	0	0	0	0	0	0	0
支払利息												162,353	162,353
【営業外費用】												162,353	162,353
【経常利益】	1,196,319	3,326,823	2,830,327	△4,511,050	4,075,444	4,312,983	4,290,649	3,973,716	△12,161,999	4,493,085	4,465,585	1,666,047	17,957,928
【特別利益】	0	0	0	0	0	0	0	0	0	0	0	0	0
【特別損失】	0	0	0	0	0	0	0	0	0	0	0	0	0
【税引前当期純利益】	1,196,319	3,326,823	2,830,327	△4,511,050	4,075,444	4,312,983	4,290,649	3,973,716	△12,161,999	4,493,085	4,465,585	1,666,047	17,957,928
法人税、住民税及び事業税（40%）	478,528	1,330,729	1,132,131		1,630,178	1,725,193	1,716,260	1,589,486		1,797,234	1,786,234	666,419	13,852,391
【当期純利益】	717,791	1,996,094	1,698,196	△4,511,050	2,445,266	2,587,790	2,574,390	2,384,229	△12,161,999	2,695,851	2,679,351	999,628	4,105,537
（現首繰越利益剰余金）	△1,287,516	△569,725	1,426,369	3,124,565	△1,386,485	1,058,781	3,646,571	6,220,960	8,605,190	△3,556,809	△860,958	1,818,392	△1,287,516
（利益剰余金配当額）	0	0	0	0	0	0	0	0	0	0	0	0	0
【期末繰越利益剰余金】	△569,725	1,426,369	3,124,565	△1,386,485	1,058,781	3,646,571	6,220,960	8,605,190	△3,556,809	△860,958	1,818,392	2,818,021	2,818,021

損益計算書（プランB）

3年目
単位　円

科　目	4月	5月	6月	7月	8月	9月	10月	11月	12月	1月	2月	3月	当月総合計
テレワーク事業①(直販6万)	5,742,000	5,742,000	5,874,000	6,006,000	6,072,000	5,808,000	5,874,000	5,940,000	6,006,000	6,006,000	6,072,000	5,874,000	71,016,000
テレワーク事業②(直販12万)	11,214,000	11,214,000	11,466,000	11,718,000	11,844,000	11,970,000	11,970,000	12,096,000	12,096,000	11,970,000	12,096,000	12,222,000	142,002,000
テレワーク事業③(PT7.5万)	1,950,000	1,950,000	1,950,000	1,950,000	1,950,000	1,875,000	1,950,000	1,950,000	1,950,000	1,950,000	1,950,000	1,875,000	23,250,000
医療ビジネス(直販1万)	2,622,000	2,634,000	2,670,000	2,700,000	2,718,000	2,736,000	2,760,000	2,784,000	2,802,000	2,814,000	2,826,000	2,856,000	32,922,000
人材紹介売上	400,000						400,000						800,000
【純売上高】	21,928,000	21,540,000	21,960,000	22,374,000	22,584,000	22,389,000	23,080,000	22,770,000	22,854,000	22,740,000	22,044,000	22,827,000	269,990,000
外注費	1,269,560	1,269,560	1,295,346	1,321,132	1,334,025	1,319,722	1,337,651	1,342,083	1,346,515	1,338,054	1,350,947	1,341,076	15,865,671
【売上原価】	1,269,560	1,269,560	1,295,346	1,321,132	1,334,025	1,319,722	1,337,651	1,342,083	1,346,515	1,338,054	1,350,947	1,341,076	15,865,671
【売上総利益】	20,658,440	20,270,440	20,664,654	21,052,868	21,249,975	21,069,278	21,742,349	21,427,917	21,507,485	21,401,946	21,593,053	21,485,924	254,124,329
役員報酬	1,598,750	1,598,750	1,598,750	1,598,750	1,598,750	1,598,750	1,598,750	1,598,750	1,598,750	1,598,750	1,598,750	1,598,750	19,185,000
給料手当	8,939,160	8,939,160	8,939,160	9,131,160	9,323,160	9,323,160	9,323,160	9,323,160	9,323,160	9,323,160	9,323,160	9,323,160	110,533,920
賞与				17,735,600					19,307,800				37,043,400
法定福利費(16%)	1,686,066	1,686,066	1,686,066	4,554,514	1,747,506	1,747,506	1,747,506	1,747,506	4,836,754	1,747,506	1,747,506	1,747,506	26,682,003
福利厚生費	155,000	155,000	155,000	160,000	165,000	165,000	165,000	165,000	165,000	165,000	165,000	165,000	1,945,000
退職金	100,000					100,000							200,000
業務委託費	390,000	390,000	390,000	390,000	390,000	390,000	390,000	390,000	390,000	390,000	390,000	375,000	4,650,000
広告宣伝費	1,000,000					2,000,000							3,000,000
貸借料	150,000	150,000	150,000	150,000	150,000	150,000	150,000	150,000	150,000	150,000	150,000	150,000	1,800,000
梱包費	300,000												300,000
消耗品費	240,000	40,000	40,000	190,000	190,000	40,000	340,000	40,000	40,000	40,000	40,000	40,000	1,280,000
水道光熱費	45,000	45,000	52,500	52,500	60,000	60,000	67,500	67,500	75,000	75,000	82,500	82,500	765,000
旅費交通費	664,000	664,000	664,000	676,000	688,000	688,000	688,000	688,000	688,000	688,000	688,000	688,000	8,172,000
手数料	80,500	80,500	82,000	83,500	83,500	83,500	83,500	83,500	83,500	83,500	83,500	83,500	921,000
租税公課(印紙税等)	10,000	10,000	10,000	10,000	10,000	10,000	10,000	10,000	10,000	10,000	10,000	10,000	120,000
会議費	100,000	100,000	100,000	100,000	100,000	100,000	100,000	100,000	100,000	100,000	100,000	100,000	1,200,000
交際接待費	60,000	60,000	60,000	60,000	60,000	60,000	60,000	60,000	60,000	60,000	60,000	60,000	720,000
保険料	300,000												300,000
通信費	190,000	190,000	190,000	195,000	200,000	200,000	200,000	200,000	200,000	200,000	200,000	200,000	2,365,000
リース料	80,000	80,000	80,000	80,000	80,000	80,000	80,000	80,000	80,000	80,000	80,000	80,000	960,000
地代家賃	1,000,000	1,000,000	1,000,000	1,000,000	1,000,000	1,000,000	1,000,000	1,000,000	1,000,000	1,000,000	1,000,000	1,000,000	
管理費													
【販売費及び一般管理費】	16,788,476	15,188,476	15,197,476	36,167,224	15,845,916	15,680,916	18,103,416	15,703,416	38,107,984	15,710,916	15,718,416	15,629,916	233,842,523
【営業利益】	3,869,965	5,081,965	5,467,178	△15,114,356	5,404,059	5,388,363	3,638,933	5,724,501	△16,600,479	5,691,030	5,874,637	5,858,009	20,281,806
受取利息													
受取配当金													
雑収入												82,376	82,376
【営業外収益】												82,376	82,376
支払利息													
【営業外費用】													
【経常利益】	3,869,965	5,081,965	5,467,178	△15,114,356	5,404,059	5,388,363	3,638,933	5,724,501	△16,600,479	5,691,030	5,874,637	5,773,633	20,199,430
【特別利益】													
【特別損失】													
【税引前当期純利益】	3,869,965	5,081,965	5,467,178	△15,114,356	5,404,059	5,388,363	3,638,933	5,724,501	△16,600,479	5,691,030	5,874,637	5,773,633	20,199,430
法人税、住民税及び事業税(40%)	1,547,986	2,032,786	2,186,871		2,161,624	2,155,345	1,455,573	2,289,801		2,276,412	2,349,855	2,309,453	20,765,706
【当期純利益】	2,321,979	3,049,179	3,280,307	△15,114,356	3,242,436	3,233,018	2,183,360	3,434,701	△16,600,479	3,414,618	3,524,782	3,464,180	△566,278
【期首繰越利益剰余金】	2,818,021	5,140,000	8,189,178	11,469,485	△3,644,870	△402,434	2,830,583	5,013,943	8,448,644	△8,151,835	△4,737,217	△1,212,434	25,761,064
【期末繰越利益剰余金】	5,140,000	8,189,178	11,469,485	△3,644,870	△402,434	2,830,583	5,013,943	8,448,644	△8,151,835	△4,737,217	△1,212,434	2,251,745	25,194,788

キャッシュフロー計算書 （プランB）

1年目

項目	4月	5月	6月	7月	8月	9月	10月	11月	12月	1月	2月	3月	合計
営業活動によるキャッシュフロー													
営業収入	0	725,000	1,530,000	2,735,000	4,790,000	7,430,000	9,470,000	11,840,000	11,925,000	12,285,000	12,750,000	14,200,000	89,660,000
△ 仕入支出	0	0	0	0	0	0	0	0	0	0	0	0	0
△ 人件費支出	0	2,142,000	2,142,000	2,526,000	3,594,000	4,562,000	5,138,000	5,906,000	6,206,000	6,398,000	6,398,000	6,974,000	51,996,000
△ その他販管費支出	0	2,997,720	1,212,720	1,666,160	2,249,540	2,546,920	2,599,580	3,161,460	2,822,960	2,657,180	2,497,180	3,129,940	27,541,260
利子配当受取額	0	0	0	0	0	0	416,468	762,516	813,916	932,928	1,180,928	1,234,964	5,341,720
△ 法人税等支払額	0	0	0	0	0	0	0	0	0	0	0	0	0
													0
													0
△													0
△													0
【営業活動CF】	0	△ 4,414,720	△ 1,824,720	△ 1,457,160	△ 1,053,540	321,080	2,148,888	3,535,056	3,709,956	4,142,748	5,035,748	5,331,124	15,474,480
投資活動によるキャッシュフロー													
有形固定資産取得													0
有形固定資産売却													0
貸付金支出													0
貸付金回収													0
△ 敷金支出	1,200,000												1,200,000
【投資活動CF】	△ 1,200,000	0	0	0	0	0	0	0	0	0	0	0	△ 1,200,000
財務活動によるキャッシュフロー													
借入金収入	8,000,000												8,000,000
△ 借入金支出												2,828,243	2,828,243
株式発行収入													0
△ 配当金支出													0
【財務活動CF】	8,000,000	0	0	0	0	0	0	0	0	0	0	△ 2,828,243	5,171,757
現金預金の増加額	6,800,000	△ 4,414,720	△ 1,824,720	△ 1,457,160	△ 1,053,540	321,080	2,148,888	3,535,056	3,709,956	4,142,748	5,035,748	2,502,881	19,446,217
現金預金の期首残高	9,900,000	16,700,000	12,285,280	10,460,560	9,003,400	7,949,860	8,270,940	10,419,828	13,954,884	17,664,840	21,807,588	26,843,336	9,900,000
現金預金の期末残高	16,700,000	12,285,280	10,460,560	9,003,400	7,949,860	8,270,940	10,419,828	13,954,884	17,664,840	21,807,588	26,843,336	29,346,217	29,346,217

キャッシュフロー計算書（プランB）

2年目

科目	4月	5月	6月	7月	8月	9月	10月	11月	12月	1月	2月	3月	合計
営業活動によるキャッシュフロー													
営業収入	15,235,000	16,130,000	16,275,000	17,005,000	17,979,000	18,518,000	18,629,000	19,455,000	19,486,000	19,661,000	19,711,000	19,691,000	217,775,000
△ 仕入支出	1,075,000	900,497	938,773	988,129	1,054,206	1,091,072	1,099,533	1,129,147	1,158,760	1,171,855	1,176,891	1,176,891	12,960,756
△ 人件費支出	10,166,000	7,842,400	8,034,400	8,675,900	16,055,900	9,059,900	9,059,900	9,251,900	9,653,900	23,985,900	9,653,900	9,653,900	131,093,900
△ その他販管費支出	6,581,060	6,190,784	3,975,004	4,510,844	5,379,944	4,291,584	4,156,584	4,783,304	4,699,624	6,665,244	4,387,124	4,394,624	60,015,524
利子配当受取額	0	0	0	0	0	0	0	0	0	0	0	0	0
△ 法人税等支払額	145,976	478,528	1,330,729	1,132,131	0	1,630,178	1,725,193	1,716,260	1,589,486	0	1,797,234	1,786,234	13,331,948
													0
△													0
△													0
【営業活動CF】	△ 2,441,084	1,674,846	4,657,552	3,962,457	△ 4,511,050	5,705,621	6,038,176	6,006,909	5,563,202	△ 12,161,999	6,290,319	6,251,819	27,036,768
投資活動によるキャッシュフロー													
△ 有形固定資産取得													0
有形固定資産売却													0
△ 貸付金支出													0
貸付金回収													0
敷金支出	6,000,000												6,000,000
敷金返還	1,200,000												1,200,000
【投資活動CF】	△ 4,800,000	0	0	0	0	0	0	0	0	0	0	0	△ 4,800,000
財務活動によるキャッシュフロー													
借入金収入	7,848,606												2,828,243
△ 借入金支出												2,828,243	7,848,606
株式発行収入													0
△ 配当金支出													0
【財務活動CF】	7,848,606	0	0	0	0	0	0	0	0	0	0	△ 2,828,243	5,020,363
現金預金の増加額	607,522	1,674,846	4,657,552	3,962,457	△ 4,511,050	5,705,621	6,038,176	6,006,909	5,563,202	△ 12,161,453	6,290,319	3,423,576	27,257,131
現金預金の期首残高	29,346,217	29,953,739	31,628,585	36,286,137	40,248,595	35,737,545	41,443,166	47,481,342	53,488,251	59,051,453	46,889,454	53,179,772	29,346,217
現金預金の期末残高	29,953,739	31,628,585	36,286,137	40,248,595	35,737,545	41,443,166	47,481,342	53,488,251	59,051,453	46,889,454	53,179,772	56,603,348	56,603,348

キャッシュフロー計算書（プランB）
3年目

	4月	5月	6月	7月	8月	9月	10月	11月	12月	1月	2月	3月	合計
営業活動によるキャッシュフロー													
営業収入	20,030,000	21,960,000	22,374,000	22,584,000	22,389,000	23,080,000	22,770,000	22,854,000	22,740,000	22,944,000	22,827,000	269,990,000	516,542,000
△ 仕入支出	1,199,656	1,269,560	1,269,560	1,295,346	1,321,132	1,334,025	1,319,722	1,337,651	1,342,083	1,346,515	1,338,054	1,350,947	15,724,251
△ 人件費支出	10,103,400	10,537,910	10,537,910	10,537,910	28,465,710	10,921,910	10,921,910	10,921,910	10,921,910	30,229,710	10,921,910	10,921,910	165,944,010
△ その他販管費支出	6,898,544	6,250,566	4,650,566	4,659,566	7,701,514	4,924,006	4,759,006	7,181,506	4,781,506	7,878,254	4,789,006	4,796,506	69,270,542
利子配当受取額	0	0	0	0	0	0	0	0	0	0	0	0	0
法人税等支払額	666,419	1,547,986	2,032,786	2,196,871	0	2,161,624	2,155,345	1,455,573	2,299,801	0	2,276,412	2,349,855	19,122,672
													0
△													0
△													0
【営業活動CF】	2,494,819	5,449,950	7,948,750	8,278,050	△ 15,099,356	8,061,683	7,924,708	4,868,507	7,964,302	△ 16,510,479	8,054,442	255,270,492	284,725,869
投資活動によるキャッシュフロー													
有形固定資産取得													0
有形固定資産未却													0
貸付金支出													0
貸付金回収													0
敷金支出	0												0
敷金返還	0												0
【投資活動CF】	0	0	0	0	0	0	0	0	0	0	0	0	0
財務活動によるキャッシュフロー													
借入金収入													0
△ 借入金支出												2,828,243	2,828,243
株式発行収入													0
△ 配当金支出													0
【財務活動CF】	0	0	0	0	0	0	0	0	0	0	0	△ 2,828,243	△ 2,828,243
現金預金の増加額	2,494,819	5,449,950	7,948,750	8,278,050	△ 15,099,356	8,061,683	7,924,708	4,868,507	7,964,302	△ 16,510,479	8,054,442	252,442,249	281,897,626
現金預金の期首残高	56,603,348	59,098,167	64,548,118	72,496,868	80,774,918	65,675,562	73,737,245	81,661,953	86,530,460	94,514,761	78,004,283	86,058,725	56,603,348
現金預金の期末残高	59,098,167	64,548,118	72,496,868	80,774,918	65,675,562	73,737,245	81,661,953	86,530,460	94,514,761	78,004,283	86,058,725	338,500,974	338,500,974

売上モデル（1年目）

テレワーク事業① 直販（単価60,000円）

項目	4月	5月	6月	7月	8月	9月	10月	11月	12月	1月	2月	3月
営業人員数	1	1	1	2	2	2	2	1.5	1.5	2	2	2
営業日数	19	17	22	21	20	21	22	19	20	20	18	23
アタック数／日	50	50	50	50	50	50	50	50	50	50	50	50
アタック数／月	950	850	1,100	2,100	2,000	2,100	2,200	1,425	1,500	1,800	1,800	2,300
成約率／月	0.25%	0.25%	0.5%	0.5%	0.75%	0.75%	0.75%	0.5%	0.5%	0.5%	0.75%	0.75%
契約数／月	2	4	6	11	15	16	17	7	8	9	14	17
契約単価	60,000	60,000	60,000	60,000	60,000	60,000	60,000	60,000	60,000	60,000	60,000	60,000
解約率	10%	10%	10%	10%	10%	15%	10%	10%	10%	10%	10%	15%
累計契約数	2	6	12	21	34	45	58	59	61	64	72	78

テレワーク事業② 直販（単価120,000円）

項目	4月	5月	6月	7月	8月	9月	10月	11月	12月	1月	2月	3月
営業人員数	1	1	1	2	2	2	2	1.5	1.5	2	2	2
営業日数	19	17	22	21	20	21	22	19	20	20	18	23
アタック数／日	50	50	50	50	50	50	50	50	50	50	50	50
アタック数／月	950	850	1,100	2,100	2,000	2,100	2,200	1,425	1,500	1,800	1,800	2,300
成約率／月	0.25%	0.25%	0.5%	0.5%	0.75%	0.75%	0.75%	0.5%	0.5%	0.5%	0.75%	0.75%
契約単価	120,000	120,000	120,000	120,000	120,000	120,000	120,000	120,000	120,000	120,000	120,000	120,000
解約率	15%	15%	15%	15%	15%	25%	15%	10%	15%	15%	15%	25%
累計契約数	4	7	12	21	33	41	52	51	51	52	58	61

テレワーク事業③ パートナー販売（単価75,000円）

項目	4月	5月	6月	7月	8月	9月	10月	11月	12月	1月	2月	3月
パートナー数	1	1	2	1	2	3	1	1	2	2	2	2
成約数／月												
契約単価	75,000	75,000	75,000	75,000	75,000	75,000	75,000	75,000	75,000	75,000	75,000	75,000
解約率	10%	10%	10%	10%	10%	15%	10%	10%	10%	10%	10%	15%
累計契約数	1	2	4	5	7	9	9	9	10	10	11	12

医療ビジネス（シフト管理） 直販（単価5000円）

項目	4月	5月	6月	7月	8月	9月	10月	11月	12月	1月	2月	3月
営業人員数	1	1	1	2	2	2	2	1.5	1.5	2	2	2
営業日数	19	17	22	21	20	21	22	19	20	20	18	23
アタック数／日	950	850	1,100	2,100	2,000	2,100	2,200	1,425	1,500	1,800	1,800	2,300
アタック数／月	50	50	50	50	50	50	50	50	50	50	50	50
成約率／月	3%	3%	3%	3%	3%	3%	3%	3%	3%	3%	3%	3%
契約数／月	29	26	33	63	60	63	66	43	45	54	54	69
契約単価	5,000	5,000	5,000	5,000	5,000	5,000	5,000	5,000	5,000	5,000	5,000	5,000
解約率	5%	5%	5%	5%	5%	5%	5%	5%	5%	5%	5%	5%
累計契約数	10	36	67	127	181	235	289	318	347	384	419	467

人材紹介事業

項目	4月	5月	6月	7月	8月	9月	10月	11月	12月	1月	2月	3月
成約数／月	0	0	0	0	0	0	0	0	0	0	0	0
紹介手数料／人	400,000	400,000	400,000	400,000	400,000	400,000	400,000	400,000	400,000	400,000	400,000	400,000
契約数／月	0	0	0	0	0	0	0	0	0	0	0	0

1年目売り上げ合計

項目	4月	5月	6月	7月	8月	9月	10月	11月	12月	1月	2月	3月	合計
テレワーク事業①(直販6万)	120,000	360,000	660,000	1,260,000	2,040,000	2,700,000	3,480,000	3,540,000	3,660,000	3,840,000	4,320,000	4,680,000	30,660,000
テレワーク事業②(直販12万)	480,000	840,000	1,440,000	2,520,000	3,960,000	4,920,000	6,240,000	6,120,000	6,120,000	6,240,000	6,960,000	7,320,000	53,160,000
テレワーク事業③(P販7.5万)	75,000	150,000	300,000	375,000	525,000	675,000	675,000	675,000	750,000	750,000	825,000	900,000	6,675,000
医療ビジネス(直販0.5万)	50,000	180,000	335,000	635,000	905,000	1,175,000	1,445,000	1,590,000	1,735,000	1,920,000	2,095,000	2,335,000	14,400,000
人材紹介売上	0	0	0	0	0	0	0	0	0	0	0	0	0
合計	725,000	1,530,000	2,735,000	4,790,000	7,430,000	9,470,000	11,840,000	11,925,000	12,265,000	12,750,000	14,200,000	15,235,000	104,895,000

売上モデル2年目

テレワーク事業① 直販（単価660,000円）

	4月	5月	6月	7月	8月	9月	10月	11月	12月	1月	2月	3月
営業人員数	2	2	2	2	2	2	2	2	2	2	2	2
営業日数	20	18	22	21	21	20	20	20	18	17	18	22
アタック数/日	50	50	50	50	50	50	50	50	50	50	50	50
アタック数/月	2,000	1,800	2,200	2,100	2,100	2,000	2,000	2,000	1,800	1,700	1,800	2,200
成約率（月別）	0.5%	0.5%	0.5%	0.5%	0.5%	0.5%	0.5%	0.5%	0.5%	0.5%	0.5%	0.5%
契約数/月	10	9	11	11	11	10	10	10	9	9	9	11
契約単価	60,000	60,000	60,000	63,000	63,000	63,000	63,000	63,000	63,000	63,000	63,000	63,000
解約率	15%	15%	10%	10%	10%	15%	10%	10%	10%	10%	10%	15%
累計契約数	76	77	80	83	86	83	85	87	87	87	87	85

テレワーク事業② 直販（単価120,000円）

	4月	5月	6月	7月	8月	9月	10月	11月	12月	1月	2月	3月
営業人員数	2	2	2	2	2	2	2	2	2	2	2	2
営業日数	20	18	22	21	21	20	20	20	18	17	18	22
アタック数/日	50	50	50	50	50	50	50	50	50	50	50	50
アタック数/月	2,000	1,800	2,200	2,100	2,100	2,000	2,000	2,000	1,800	1,700	1,800	2,200
成約率（月別）	0.5%	0.5%	0.5%	0.5%	0.5%	0.5%	0.5%	0.5%	0.5%	0.5%	0.5%	0.5%
契約数/月	10	9	11	11	11	10	10	10	9	9	9	11
契約単価	120,000	120,000	120,000	120,000	120,000	120,000	120,000	120,000	120,000	120,000	120,000	120,000
解約率	10%	10%	10%	10%	10%	10%	10%	10%	10%	10%	10%	10%
累計契約数	65	68	72	76	79	81	83	85	86	86	86	88

テレワーク事業③ パートナー販売（単価75,000円）

	4月	5月	6月	7月	8月	9月	10月	11月	12月	1月	2月	3月
パートナー数/月	5	5	3	3	3	3	3	3	3	3	3	5
成約数/月	3	3	3	3	3	3	3	3	3	3	3	3
契約単価	75,000	75,000	75,000	75,000	75,000	75,000	75,000	75,000	75,000	75,000	75,000	75,000
解約率	10%	10%	10%	10%	10%	15%	10%	10%	10%	10%	10%	15%
累計契約数	14	16	17	18	18	19	20	21	22	23	23	26

医療ビジネス（ソフト管理）直販（単価5000円）

	4月	5月	6月	7月	8月	9月	10月	11月	12月	1月	2月	3月
営業人員数	5	5	5	5	5	5	5	5	5	5	5	5
営業日数	20	18	22	21	21	20	20	20	18	17	18	22
アタック数/日	50	50	50	50	50	50	50	50	50	50	50	50
アタック数/月	2,000	1,800	2,200	2,100	2,100	2,000	2,000	2,000	1,800	1,700	1,800	2,200
成約率（月別）	1.0%	1.0%	1.0%	1.0%	1.0%	1.0%	1.0%	1.0%	1.0%	1.0%	1.0%	1.0%
契約数/月	20	18	22	21	21	20	20	20	18	17	18	22
契約単価	5,000	5,000	5,000	5,000	5,000	5,000	5,000	5,000	5,000	5,000	5,000	5,000
解約率	5%	5%	5%	5%	5%	5%	5%	5%	5%	5%	5%	5%
累計契約数	464	459	458	456	454	451	448	446	442	437	433	433

人材紹介事業

	4月	5月	6月	7月	8月	9月	10月	11月	12月	1月	2月	3月
成約数/月	1						1					0
紹介手数料/人	400,000						400,000					400,000
契約単価	400000						400000					0

2年目売り上げ合計

	4月	5月	6月	7月	8月	9月	10月	11月	12月	1月	2月	3月	合計
テレワーク事業①(直販0.75)	4,560,000	4,620,000	4,800,000	5,229,000	5,418,000	5,229,000	5,355,000	5,481,000	5,481,000	5,481,000	5,481,000	5,355,000	62,490,000
テレワーク事業②(直販12万)	7,800,000	8,160,000	8,640,000	9,120,000	9,480,000	9,720,000	9,960,000	10,200,000	10,320,000	10,320,000	10,320,000	10,560,000	114,600,000
テレワーク事業③(PT7.5万)	1,050,000	1,200,000	1,275,000	1,350,000	1,350,000	1,425,000	1,500,000	1,575,000	1,650,000	1,725,000	1,725,000	1,950,000	17,775,000
医療ビジネス(直販0.5万)	2,320,000	2,295,000	2,290,000	2,280,000	2,270,000	2,255,000	2,240,000	2,230,000	2,210,000	2,185,000	2,165,000	2,165,000	26,905,000
人材紹介事業	400,000						400,000					0	800,000
合計	16,130,000	16,275,000	17,005,000	17,979,000	18,518,000	18,629,000	19,455,000	19,486,000	19,661,000	19,711,000	19,691,000	20,030,000	222,570,000

売上モデル4年目

テレワーク事業① 直販（単価665,000円）

	4月	5月	6月	7月	8月	9月	10月	11月	12月	1月	2月	3月
営業人員数	2	2	2	2	2	2	2	2	2	2	2	2
営業日数	20	17	22	21	19	19	20	20	20	18	19	22
アタック数/日	50	50	50	50	50	50	50	50	50	50	50	50
アタック数/月	2,000	1,700	2,200	2,100	1,900	1,900	2,000	2,000	2,000	1,800	1,900	2,200
成約率（月別）	0.5%	0.5%	0.5%	0.5%	0.5%	0.5%	0.5%	0.5%	0.5%	0.5%	0.5%	0.5%
契約数（月別）	10	9	11	11	10	10	10	10	10	9	10	11
契約単価	66,000	66,000	66,000	66,000	66,000	66,000	66,000	66,000	66,000	66,000	66,000	66,000
解約率	10%	10%	10%	10%	10%	15%	10%	10%	10%	10%	10%	15%
累計契約数	87	87	89	91	92	88	89	90	91	91	92	89

テレワーク事業② 直販（単価120,000円）

	4月	5月	6月	7月	8月	9月	10月	11月	12月	1月	2月	3月
営業人員数	2	2	2	2	2	2	2	2	2	2	2	2
営業日数	20	17	22	21	19	19	20	20	20	18	19	22
アタック数/日	50	50	50	50	50	50	50	50	50	50	50	50
アタック数/月	2,000	1,700	2,200	2,100	1,900	1,900	2,000	2,000	2,000	1,800	1,900	2,200
成約率（月別）	0.50%	0.5%	0.5%	0.5%	0.50%	0.50%	0.50%	0.5%	0.5%	0.5%	0.50%	0.50%
契約数（月別）	10	9	11	11	10	10	10	10	10	9	10	11
契約単価	126,000	126,000	126,000	126,000	126,000	126,000	126,000	126,000	126,000	126,000	126,000	126,000
解約率	10%	10%	10%	10%	10%	10%	10%	10%	10%	10%	10%	10%
累計契約数	89	89	91	93	94	95	96	96	96	95	96	97

テレワーク事業③ パートナー販売（単価75,000円）

	4月	5月	6月	7月	8月	9月	10月	11月	12月	1月	2月	3月
パートナー数	3	3	3	3	3	3	3	3	3	3	3	3
成約数/月	5	5	5	5	5	5	5	5	5	5	5	5
契約単価	75,000	75,000	75,000	75,000	75,000	75,000	75,000	75,000	75,000	75,000	75,000	75,000
解約率	10%	10%	10%	10%	10%	15%	10%	10%	10%	10%	10%	15%
累計契約数	26	26	26	26	26	25	26	26	26	26	26	25

医療ビジネス（シフト管理）直販（単価65,000円）

	4月	5月	6月	7月	8月	9月	10月	11月	12月	1月	2月	3月
営業人員数	2	2	2	2	2	2	2	2	2	2	2	2
営業日数	20	17	22	21	19	19	20	20	20	18	19	22
アタック数/日	50	50	50	50	50	50	50	50	50	50	50	50
アタック数/月	2,000	1,700	2,200	2,100	1,900	1,900	2,000	2,000	2,000	1,800	1,900	2,200
成約率（月別）	0.75%	0.75%	0.75%	0.75%	0.75%	0.75%	0.75%	0.75%	0.75%	0.75%	0.75%	0.75%
契約数（月別）	15	13	15	16	14	14	15	15	15	14	14	17
契約単価	6,000	6,000	6,000	6,000	6,000	6,000	6,000	6,000	6,000	6,000	6,000	6,000
解約率	2.5%	2.5%	2.5%	2.5%	2.5%	2.5%	2.5%	2.5%	2.5%	2.5%	2.5%	2.5%
累計契約数	437	439	445	450	453	456	460	464	467	469	471	476

人材紹介事業

	4月	5月	6月	7月	8月	9月	10月	11月	12月	1月	2月	3月
成約数/月	1	0	0	0	0	0	1	0	0	0	0	0
紹介手数料/人	400,000	400,000	400,000	400,000	400,000	400,000	400,000	400,000	400,000	400,000	400,000	400,000
契約単価	400000	0	0	0	0	0	400000	0	0	0	0	0

2年目売り上げ合計

	4月	5月	6月	7月	8月	9月	10月	11月	12月	1月	2月	3月	合計
テレワーク事業①（直販6.5）	5,742,000	5,742,000	5,874,000	6,006,000	6,072,000	5,808,000	5,874,000	5,940,000	6,006,000	6,006,000	6,072,000	5,874,000	71,016,000
テレワーク事業②（直販12万）	11,214,000	11,214,000	11,466,000	11,718,000	11,844,000	11,970,000	12,096,000	12,096,000	12,096,000	11,970,000	12,096,000	12,222,000	142,002,000
テレワーク事業③（PT7.5万）	1,950,000	1,950,000	1,950,000	1,950,000	1,950,000	1,875,000	1,950,000	1,950,000	1,950,000	1,950,000	1,950,000	1,875,000	23,250,000
医療ビジネス（直販6.5）	2,622,000	2,634,000	2,670,000	2,700,000	2,718,000	2,736,000	2,760,000	2,784,000	2,802,000	2,814,000	2,826,000	2,856,000	32,922,000
人材紹介売上	400,000	0	0	0	0	0	400,000	0	0	0	0	0	800,000
合計	21,928,000	21,540,000	21,960,000	22,374,000	22,584,000	22,389,000	23,080,000	22,770,000	22,854,000	22,740,000	22,944,000	22,827,000	269,990,000

資本政策

アストロコネクト株式会社

	1年目4月 （設立当初）		1年目3月 （設立1年後）	増資 （設立1年後）	増資後		
発行株式数				1,000			
発行済株式数	990		990	1,990			1,990
株価	10,000		15,776	7,849			7,849
調達額				7,848,605			
資本金	9,900,000		9,900,000	9,900,000			9,900,000
資本準備金				7,848,605			7,848,605
株主	持株数	比率		割当株数	払込額	持株数	比率
三栄ホールディングス	990	100%				990	49.7%
CEO兼CFO				500	3,924,303	500	25.1%
COO兼CIO				500	3,924,303	500	25.1%
CDO							
従業員持株会							
計	990	100%		1,000		1,990	100%

その後の「アストロコネクト株式会社」

　筆者と COO 兼 CIO 候補者は、アストロコネクト株式会社事業計画書において立案した事業を実際に立ち上げることとした。事業計画と実際との相違としては、新規の会社設立ではなく、既存企業内での新事業立ち上げとしたことが挙げられる。これは、新規創業よりも顧客からの信用を獲得しやすいと考えたからである。

　準備期間を経て 2020 年春から事業を立ち上げたが、事業計画に想定していなかった事由の発生によりピボットを余儀なくされることとなった。新型コロナウイルスの感染拡大である。これによって、事前に進行していた主要なサービス導入案件は保留または停止となり、新規顧客獲得に向けた営業活動は外部との接触回避のため不可能となった。加えて、サービス導入のため、顧客の社内に当社のディレクターが入り込み、業務を把握、整理し、外部委託可能な部分を切り分けるという作業を行うことも当面は難しくなった。

　こうした中、顧客として接触した農業生産者から、中小規模農業経営体の抱える課題を聞き出すことができた。これを起点として、他の多くの中小規模農業経営体にもヒアリングを進めたところ、ほぼ例外なく同様の課題を有していることが明らかになった。課題の具体的内容については営業的観点から言及を避けるが、つまり、この課題は中小規模農業経営体に共通したものであり、日本の農業経営体の 99.4% は中小規模であることから市場規模も有望と見られる。

　現在は、この課題解決のためのソリューション開発及び試験運用段階にあるが、2021 年度には本格運用開始予定である。このソリューション提供が進むにつれて、外部委託することが可能かつ効率的な業務の増加も見込まれている。この業務処理も当社が請け負い、時間及び場所の制約がある社員がリモートで行うことも想定している。全く予測していなかったコロナ禍によってピボットし、若干の遠回りとはなったが、これによって当初の事業計画に掲げたミッション「どこでもポジティブに働ける社会を実現する。」も達成できると考える。

第２編 「働いて生きる」に焦点を当てた知的 障害者支援事業

序章

0.1 背景：就労する知的障害者の増加

　本稿で取り扱う「知的障害者」とは、知的障害児・者及び知的障害の傾向が見られる発達障害児・者のことを指す。

　民間企業等に雇用される障害者数（身体障害者等を含む）は、雇用率制度、納付金制度等の諸施策によって年々増加している[1]。知的障害者についても、1997年の障害者雇用促進法改正により雇用が義務化された。その結果として、民間企業等に雇用される知的障害者数は、雇用義務化前（1996年）には約 24,000 人だったが、2019 年には約 128,000 人と約 5.3 倍に大幅増加した[2]。

　こうして雇用者数が大幅増加したことにより、知的障害者が社会との関係を持つことができ、生きがいが創出されたのはもちろんのこと、生活保護費をはじめとする社会保障費削減にも成功したと言える。

0.2 「働いて生きる」に焦点を当てた場合の支援不備

　筆者の経営する企業グループはファシリティマネジメントを主力事業としている。そのなかでも清掃業務においては、今後より一層進行すると予測される人手不足に対して危機感を持っている。この対応策として、当社グループも積極的に障害者雇用を進め、2014 年にわずか 3.9％に過ぎなかった障害者雇用率を 2020年には 13.4％へと引き上げた。その多くは知的障害者及び発達障害者であり、重度障害者も 10 人含まれるが、業務遂行のための貴重な戦力となっている。

　この取り組みのモデルとしたのが、株式会社エフピコを中心とするエフピコグループである。同社は広島県福山市に本社を置く、食品トレー容器製造・販売大手であり、先進的に知的障害者雇用を推進していることでも広く知られている。同社グループの特色は、知的障害者を福祉的に雇用するのではなく、業務遂行の戦力として捉え、基幹業務に従事させているというところにある。また同社グループは、この知的障害者雇用のノウハウを他社へ普及させることにも積極

---

[1] 永野（2014）pp. 5-6。

[2] 厚生労働省（2019b）p. 17。

的であり、同社グループ並びに同社グループから指導を受けた企業が中心とな
り、「企業による障がい者雇用連携ネットワーク会」（以下「ネットワーク会」と
言う）を結成している。

　当社グループもネットワーク会に加入しており、各企業のノウハウ、トラブル
事例及び地域ごとの自治体対応例等を活発に情報交換している。しかし、会員企
業同士の情報交換が進むにつれて、障害者雇用を先駆的に行ってきた企業こそ
が新たな課題に直面していることが明らかになってきた。また、知的障害者の家
族及び河村（2012）等の先行研究からも多くの情報を得ることとなったが、これ
らからも知的障害者が直面する複数の課題が明らかになっている。

　知的障害者の生涯にも、健常者と同様に様々なイベントがある。出生、障害の
発見、入学、卒業、就職、自立生活、就労能力低下等がそれであるが、これらに
対しては、段階に応じた支援が設けられている。具体的には、特別支援教育、放
課後等デイサービス、共同生活援助（以下「グループホーム」と言う）、就労継
続支援、生活介護等多様な種類があり、サービスを供給する事業者も多数存在し
ている。しかし、前述した通り知的障害者の就労は大幅に進展したにもかかわら
ず、「働いて生きる」に焦点を当てた場合、現在供給されているサービスでは充
分に対応しきれていないと言える。

　その中でも特に優先度の高い課題が次の3つであると考える。

　1つ目は、知的障害者が「親なき後」にも働き続けることのできる住まいとサ
ポートが不足していることである。

　2つ目は、就労を目指す就労期前の知的障害者及び家族が、就労について十分
な情報を得られていないことである。

　3つ目は、知的障害者は加齢による就業能力低下が早期から見られるにもかか
わらず、その後の選択肢が不足していることである。

0.3　本稿の射程

　本稿の目的は、前述した3つの優先課題についての解決策を提示し、採算性
等の持続可能性を検証し、具体的な事業展開についても提示することである。

第 1 章　「親なき後」の住まいと生活（課題 1）

1.1　就労する知的障害者の生活を支える者

　ネットワーク会会員企業の多くは、2010 年以降に知的障害者雇用に取り組んだこともあり、雇用している知的障害者の年齢層は比較的若い。こうしたことから、同会会員企業が雇用している知的障害者の少なくとも 75％以上が家族と同居し、食事、余暇活動、就労、金銭管理及び財産管理等について家族からの支援を受けて生活している[3]。これはネットワーク会特有の状況ではなく、先行研究が知的障害者全般について指摘していることともほぼ一致している[4]。

　また、知的障害者を持つ世帯の世帯員が支援に使う 1 日あたりの時間は平均 5 時間であり、多くは母親が支援を担っていることが明らかになっている[5]。こうした知的障害者に対する日常活動支援は、健常児の子育て期間のように一過性ではなく、生涯に渡って必要なものであると言える。

　つまり、母親を中心とする家族によるサポートを基盤として、知的障害者の就労は成立していると言っても過言ではない。そういった状況の中、家族の高齢化が進み、家族によるサポートが困難になってきた場合の問題は、雇用する側にとっても避けては通れない。兄弟姉妹ら「きょうだい」による支援に引き継がれる場合も少数ながら存在するが、本来「きょうだい」は当事者の保護者となる関係ではない上に、「きょうだい」自身の高齢化も進み、支援が困難となることは明らかである。また、配偶者のある知的障害者の割合はわずか 2.3％である[6]。実際に、知的障害者雇用義務化（1997 年）前から先進的に知的障害者雇用を行ってきた企業においては、この「親なき後」の住まいと生活をどのように持続させるかという問題は表出しつつある。知的障害者の就労は、就労以外の日常活動支援が存在しないと成立しないからである。

　こうした「親なき後」の問題に対して、かつて日本ではコロニー等の大規模な

---

[3] 企業による障がい者雇用連携ネットワーク会（2017）pp. 10-13。

[4] 河村（2012）pp. 9-12。

[5] 河村（2012）p. 9。

[6] 内閣府（2013）p. 10。

入所施設に、自立能力を養うために一時入所させるのではなく、終生居住させる施策が行われてきた[7]。入所施設の所在地が地理的にも住宅等が所在する地域から離れている場合が多く、就労や地域からの事実上の隔離政策とも言える。しかし、1950 年代からスウェーデン及びデンマーク等の北欧諸国を中心として発展したノーマライゼーション運動の影響が日本にも及び、施策は知的障害者の施設入居（終生居住）から地域生活へと移行することとなった[8]。こうして 1989 年に、大規模大人数終生居住ではなく、地域での自立を目指す小規模共同住居グループホームが制度化され、全国的に増加していった。

1.2 「親なき後」も働き続けるための方法

　前節の通り、知的障害者の「親なき後」に対してグループホームが制度化された結果、全国に 9,221 事業所が開設され、利用者（居住者）は 2020 年 4 月現在132,449 人となっている[9]。この居住者数は、全知的障害者数約 109 万 4 千人の約 12％を占める[10]。

　しかし、グループホームは近年増加しているものの、いまだに需要に対して供給が追いついていない。具体的な供給不足状況の把握を目的とした調査はこれまでに実施されていないが、地方公共団体により公開されている空室状況、当事者、家族及び事業者等関係者へのヒアリング、筆者の運営しているグループホームの入居状況等から、供給不足という事実は明白である。

　加えて、多くのグループホームは、食事、排泄、入浴、清掃といった生活の基本部分に対する支援に重点を置いている。つまり、家庭における家事部分を行うことを主な支援と位置付けている。しかし、それだけでは就労している知的障害者が「親なき後」も働き続けることはできない。就労している知的障害者が必要とする支援は、職場と当事者との間に入っての調整や説明などの橋渡し役、日常の体調管理、適切に診療を受けるための医療機関との連携等、いわば社会的生活

---

[7] 川向（2015）pp. 34-36。

[8] 西川（2010）pp. 29-30。

[9] 厚生労働省（2020a）p. 1。

[10] 内閣府（2020）p. 239。

を継続するためのソーシャルワーク的支援である。つまり、現時点ではグループホームは存在するが、就労している知的障害者が「親なき後」にも働き続けるためのグループホームはほとんど存在していないのである。

　なお、グループホーム入居に際して、これを運営する法人と同系列の就労系福祉サービス事業所の利用を事実上の条件とする場合もある。この場合、当事者は就労している企業等を退職せざるを得ないこととなる。残念ながら、現在の障害福祉サービス事業者には、このような手法を使うことで知的障害者を囲い込み就労させないという事例が少なくない。こうしたことも知的障害者が就労し続けることを阻んでいると言える。

　こうした現状や障害者就労が拡大を続けていることから鑑みて、就労している知的障害者が「親なき後」にも働き続けるためのグループホームが必要であると考える。

1.3　本プロジェクトの目指すグループホーム

　ここでは、本プロジェクトの目指すグループホームの具体像について述べる。

1.3.1　ステークホルダーへのインタビュー

　前節で述べた通り、就労している知的障害者が「親なき後」にも働き続けるためのグループホームには、職場と当事者との間に入っての調整や説明などの橋渡し役等のソーシャルワーク的支援が必要とされている。このイメージをさらに明確化するため筆者は、(1) 当事者及び家族、(2) ネットワーク会会員企業に対してインタビュー調査を実施した。得られた要望及び意見等の主なものは次の通りである。

(1) 当事者及び家族
・上手く人と話せないので、間に入って話を聞いてやってほしい。
・本人が上手く伝えられないので、会社との連絡や病気、ケガ等の対応等についてお願いしたい。
・日中は会社のスタッフに見守られると思うので、帰宅後から出勤までの見守り、休日の生活について介助をお願いしたい。

・見た目がきちんとしているか、服装の着合わせや季節感を指摘してほしい。

・口腔内の衛生や身体の清潔感が保てるようにしてほしい。

・心身の健康が保てるよう、栄養バランスや表情などチェックしてほしい。

・丁寧な見守り、親身な心配り、心と体の健康が保てるサポートをしてほしい。

・目先の事しか考えられず、自分の思ったことを行動してしまうので、身近に指導、誘導してくれる方が必要と思う。

・調理を家でも教えているが、グループホームでも教えてほしい。

・個室の掃除や片付けの具体的方法、体の清潔の重要性を教え、自立に向けての手助けをお願いしたい。

・生活訓練を行い、将来的に一人暮らしに移行させてやってほしい。

・自分でできることを見極めて、社会人として自立できるよう、的確なサポートをしていただきたい。

・グループホームも支援者不足で大変だと聞き、そんなところで生活させるのも不安だ。

・難病を発症しているため、将来的に身体面での介助も必要となってくると思う。

・一度決めたルールを変更することが難しいため、入居時に、本人の希望をしっかりと聞いてほしい。決められたルールがあれば最初にきちんと納得いくまで説明してほしい。

・地域の人などとできるだけコミュニケーションがとれる機会を作ってほしい。

・出来るだけ小規模で地域に根差したものを希望する。

・家庭的な雰囲気、楽しいと思える場所、本人の居場所がきちんとあることを希望する。

・水回りは共有でよいが、プライバシーの守れる個室がほしい。

・夜間等の利用者間のトラブル防止のため、２４時間スタッフが常駐してほしい。

・災害や停電などの時の判断や行動が難しいと思うので、介助をしてほしい。

・火災等が心配なので、建物設備も安全性の高いものにしてほしい。

・通勤時の事故等の対応をお願いしたい。

・閉鎖的でなく、透明性の高い運営を求める。

・長期に存続できる、体力のある組織、グループホームであってほしい。

・親子で入居可能な施設があると良い。

・会社との連絡を密に行ってほしいが、同時に親との連絡もお願いしたい。

・金銭管理が苦手なので、サポートしてやってほしい。

・専門性の高いスタッフに従事してもらいたい。

(2) ネットワーク会会員企業

・企業との連携ができないグループホームが多すぎる。

・福祉の論理に固執せず、会社の考え方を理解してほしい。

・知的障害者に技能習得させるには時間と労力がかかっている。彼らが会社にとって貴重な戦力であることをグループホームも理解してほしい。

・本人についての情報共有を密に行ってほしい。

・会社での様子等をグループホームにフィードバックするので、生活面での支援に役立ててほしい。

・会社側からの残業、休日出勤の要請を、グループホームのスタッフが対応できないからと断らないでほしい。

・「知的障害者だから少々身なりがおかしくても良い」といった感覚で本人を出勤させないでほしい。社会人としての意識低下に繋がる。

・本人は社会人であり自立した存在なのだから、行き過ぎた監視はしないほうが良い。（100円単位での金銭使途報告、自動販売機での購買禁止等）

・会社では障害特性等について専門性の高いスタッフが障害者雇用担当となっているので、グループホームのスタッフも同等レベルの専門性を持って支援に当たるべきである。

・グループホームのスタッフは単なる家事担当者ではないことを意識してほしい。

・採算性確保のため仕方がないのかもしれないが、スタッフの勤務時間が短時間に小間切されパート化されているので、連携が取りにくい。

・すぐにグループホームのスタッフが退職、異動等で入れ替わってしまい、ノウハウの蓄積がない。

・バランスの取れた食事提供をしてほしい。（現在、社員が入居しているグループホームは弁当支給が多く、栄養面が心配であることから。）
・本人に対する栄養面の指導を適切に行なってほしい。（現在、社員が入居しているグループホームのスタッフが指導している形跡がなく、会社側のみで指導していることから。）
・グループホームは地域住民との交流の機会を積極的に持つべきだ。多くのグループホームはそれがなく、かつての入所施設の小型版ではないか。

インタビュー調査を通じて得られたこれらの要望及び意見等も参考に、本プロジェクトの目指すグループホーム像を具体化する。

1.3.2　支援内容等

ここでは、一般的にグループホームに求められる支援以外に、特に本プロジェクトのグループホームに求められる支援について述べる。

具体的な支援内容について述べる前に、本プロジェクトが運営するグループホームは知的障害者を自立した存在として尊重することを根本に置くことを確認しておきたい。グループホームは、知的障害者が生活する上で、障害の特性上自ら行うことが困難な部分をサポートするために存在するのであって、彼らを庇護されるべき存在として見下してはならない。彼らが自ら稼いだ金銭は、基本的に自分で使途を決めるのが当然であり、健常者と同様に無駄遣いをする権利もある。したがって善意からであってもその管理をグループホーム側が強要してはならない。また、知的障害者だから社会的に求められることができていなくてもよいといった決めつけは決してしてはならない。知的障害者が自己認識しにくいという特性をサポートすることが求められる支援である。例えば、整髪、ひげ剃り、洗顔、場をわきまえた服装選択といった本人が特性上苦手とすることについてサポートし、身だしなみを整えることは、知的障害者が社会参加するに当たり必要とされることである。あえてこうしたことを前提として述べるのは、こうした原則に立っていないグループホームが数多く存在するからである。

本プロジェクトのグループホームに求められる支援として最も重要な点は、入居する知的障害者が勤務する企業との連携である。既存のグループホームは

家事支援等に注力しているため、不足している部分である。知的障害者は、企業から通達された事項、就業時間内に起こったこと等をグループホームのスタッフに上手く伝えられないこと、逆に自分の情報及び要望等を企業側に伝達できないことが多い。こうしたことから、グループホームは企業の支援者と日常的に情報共有し、本人と企業との橋渡しとなる仕組みを構築する必要があると考える。このためには複数の手段を併用することが有効である。具体的には双方を往復する紙ベースの連絡ノート、電子メール、SNS（LINE、Slack、ChatWork 等）及び電話を使用する。こうして情報共有することにより、知的障害者の小さな変化を早期に発見できる。知的障害者の多くは、自己認識・伝達の困難さ及び自閉傾向といったことから自身の変化を周囲に共有できないことから、こうした連携は重要である。この支援をより一層有効なものにするためには情報共有だけではなく、グループホームのスタッフが勤務先企業における仕事内容及び職場環境を把握することが求められる。そのためには職場の視察等が有効であり、本プロジェクトで先行して運営するグループホームではスタッフが職場訪問し、入居者が担当する作業を丸 1 日同じように行うことを通して就労把握に努めている。また、同様の情報共有は家族とも行い、離れて生活する家族が本人の状態を把握できるようにすることも重要である。家族は本人が入居するまでの長期間に渡っての情報を持っていることから、家族との情報共有により得られる情報は、グループホームでの支援に有効である。

　また、知的障害者は身体的変化の伝達が困難であることが多く、疾病等の発見が遅れることが多い。そのため、医療機関受診時にはグループホームスタッフが同行し、本人の状況について情報伝達の橋渡しをすることが求められる。この際、本人の就労状況を踏まえて医療機関とやり取りをしなければならない。治療方法の選択が働き方に与える影響、受診している疾病等が労働災害である可能性等について考える必要がある。

　入居者が知的障害者であることから、防災についての取り組みにも配慮が必要となる。災害発生時の避難場所を図示するだけではなく、定期的に実地での徒歩移動、また、火災訓練では避難行動だけでなく消火器を実際に扱う等の訓練を重ねて理解を促進することが必要である。

　地域交流についても、知的障害者本人たちが参加できるようにする必要があ

る。入所施設へ大人数を終生入居させ地域等から隔絶させるというかつての政策への反省から、障害者が地域で生きるという理念のもとにグループホームが誕生したが、実際にはそうなっておらず、入所施設の縮小版となっている事例も少なくない。本プロジェクトのグループホームはそうではなく、町内会行事等には本人たちを参加させ、特性上必要があればスタッフによるサポートも加える形で運営する。また、AED 等の非常用機器をグループホームに備え付け、近隣地域に周知してもらう等の活動も行い、グループホームが地域に溶け込むように努める。

　グループホームの施設及び設備的には、設置基準（約 4.5 畳）を上回る個室の広さ（7 畳以上）を確保し、交流スペースも同様に広く設置する。これによってプライバシー確保、居住性の良さ並びに居住者どうしのコミュニケーション促進を実現させる。また、消防法施行令ではスプリンクラー設置が義務付けられていない場合でも、入居者及びスタッフの安全性確保の観点からスプリンクラーを設置することとする。

1.4　採算性精査

　グループホームを含め本プロジェクトで行う障害福祉サービス事業は人件費の占める割合が大きいが、厚生労働省令により配置職員数が定められていることから、事業者独自の工夫及び合理化による人員数削減が非常に困難である。

　グループホームの採算性については、「別表 1　グループホーム事業年間収支」に示す通り、1 事業所あたり売上高 51, 217, 884 円、営業利益 2, 234, 884 円（営業利益率 4.36%）を見込んでいる。この数値は、現在筆者の経営する企業が運営しているグループホームの収支を下敷きに、若干保守的に見積もったものである。一般的なグループホームの収益性について、厚生労働省調査によると平均収支差率（平均利益率）は 6.4%である [11]。本プロジェクトのグループホームの利益率はこれを下回っているが、理由としては一般的なグループホームと比較してスタッフの正社員比率が高いことが挙げられる。厚生労働省調査によると、一般的なグループホームの常勤率は 58.2%であるが、本プロジェクトのグループホ

---

[11] 厚生労働省（2020b）p. 12。

ームの常勤率は 86.2% である [12]。理由としては、一般的なグループホームの支援内容が食事、排泄、入浴、清掃といった生活の基本部分に対する支援に重点を置き、勤務時間を細分化して非常勤化しやすいのに対し、本プロジェクトの場合、職場や医療機関等との連携といった社会的生活を継続するためのソーシャルワーク的支援に重点を置くため非常勤化しにくいからである。つまり、就労のためのより手厚い支援を行うがゆえに利益率は低下するのだが、これこそが本プロジェクトの存在理由であることから、サービス低下を招く恐れのある非常勤化は抑えたいと考えている。こうした点については、市町村から支払われる障害福祉サービス費の算定について具体的支援内容が考慮されない現在のシステムの問題も大きい。障害福祉サービス費の算定については厚生労働省により 3 年毎の見直しが行われているので、将来的な改正に期待したい。

　なお、グループホーム運営においては入居率約 70% が損益分岐点であることから、事業開始後できるだけ早く入居率を高めることが求められる。前述した通りグループホームは供給不足であるが、マッチングが上手く行かないと空室を多く抱えた運営となるリスクが有る。しかし、本プロジェクトの場合には、知的障害者多数雇用企業と連携し、あらかじめ入居者を確保した上で事業を開始するので、そうしたリスクはほとんどない。

---

[12] 厚生労働省（2020b）p. 24。

第2章　就労前の段階における課題（課題2）

2.1　知的障害者の就職状況

　民間企業等で就労する知的障害者数が増加し続けていることは既述したとおりである。これによって、かつて知的障害者の多くは自立生活のために十分な給与所得を得ることができなかったが、それが可能になったのである。企業側にも「知的障害者は戦力になる」という認識が広がり、近年の労働力不足も相まって、広島県内の特別支援学校においては、2018年3月に高等部を卒業した就職希望者の多くが就職できている（卒業生のうち約40%が就職希望者である。）[13]。全国的に見てみると仕事内容も、食品トレー製造、清掃、惣菜製造、農業等と選択肢が豊富になってきている。

　こうした事実が知的障害者及び家族にも浸透し、将来的に就労を目指すことはかつてと違い一般的となってきた。とりわけ家族にとっては、「親なき後」に障害基礎年金だけでは本人が生活できないこと（年額1級977,125円、2級781,700円[14]）、将来的に支給停止となってしまう可能性があることから、本人を就労させようという思いが強い。

　また、就職に注力した取り組みを行っている特別支援学校もある。一例を挙げると、広島県では教育委員会が企業団体と連携し5職種の技能検定を企画しており、毎年延べ2,000人以上の生徒が受験している。この技能検定は10等級に区分されており、上位の級を取得することで就職につなげたいという生徒の意欲をかき立てるものとなっている[15]。ただし、こうした取り組みへの注力具合は地域によって濃淡があり、生徒の就職状況もそれに左右される状況である。

　こうして、知的障害者の就労に対する、企業、本人及び家族、特別支援学校の考え方及び行動は変容してきたが、就労期前の知的障害者が多くの時間を過ごす放課後等デイサービスには課題が残されている。

---

[13]　広島県教育委員会（2018b）。

[14]　日本年金機構（2020）。

[15]　広島県教育委員会（2018a）pp. 1-2。

2.2　現在の放課後等デイサービスの課題

　まず、放課後等デイサービスとは、児童福祉法改正（2012 年）により提供開始された比較的新しい支援である。支援内容は、就学している障害児を対象とし、放課後、休日及び夏休み等の長期休業日に、生活能力の向上のために必要な訓練及び社会との交流の促進等を提供するものである [16]。つまり、就学期の知的障害者が家庭及び学校以外の多くの時間を過ごす場所だが、先行研究により複数の課題が指摘されている。

　1 つ目は、提供される支援のバラツキ及び質の低さである。まず、放課後等デイサービスの支援内容は事業者によって多種多様であり、実際に提供されるサービスの質に開きがある。また、支援内容が不透明で、障害児を預かって DVD を見せているだけの事業所も存在することが指摘されている [17]。

　2 つ目は、レスパイトや預かりを主な役割としている事業所が多いということである。これは、知的障害児を預かることにより、家族を日常支援から一時的に解放し休息を与えること、家族を自身の就労に専念させることを主な目的とした考え方である。厚生労働省の「放課後等デイサービスガイドライン」においてもこれは基本的役割とされているが、同時に「個々の子どもの状況に応じた発達支援を行うことにより、子どもの最善の利益の保障と健全な育成を」図ることも求められている [18]。こうしたレスパイトや預かりを主な役割としている事業所が、子どもの成長・状況に応じた発達支援を提供できないことから、利用者の多くを小学生が占め、中学生・高校生に対応した支援を提供できていないことも指摘されている [19]。

　3 つ目は、ほとんどの事業者は、知的障害者及び家族が必要と考える「就職につながる支援」を提供できていないことである。

　就職につながる支援について論じる前に、なぜ知的障害者は就職を重要視するのかを確認する。特別支援学校高等部を卒業し社会人となる知的障害者は、健

---

[16] 厚生労働省（2015）pp. 1-2。

[17] 伊藤・竹内（2019）pp. 13-24。

[18] 厚生労働省（2015）pp. 2-3。

[19] 山本（2015）pp. 79-87。

常者以上に厳しい岐路に立たされる。民間企業等に就職できれば障害基礎年金と併せ自立生活のために十分な給与所得を得ることができるが、できなければ障害基礎年金と福祉的就労の低い工賃で生活せざるを得ない。前者を就職者、後者を非就職者として具体的な月収モデルを比較したのが表1である。

　つまり、就職者と非就職者とでは収入面で 2 倍以上の格差が生じてしまうのだ。しかも、非就職者の収入は生活保護水準を大きく下回っており、自立生活を送ることは非常に困難であると言える。

表1　知的障害を持つ就職者と非就職者の月収モデル比較　（単位：円）

	就職者	非就職者
給与または工賃※	117,000	16,000
障害基礎年金	65,000〜81,000	65,000〜81,000
合計金額	182,000〜198,000	81,000〜97,000

※就職者の給与は「平成 30 年度障害者雇用実態調査」厚生労働省，2019 年による。
　非就職者の工賃は「平成 30 年度工賃（賃金）の実績について」厚生労働省，2019 年の就労継続支援 B 型事業所平均工賃による。

　こうした状況ゆえ、知的障害者及び家族が切実に欲する情報及び支援は、将来的にどういった職種の就職先があるのか、あるいは具体的にどのようにすればそこに就職できるのかの方法等についてである。現状でも、前節で 2 つ目の課題として挙げたようなレスパイトや預かりを主な役割とせず、個々の子どもの状況に応じて充実した発達支援を行っている事業所も存在する。しかし、その具体的内容は音楽療法、運動療育、感受性向上等である場合が多い。しかし、こういった支援内容は、前述のように厳しい現実に直面する当事者及び家族のニーズを満たしているとは言い難い。これは当事者及び家族へのインタビュー調査において、ある母親が次のように語ったことに象徴されている。

　「音楽も運動も良いですよ。そういったものもあっていいとは思いますよ。でも、うちの子どもは健常児のお子さんと違うんです。将来は、就職してある程度

でも余裕を持って食べていけるか、小遣いにも困る生活かのどっちかしかない
んです。だから（放課後等デイサービスでは）就職のことをやってほしいです。
（中略）就職のことをやらないんなら、ただ預かってくれれば十分です。その間
に私たちがしっかり稼いでこの子に財産を遺しますから。」（ほぼ語りのママ）

2.3 本プロジェクトの放課後等デイサービスに求められるもの

　知的障害者及び家族のニーズから、第一に必要とされるのは、将来的な就職を
目指した支援である。知的障害者雇用が増加していることは知的障害者本人及
び家族に徐々に認知が広がってきたが、具体的に担当する仕事内容については
まだ情報が不足している。現在、知的障害者が就労する業種及び作業内容は多様
である。本プロジェクトでは、知的障害者がこうした情報に実感を持って触れる
ことができるよう、全国の就労する知的障害者の仕事内容、作業風景及びインタ
ビューを収録した動画コンテンツを既に作成中である。具体的には、ネットワー
ク会会員企業を中心に、清掃、惣菜製造、レストラン接客、食品トレー製造等多
様な職種で働く知的障害者を取材している。放課後等デイサービスにおいて、知
的障害者が自由にこの動画コンテンツを利用できるようにする。また、動画コン
テンツに登場する知的障害者を中心とした先輩たちとの交流機会を設け、より
就労を身近なものと感じられる支援を行う。その他、ネットワーク会会員企業へ
の職場見学、ネットワーク会会員企業からの講師招致も行うこととする。就職を
目前に控えた特別支援学校高等部生徒に対しては、一般的なビジネスマナー習
得、面接指導等の支援も提供する。こうした将来的な就職を見据えた支援提供に
より、小学生はもちろん、中学生・高校生が利用できる（利用する価値のある）
放課後等デイサービスとする。

　しかし、放課後等デイサービスはいわゆる就職予備校ではないので、個々の状
況に応じた発達支援が必要とされる。こうした部分を担うのが保育士であり、特
別支援教育に携わってきた人材である。この人材が発達支援に当たることで
個々の状況に応じた療育を提供し、状態を安定させ、個々の特性等を把握した上
で将来的な就労へつなげることができる。したがって、こうした人材の確保は必
須と言える。

　現在、就職に対する特別支援学校の注力具合には地域によって濃淡があるが、特別支援学校との連携も図っていきたい。放課後等デイサービスを利用する知的障害者についての情報共有をはじめ、高等部生徒を企業に職場体験として派遣する際の多様な企業とのマッチング等が考えられる。

　また、家族支援として、現在放課後等デイサービスを利用している知的障害者の親と現在は就職している知的障害者の親との交流機会を企画する。放課後等デイサービスを利用中の知的障害者の親は将来について不安を持つことが多いが、この交流機会により不安が軽減されることが期待できる。いわば、知的障害者を子どもに持つ親のピアサポートとして機能することが可能と考える。

2.4　採算性精査

　採算性については、「別表 2　放課後等デイサービス事業年間収支」に示す通り、1 事業所あたり売上高 27,275,810 円、営業利益 3,024,210 円（営業利益率 11.09%）を見込んでいる。この数値は、既存事業者が現在運営している放課後等デイサービスの収支を下敷きに、若干保守的に見積もったものである。放課後等デイサービスの収益性について、厚生労働省調査によると平均収支差率（平均利益率）は 11.0%であり、本プロジェクトの予測値はこれとほぼ一致している [20]。

　放課後等デイサービス事業は利用者数と主な収入である障害福祉サービス費が連動するため、経営を安定させるためには利用者確保を図らなければならない。これについては、障害を持つ子どもを将来的に就職させたいという家族の強いニーズが存在することに加え、地域の知的障害者多数雇用企業及び特別支援学校と事前に連携を協議した上で進出することから、早期の利用者確保が可能である。

　また、本プロジェクトで作成している「就労する知的障害者の動画コンテンツ」に対する需要が見込まれることから、これを他の事業者に提供することによる収入も、将来的には期待できる。この収入は、本プロジェクトの大部分が則る障害福祉サービス制度に依らないことから、医療における自由診療と同様に独自の取り組み次第で収益性向上を図ることができる。

---

[20] 厚生労働省（2020b）p. 16。

第3章　加齢による就業能力低下以降（課題3）

3.1　加齢による知的障害者の就業能力低下

　積極的に知的障害者雇用を推進する企業が増加したのは、企業が人手不足に悩みはじめた時期、つまり完全失業率が下がり有効求人倍率が上がりはじめた2011 年頃からである。こうした企業においては全体的に若年層のウェイトが高く、加齢に伴う諸問題に直面していない。しかし、知的障害者雇用義務化（1997年）以前から雇用に取り組んできた民間企業等では知的障害者が高齢化してきており、加齢による作業能力低下が健常者よりも早期に現れると指摘されている[21]。この点については、先行研究も同様に、知的障害者が普通に働ける年齢の上限は同一職種の健常成人よりも 10 歳以上も低く、40 歳代中頃から急激に低下が進むと指摘している[22]。

　これは、知的障害者によく見られる体力的及び健康的特徴に加え、担う仕事内容が反復作業を伴う現場作業に限定されて管理職へのキャリアアップが見込めないという、この障害特有の事情も関係している。

　こうした作業能力低下が労働意欲の低下につながることはもちろん、それまではできていたことができなくなり、自己認識の難しさからそのことを理解できず不安に陥り、精神障害を誘発する事例も先進的に障害者雇用を推進してきた障害者多数雇用企業へのインタビューで聞き取ることができた。

　また、企業にとっても、40 歳代半ば頃から作業能力が低下した従業員を定年まで雇用し続けることは大きな負担であり、これを理由に一転して知的障害者雇用に消極的となってしまうことが危惧される。

　上述のような場合に、企業を退職し、比較的緩やかに働くことのできる福祉的就労へと移行することが有効であるとされるが、ここにも課題が存在している。

3.2　就業能力低下後の選択肢不足

　現在、企業での一般就労から移行する福祉的就労の場については、その多くが

---

[21] 植田（2016）pp. 43-44。

[22] 日本障害者雇用促進協会障害者職業総合センター（2001）pp. 1-8。

就労継続支援 B 型事業所となる。これは障害者総合支援法に基づく障害福祉サービスの一つであり、民間企業等に雇用されることが困難な者に就労機会を提供し、能力向上のための訓練を行うものである。同じ障害福祉サービスである就労継続支援A型事業所が雇用契約締結及び最低賃金遵守を求められるのに対し、就労継続支援 B 型事業所は雇用契約が不要であり、障害者に支払われる「工賃」は最低賃金を下回ることが認められている。

しかし、就労継続支援 B 型事業所の平均工賃は月額 16,118 円であり、障害基礎年金（月額約 65,000～81,000 円）と合算しても、これだけで生活することは不可能に近い[23]。生活保護費支給が必要とされる所得水準だが、企業での一般就労を継続できないとはいえ、彼らはそれまでに蓄積した経験及びスキルを全て失ってしまうわけではない。つまり、就労継続支援 B 型事業所等に代表される既存の福祉的就労は、一般就労から移行してきた知的障害者の残存能力を十分に生かしているとは言い難く、結果として支払われる工賃も低額にとどまっている。働く時間の配慮、作業内容の変更並びに支援の見直し等を行い、働く現場において適切なサポートを行うことにより、彼らの持つ経験及びスキルは生かすことができると考える。

現状では、一般就労から福祉的就労に移行すると最低生活費を下回る月収しか得られないため、一般就労する知的障害者は就労能力低下による働きにくさを感じても雇用される企業への在籍にこだわらざるを得ない。また、企業にとっては 40 歳代半ば頃から作業能力が低下した従業員を定年まで雇用し続けることは大きな負担であり、これを理由に一転して知的障害者雇用に消極的となってしまうことが危惧される。これは両者にとって不幸なことと言える。

3.3 本プロジェクトの生活介護事業所に求められるもの
3.3.1 工賃設定

前節の通り、企業での一般就労から福祉的就労に移行する知的障害者に対して、残された経験及びスキルに相応な金額の工賃を支払うことが必要と考える。また、この工賃と障害基礎年金を合算した金額が最低生活費（生活保護水準）を

---

[23] 厚生労働省（2019a）p.1。

下回ると、その差額が生活保護費として支給されることもあり得る。つまり、工賃額を、障害基礎年金と合わせて最低限度の生活を成立させる以上の金額（最低生活費）に設定できれば、社会保障費削減にも有効である。この考えに基づき、本プロジェクトの具体的な目標工賃額は 1 ヶ月あたり 50,000 円以上と設定する。この場合の月収例は表 2 のとおりとなる。

表2　本プロジェクトの生活介護事業所における月収例　（単位：円）

	障害基礎年金 1 級受給者	障害基礎年金 2 級受給者
工賃	50,000	65,000
障害基礎年金	81,000	65,000
合計金額	131,000	130,000

出典；筆者作成

　また、この取組で活用する障害福祉サービスは生活介護とする。理由は次の 2 点である。

　1 点目はまず、就労継続支援 B 型との比較で、より手厚いスタッフ配置を行うことができ、より効果的に知的障害者の身体機能や生活能力の維持・向上を目指すことができるからである。

　次には、対象とする知的障害者が障害支援区分 3 以上の者に限定されることである。障害支援区分とは、必要とされる支援の度合を総合的に示すもので、1 から 6 までに区分され、6 が最重度とされる。この事業は、障害者多数雇用企業との連携を行うこととし、企業において就労能力低下が顕著な障害者を労使合意のもとで福祉的就労に移行することとしている。これは、適正に機能すれば就労能力低下に悩む知的障害者と雇用企業の双方にとって有益なものになるが、企業側が就労能力低下の見られない、自社に不都合な知的障害者を「処分」するために悪用される恐れもある。本プロジェクトは、こうした悪質な企業との連携を行わないように取り組むが、制度的に区分 3 以上の比較的重度者に対象を限定することで、こうした悪用に対する有効な防止策ともなる。

3.3.2　障害者多数雇用企業との連携

　この生活介護事業所は障害者多数雇用企業にもメリットが有るため、こうした企業と連携して運営を行う。具体的な連携内容は次の通りである。

　まず第1に、前述の通り、就労能力低下により一般就労が困難となって働きにくさを感じるようになった知的障害者の受け皿となることである。これによって、企業が知的障害者雇用を躊躇することなく推進できることとなり、知的障害者にとっても自己の能力に応じ適切なサポートを受けての働き方が可能となる。

　続いて第2に、企業からの業務受注を企画する。生活介護事業所において、知的障害者にサポートを行うスタッフの給与等は、基本的には市町村から支払われる障害福祉サービス費によって賄われる。一方、当然のことながら、知的障害者に支払われる工賃は、何らかの事業収益から計上されなければならない[24]。つまり、知的障害者が前述の水準の工賃を得るためには、工賃以上に付加価値のある業務を受注することが必須条件となる。こうした付加価値のある業務を企業から受注することを目指すが、それにはいくつかの条件がある。つまり、この業務は、企業が必要とするもの、かつ、外部調達すべきものであり、なおかつ加えて適正な市場価格で提供されなければならない。そうでなければ取引の継続性が疑われることになる。この業務内容については、連携する企業毎に事情が異なるため、ケースバイケースで考案する必要がある。

　例として、現在当社グループが広島県福山市で運営している生活介護事業所におけるケースを挙げる。この事業所は障害者多数雇用企業である株式会社エフピコと連携しており、同社工場従事者の昼食弁当製造を請け負っている。株式会社エフピコは1986年から知的障害者雇用を積極的に進めているが、当初から雇用している従業員が実際に就労能力低下の兆しを見せていること及び将来的にそうした従業員が増加することに悩んでいた。そこで、同社と当社グループが共同で考案したのが、就労能力の低下した知的障害者が本人同意のもと、一定以上の収入を得られる生活介護事業所へ移籍して働き続けるという方式である。大枠については考案及び合意したものの、難航したのが同社の委託する業務の選定だった。これについては既述の通り、企業が必要とし、かつ、外部調達すべ

---

[24] 中島（2018）pp. 162-164。

きものという条件から、既に外部調達していた多くの品目を精査した。この中から昼食弁当製造という業務を選定したが、当社グループに業務実績がないことから、発注条件として、衛生的な工場を用意すること及び調理経験者を製造責任者として雇用することが提示された。工場用物件の確保、設備整備及び人材確保によってこの条件をクリアした後、購買価格についても、当時取引していた業者と同等の価格で納入することで合意した。こうして2019年初めから昼食弁当製造を開始し、当初はテスト生産によって赤字運営だったが、現在では日産300食以上を確保して黒字経営となった。

　上述の事例から解る通り、本プロジェクトの生活介護事業所は、障害福祉サービス費収入以外の事業収入を必要とするため収益事業構築が必須である。また、例示案件と同様の事業内容であっても、他の障害者多数雇用企業と連携できるとは限らず、ケースバイケースの対応が必要である。このように事業を行うハードルは比較的高いものの、就労する知的障害者の加齢による就労能力低下がより一層進行することは確実であるため、本プロジェクトの生活介護事業所に対するニーズは非常に高いといえ、広く事業展開が可能と考える。

3.3.3　生活介護事業所における支援内容

　就労能力低下が見られるとはいえ、本プロジェクトの生活介護事業所に移行してきた知的障害者はその能力をすべて失ったわけではない。彼らに残っている能力を引き出し、機能維持していくために必要なことは、まず与える作業内容を簡単なものにしすぎないということである。既存の福祉的就労現場においては、障害者は仕事のできない存在であり、仕事をしなくとも良い存在であるという差別的扱いが少なくない。ネットワーク会会員企業をはじめ本プロジェクトが連携する企業は、こうした考えを否定し、知的障害者に技術指導し戦力化している。こうして得られた就労能力は低下しても完全に失われているのではないため、個々に応じた「適度なきつさ」を要求される作業を割り振ることが求められる。

　次に、こうした知的障害者個々の就労能力を見極め、機能維持をサポートするためには、前述の理由から、既存の福祉的就労の経験者ではなく企業での就労サポート経験者が必要とされる。また、身体機能低下の見られる者も存在するため、

作業療法士等の有資格者配置も必要とされる。

　最後に、福祉的就労に移行してきた知的障害者は、精神的にも課題を抱えていることが少なくない。これは、加齢による就労能力低下をはじめとする様々な変化について、知的障害者は自己認識の困難さから理解できず、精神的不調に至るものと考えられる。こうした者に対しては、身体的サポートに加えて精神的サポートが必要とされる。具体的には、一般就労現場以上に面談機会を増やす、家庭またはグループホーム等生活の場との連携を密にする等の支援が挙げられる。

3.4　採算性精査

　生活介護事業の採算性については、「別表 3　生活介護事業年間収支」に示す通り、1 事業所あたり売上高 68,432,294 円、営業利益 4,259,594 円（営業利益率 6.22%）を見込んでいる。この数値は、現在筆者の経営する企業が運営している生活介護事業所の収支を下敷きに見積もったものである。一般的な生活介護事業所の収益性について、厚生労働省調査によると平均収支差率（平均利益率）は 7.3%である[25]。本プロジェクトの生活介護事業所の利益率はこれを下回っているが、理由としては一般的な生活介護事業所と比較して利用者に支払う工賃が高額であることが挙げられる。生活介護の場合、付加価値の高い業務受注をしていることが少なく、工賃の下限額設定及び市町村への報告義務がないため、平均工賃が最低賃金を大幅に下回る就労継続支援 B 型よりもさらに低く設定されていることが多いと考えられている。公益財団法人日本知的障害者福祉協会の調査によれば、生活介護事業所のうち工賃を支給している事業所は全体の 77.8%であり、工賃を支給している場合の平均月額工賃が 20,000 円以上であった事業所は全体のわずか 2.1%に過ぎず、最も割合が高かったのは 3,000 円未満の 46.3%であった[26]。したがって、そういった事業所よりも比較的付加価値の高い業務受注を行っているとはいえ、本プロジェクトの生活介護事業所は最低月額工賃50,000 円以上を支払うため、収益性が低下することは避けられない。しかし、就労能力低下により福祉的就労へ移行した知的障害者に一定以上の収入を確保

---

[25] 厚生労働省（2020b）p. 8。

[26]公益財団法人日本知的障害者福祉協会日中活動支援部会（2020 年）p. 194。

　することは、本プロジェクトの重要な存在理由とも言えるため、工賃支払額を引き下げるのではなく、業務改善、販売価格引き上げ等によって利益率向上を図っていく必要がある。これは福祉的就労に限らず、一般企業とも共通する課題である。

　また、別表 3 は、現在運営している生活介護事業所における受託業務と同様の業務を受注できた場合の試算となっている。本プロジェクトの生活介護事業運営にあたっては、障害福祉サービス費収入以外に、工賃の原資となる業務受託収入を確保することが必須となる[27]。この受託業務の内容、価格設定等によって収益性は異なることから、事業所ごとに採算性を慎重に精査しなければならない。この観点から見ると、本プロジェクト 3 事業のうち生活介護事業は地域及び連携企業ごとにカスタマイズが必要であり、最も事業構築の難易度が高い。しかし、障害福祉サービス制度に依らない業務受託において収益性の高い事業構築ができれば、想定以上の利益を上げることも可能である。

　なお、生活介護事業所についても利用者数と主な収入の一つである障害福祉サービス費が連動するため、経営を安定させるためには利用者確保を図らなければならない。これについては、知的障害者多数雇用企業の連携への強いニーズが存在することから、早期の利用者確保が可能である。

---

[27] 中島（2018）pp. 162-164。

第4章　プロジェクトの展開

4.1　地域選定の考え方

　これまで述べた通り、本プロジェクトは知的障害者が働いて生きていくことに焦点を当て、彼らの人生における各段階において有効な支援を行う事業である。したがって、本プロジェクトを展開する地域には知的障害者多数雇用企業が進出していることが条件である。こうした企業と連携し、知的障害者及び家族の強いニーズを満たすことが求められている。これを第一に考え、展開する地域を選定する。

　また、展開先の地方自治体も障害者雇用促進に注力しており、本プロジェクトに連携可能であれば望ましいと考える。着眼点としては「攻めの福祉」である。障害福祉サービスは知的障害者が生きていく上でほぼ必ず利用するものといえるが、その対価として事業者に支払われる障害福祉サービス費は義務的経費であり、その 50%は国が、25%は都道府県が、25%は市町村が支出することとなっている[28]。したがって、障害福祉サービス事業者に支払った経費に対するリターンを地方自治体が測定することは、求められて然るべきだろう。しかし、これを測定している地方自治体は少なく、費用対効果も可視化できていないことがほとんどである。したがって実質的にリターンを求められていないことも一因となり、既存の障害福祉サービス事業者の多くは、知的障害者を就労させることなく低工賃の福祉的就労につなぎとめている。この場合の知的障害者の収入は最低生活費に満たず、収入と最低生活費との差額分は生活保護費が支払われることもあり得る。しかし、生活保護費も義務的経費であり、その 25%は市町村が負担することから、これでは経費を支払った上にさらに経費を支払う構図になっていると言える。

　一方、本プロジェクトは、障害福祉サービス提供の焦点を「働いて行きていく」に合わせているため、知的障害者が人生のできるだけ長い期間にわたり最低生活費以上の収入を得られるようにしている。したがって、生活保護を受給することがなく、少なくともその金額分のリターンを創出していると言える。こうした

---

[28] 社会保険研究所（2019）pp. 8-10。

社会的リターンを意識するのが「攻めの福祉」である。筆者は生活保護受給を否定的に見る者ではないが、本プロジェクトが就労機会を維持し続けるサポートを行うことにより生活保護費が削減でき、知的障害者が社会との関わりを持ち続けられれば、その効果は大きいと考える。

また、こうした「攻めの福祉」の観点のほか、地域の生き残り戦略として知的障害者とその家族の定住及び移住促進を図る地方自治体もあり、こうした地域への事業展開も計画している。

上述の観点から、本プロジェクトでは、第1期として展開する4地域を選定した。北海道河西郡芽室町、高知県高知市・南国市、広島県福山市及び広島県広島市である。連携する企業等については表3の通りであり、各地域における各事業展開のスケジュールについては「別表4 プロジェクトスケジュール」に示している。

表3 本プロジェクトが展開する地域及び連携企業

地域	主な連携企業	事業内容等
北海道河西郡芽室町	株式会社クック・チャム 株式会社九神ファームめむろ	放課後等デイサービスを先行させる。グループホームはパイロット事業を実施中。
高知県高知市・南国市	エフピコダックス株式会社	放課後等デイサービスを先行させた後グループホームに着手予定。
広島県福山市	株式会社エフピコ エフピコダックス株式会社	グループホームを運営中。生活介護事業所はパイロット事業を経て本格稼働を開始。
広島県広島市	三栄産業株式会社 H社	グループホーム及び生活介護事業所を先行させる。不動産物件選定済み。

北海道河西郡芽室町については、株式会社クック・チャム及びそのグループ会社である株式会社九神ファームめむろを連携企業としている。クック・チャムは愛媛県新居浜市に本社を置く企業であり、全国で惣菜チェーン店75店舗を運営

している。グループ全体で 50 名超の知的障害者を雇用し、全員を社会保険加入の正社員としている。九神ファームめむろは、クック・チャムで使用されるじゃがいもの栽培、一次加工を芽室町で行っており、知的障害者 20 名を雇用している。同社は育成した知的障害者を芽室町内の他社に就職させ、また別の知的障害者を新たに採用し育成するシステムを確立している [29]。

　芽室町も障害者雇用促進に積極的であり、その取組を知的障害者と家族が安心して暮らせる町として移住者誘致にも生かしている [30]。本プロジェクトは芽室町と共同でグループホームのパイロット事業を 2020 年 10 月から開始し、知的障害者のニーズ把握等を行っている。まず町内において事前調査から需要の高い放課後等デイサービスを先行して開始し、パイロット事業の結果を生かしてグループホーム運営を計画することとしている。

　高知県高知市、南国市及び広島県福山市では、株式会社エフピコ及びエフピコダックス株式会社と連携する。エフピコグループは全国で 358 名の知的障害者（そのうち約 80%が重度知的障害者）を雇用し、そのほとんどを社会保険加入の正社員としているが、その生活面のサポートを必要としていたことから本プロジェクトと連携することとなった。

　高知市及び南国市と事前協議するなかで、良質な放課後等デイサービスの不足が課題となっていたことから、同地域においてはこの事業を先行させることとした。

　福山市においては既にグループホームを運営中であり、生活介護事業所も本格稼働をはじめている。各地域で実行する事業を先行して実施し、各地域に配置する人材教育もここで行うことから、本プロジェクトの中核的地域と位置づける。

　広島県広島市は筆者が経営する三栄産業株式会社及び広島市に本社を置く知的障害者多数雇用企業 H 社と連携する。三栄産業は 40 名の障害者を雇用しているが、生活面サポートの課題については他地域と同様である。

　第 1 期としてはこの 4 地域に展開するが、連携する企業及び地方自治体が増

加すれば、これら以外の地域への展開も視野に入れる。

4.2 多地域展開の有効性

　障害福祉サービス事業を多地域で展開する事例はこれまで、一部の就労移行支援事業者または企業グループ傘下の就労継続支援Ａ型事業所以外にはあまりなかった。就労移行支援事業については 1 事業所あたりの設備投資額が低く、配置するスタッフの資格基準も高くないことから多地域展開しやすいという側面がある。この分野においては多地域展開に意欲的な事業者が存在し、株式会社LITALICO 及びウェルビー株式会社の 2 社が株式公開に至っている。また、就労継続支援Ａ型事業所については、既に多地域展開している製造業のグループ会社として工場進出に立地し、そこでの製造作業を担っていることがある。この分野においては、多地域展開を意図して行っているのではなく、親会社の経営戦略の結果としてそのようになった場合が多い。

　また、障害福祉サービス事業は従来から社会福祉法人が行うことが多かった。社会福祉法人はそれぞれが活動している地域に根付き、地域福祉の担い手となり、地方自治体と密接な関係を築いている場合が多い。加えて、これらの事業者は、既に一つの地域内で集中的に展開して一定以上の収益基盤を確保している。したがって、リスクを伴う他地域への進出には消極的な場合が多い。

　これに対して本プロジェクトが多地域展開するメリットは主に３つある。

　まず第１に、多地域展開することで人材の最適配置とキャリアパス形成を行うことができる点が挙げられる。限られた地域内での展開では運営する事業所数も小規模にとどまり、キャリアパス形成に必要なポスト数も限られたものとなる。しかし、多地域展開することにより多くのポストを用意できるのでスタッフのキャリア形成も可能となり、モチベーション向上にも繋げることができる。人材配置についても多様な人材と多様な職場を組み合わせることができるため、適材適所を意識しての最適配置が可能となる。

　第２のメリットは、多地域で展開することにより多くのノウハウ及び手法を蓄積できるため、事業展開を計画する際に最適な方法を選択できるようになることである。障害福祉サービス事業は、厚生労働省令により人的及び設備的の設置及び運営基準が定められている。しかし実際には、地方自治体がその基準の解

釈を行っており、その運用は一様ではなく各地域によって異なる。例えば、同一
法人が運営するグループホームと生活介護事業所が近接していることを認めな
い地方自治体もあるが、実質的に同一建物内でも認める地方自治体もある。そし
て、こうした解釈の違いから非合理的にも見える運用が行われ、結果として利用
する知的障害者が不利益を被っていることも少なくない。しかし、こうした運用
に合理的説明ができる地方自治体は少なく、単に前例踏襲であること及び担当
者が短期間で異動するためノウハウが蓄積・追加されていないことが多い。本プ
ロジェクトは多地域で展開することにより多くのノウハウ及び手法を蓄積し、
展開する地方自治体にもその情報を提供することで、効果的及び効率的な障害
福祉サービスを提供し、利用する知的障害者の利益を最大化することができる
と考える。

　第3のメリットは、多地域で展開することによりリスクを分散できることで
ある。事前に精査して展開地域を選定するとはいえ、進出地域から連携企業が撤
退する、災害発生等により事業所運営ができなくなってしまうといったリスク
は常に想定される。しかし、多地域で展開することにより、こうしたリスクを分
散し低減させることができる。特に近年、自然災害が増大していることから、こ
のメリットは小さくないと考える。

4.3　3事業の相乗効果

　本プロジェクトの 3 事業は全て知的障害者の就労に焦点を当てており、単体
で行うことでも十分な意義はある。しかし、この3事業がそろうことにより、就
学期、就労期、就労能力低下期と知的障害者の生涯の多くの部分を連続的に一貫
して成立させることができる。また、本プロジェクトの放課後等デイサービスを
利用する知的障害者が増加することで、働く知的障害者の一層の増加が期待で
きる。さらに、グループホーム及び生活介護事業所を利用する知的障害者が増加
することで、より長期間に渡って働いて収入を得ることができ、納税者にもなる。
その相乗効果の結果として、社会保障費削減及び納税額増という社会的視点で
のリターンも期待できる。

　連携企業側は、知的障害者を安定した労働力として安心して受け入れること
ができるというメリットが大きい。まず、働くということを就学時から意識した

知的障害者を雇用することができる。次に、これまで家族のサポートを失うと就労能力低下が大きかったが、企業連携のできるグループホームが「親なき後」の生活サポートを行うことで就労能力低下を抑えることができる。加えて、就労能力低下後にも受け皿が用意されることにより障害者雇用に積極的であり続けることができる。これらは3事業がもたらす相乗効果である。

　何より知的障害者本人は働くことを通して、金銭的報酬のみならず社会参加による心理的報酬も得ることができる。グループホーム入居により自立生活も可能となり、就労能力低下後にも役割が用意されることで、自分が必要とされる存在であるとの誇りを持ち続けることができる。

　最後に、家族、とりわけ親は、知的障害者本人が社会参加し続けることのできる支援を生活面でも得られることにより普通に老いることが可能になる。知的障害者の「親なき後」問題とは、親が亡くなってから始まるのではなく、彼らが老いていく過程の問題である。知的障害者の親であることに多くを費やしてきた彼らが、「誰にはばかることなく老い病み衰えていけること、そして残り少なくなった人生の時間を、それぞれに本来の『私』に戻って、のびのびと自由に、やりたかったこと、やりたいことを楽しみながら生きていけること」ができるのである[31]。

4.4　プロジェクトの課題
4.4.1　組織の大型化に伴う課題

　最も大きな課題は、本プロジェクトが多地域で展開することにより組織が大型化するにつれ、理念共有が不十分になる、また、当事者意識が失われるといったいわゆる「大企業病」となってしまうことである。これは障害福祉サービス事業者に限らず、あらゆる組織に起こり得る問題である。

　この対策は一つではない。特効薬はないが、情報共有がなされていないこと及び視野が狭くなってしまっていることは「大企業病」の大きな症状と考えられ、特に対策が必要である。

　そもそも情報共有がなされていなければ理念共有もできないが、この原因と

---

[31] 児玉（2020）p.192。

してはスタッフの質よりも、必要な情報が与えられていないこと及び情報共有する仕組みがないこと等のほうが問題と考える。したがって、有効な対策としては、経営情報及び戦略についてのマネジメントからの情報発信、情報共有のためのツール活用及び全スタッフを対象としたオンラインミーティング実施等が考えられる。

　また、視野が狭くなっている理由は、自分の仕事だけをこなせばよい仕組みとなってしまっているからと考えられる。したがって、連携企業を含む外部との交流機会の創出により多様な視点の存在を理解し、他地域との人材交流で自らの事業所のあり方を相対化し、多様性人材の雇用促進により多様な価値観を理解することが必要と考える。自分たち以外の視点が欠けていると、福祉の論理や事業所の都合を優先することを当然と捉えるようになる。残念ながら、既存の社会福祉法人を中心とする障害福祉サービス事業者にはこうした者が少なくない。これでは知的障害者が就労する企業との連携は不可能であり、結果として知的障害者が不利益を被ることにも繋がる。

4.4.2　人材確保

　本プロジェクトを展開するためには人材確保面での課題がある。一般的な人手不足といったことに加え、サービス管理責任者という人材が希少であるため、必要人材の確保がより困難となっている。障害福祉サービスは配置人員の資格要件が厚生労働省令により定められており、サービス管理責任者はほぼすべての事業について1事業所あたり1名の配置が必要とされている。つまり、本プロジェクトの場合、地域ごと及び3事業ごとに配置が必要とされる。

　この課題に対しては、現在事業を行っている事業所において育成するほか、本プロジェクトの意義を広報することで、既存の障害福祉サービス事業に課題を感じている人材を呼び込むこととしたい。こうした人材は情報感度が高く、障害福祉サービス関係者向けのセミナー等に積極的に出席する傾向があることから、こうしたセミナー等への露出も増やしていく。従来こうしたセミナー等は対面での開催が主流であったが、コロナ禍以降オンライン化が進んだことで参加が容易になっていることも追い風と言える。

4.4.3　制度変更リスク

　本プロジェクトの多くは、現在の障害福祉サービス制度に則って事業構築している。したがって、将来的に障害福祉サービス制度自体が変更された場合には影響を受けることが避けられない。つまり、根拠とする障害者総合支援法及びこれに関する法令の制定・改廃等、ならびに厚生労働省通達の内容変更があった場合には業績に影響を受けることが考えられる。例えば、以前にも、知的障害者の入居施設への終生入居から地域で生活するグループホームへの施策の転換があった。こうした変更・転換はこれからもあり得るが、知的障害者の地域生活及び就労による社会参加推進は世界的な潮流であり、前進することはあっても後退することは考えにくい。本プロジェクトは前進のための変更・転換を歓迎する立場であるので、制度変更等への対応を常に行う必要がある。

　また、本プロジェクトの多くは国及び地方自治体から支払われる障害福祉サービス費を収入の柱としている。この報酬額は厚生労働省によって定められており、構造としては同省が管轄する医療及び介護保険サービスと同様である。この報酬改定は3年に1度の頻度で行われており、事業へ与える影響は大きい。障害福祉サービス関係予算額は1兆6,347億円（2020年度）であり、医療給付費（約40兆円）及び介護給付費（約10兆円）と比較すると予算規模は小さいものの、国の財政状況を勘案すると報酬が引き下げられる可能性は小さくないと考えられる[32]。障害福祉サービス制度に依らない事業育成も重要であり、放課後等デイサービス事業における「就労する知的障害者の動画コンテンツ」提供及び生活介護事業における収益性の高い事業構築に取り組むが、それだけでは本プロジェクトの成立は非常に困難である。そもそも障害福祉サービス事業が、福祉としてだけではなく経済的視点からも必要かつ有用な事業であることを広く周知することが不可欠であると考える。障害福祉サービス事業は、福祉の側面もあるが、経済的にも多くのものを創出している。例えば、ある障害者が本プロジェクトの放課後等デイサービスにより就職に繋がれば、本人が社会参加できたとの充実感を持つことができる。これは福祉の側面である。しかし、もたらされる効果はこれだけではない。この知的障害者が無職または最低生活費を下回る状

---

[32] 厚生労働省（2020c）p. 4。

態であれば生活保護受給が考えられるが、働くことにより自分で生活費を稼ぐことができればこの生活保護費を削減することができる。また、社会保険料収入も増加し、一定以上の収入があれば税収増加にもつながる。さらに、グループホームによる就労の維持、生活介護事業における一定以上の収入を確保した福祉的就労への移行によりこうした状態が継続される。つまり、得られる社会的リターンは「障害福祉サービス事業の生み出す経済的価値＝削減した生活保護費＋社会保険料増加額＋税収増加額」と表すことができる。

　上記の社会的リターンは本プロジェクトの障害福祉サービス事業が存在しなければ生み出されなかった経済的価値であり、これを最大化することが本プロジェクトに課せられた使命であると考える。障害福祉サービス事業というと、「社会的に良いことを行っている」という福祉面だけで語られることが多いが、それだけでは今後予測される報酬引き下げに対抗することは難しい。この経済的価値をより広く周知する必要があると考える。

4.4.4　終の棲家としての課題

　本プロジェクトのグループホームは「親なき後」の生活面を支援するものだが、現在のあり方では医療的ケアを必要とされる段階を迎える知的障害者が住み続けることはできない。たんの吸引及び経管栄養等の一部以外の医療的ケアを行う場合には看護職員等の配置が必要だが、本プロジェクトでは基本的に配置を考えていない。その理由は、現在の障害福祉サービス制度では、グループホームに医療的ケアを行える看護職員を常駐させることは求められておらず、常駐させたとしてもその人件費を賄うだけの障害福祉サービス費は設定されていないからである。現在運営中のグループホームの入居者及び今後展開する地域の入居予定者には、現在のところ医療的ケアを必要とする者は現時点ではいないが、今後加齢等による状態変化により必要となることも考えられる。

　こうした事態が生じた場合に対応するため、引退看護師の確保、訪問看護ステーションまたは看護小規模多機能型居宅介護事業者の誘致等の方法を研究する。また、障害福祉サービス制度の変更等により制度内で対応可能となることも想定されるので、その動向についても情報入手に努める。

　いずれにせよ、本プロジェクトのグループホームが本当の意味での「親なき後」

の生活支援であるためには、医療的ケアは取り組まなければならない課題である[33]。継続可能な事業構築を目指し、必ず実現しなければならないと考える。

---

[33] 植田（2011）pp. 154-156。

終章　〜プロジェクトの将来〜

5.1　他地域への展開

　本プロジェクトは当面、第 1 期展開地域を中心に活動するが、それ以外の地域においても同様の課題を抱えることが多いので、それ以外の地域においても展開することを考える。本プロジェクトは、知的障害者が働いて生きていくことに対し、スタッフ全員が理念を共有し、就労の実態把握、職場連携の具体的方法の実践、就労困難となった場合の対処に当たる点に特色がある。こうした特色ある事業を需要のある他地域に展開するためには、その特色を理解・体得した人材による直営での展開が最善と考える。現在、ネットワーク会会員企業にも興味を示す企業が複数あり、福山市で展開している事業に対して地方自治体からの視察の問い合わせも受けている。事業展開にあたっては精査が必要となるが、将来的な多地域展開に向けて事業を加速していきたい。

　もっとも、資金及び人材面等の制約から事業拡大スピードは遅くなりがちであり、需要を的確に満たすことは難しい。例えば、グループホーム開設のためには、当然のことながら不動産を確保する必要がある。そのためには、大別して、①自前で不動産を取得する、②不動産所有者から賃貸する、③公設民営とする、という手法が考えられる。①は最もスピーディーに展開できるが、財務面の理由によりあまり多くの件数を展開できない。②については、そうした不動産所有者を見つけることが容易ではなく、消防法等の規制から既存建物の活用ではなく、新築を要する場合が多い。この場合、不動産所有者が経済的負担に耐えられる必要がある。ただ、グループホームは賃貸住宅であり、不動産所有者の相続税節税効果が期待できることから、積水ハウス等の不動産業者が不動産所有者への営業活動を活発化させており、今後拡大することが期待できる。③については地方自治体の財政面のハードルが大きい。こうしたことから、各地域の他組織と理念及び手法を共有することにより緊密な連携を構築することで、よりスピーディーに事業拡大を図り、需要を満たすことも視野に入れる。

　また、本プロジェクトは地域の社会保障費削減に繋がることから、企業よりも地方自治体が興味を持つことも考えられる。この場合、その地域に知的障害者多数雇用企業が存在しなかったり、あるいは地域が知的障害者雇用に消極的であ

ったりすることも考えられる。こうした場合には、ネットワーク会を中心にその地域の企業に対する啓発活動にも取り組みたい。重度知的障害者も含む知的障害者が、業務遂行上十分な戦力となることは、ネットワーク会のこれまでの取り組みによって明らかである。しかも、知的障害者、家族及びその関係者は、雇用する企業のファンとなり、企業イメージ向上から顧客の購買行動にも好影響が生じることも期待できる。つまり、人手不足解消だけではなく業績向上にも有用と考えられる。

5.2　事業展開した地域での深化

　多地域展開だけではなく事業展開した地域における深化も図りたい。現在事業を運営している地域及び検討中の地域においては、本プロジェクトの 3 事業にとどまらず知的障害者をサポートする仕組みが求められている事実がある。その種類は、既存の障害福祉サービス制度に存在するものから、制度に存在しないものまで多様である。こうした需要に対し、継続可能なモデルを検討し、作り上げることも将来的には本プロジェクトの射程と考える。

　例えば、第 1 期として展開する高知県高知市及び南国市においては、知的障害者多数雇用企業として連携企業であるエフピコダックスは存在するものの、全体的には知的障害者雇用に取り組む企業は少ないと筆者は感じた。また、地方自治体、知的障害者及び家族へのインタビューを実施した際にも、当該地域では働く場を求める知的障害者数に対して正社員待遇をする企業が少ないとの意見がやはり多かった。こうした状況は、高知県内の就労継続支援A型事業所の平均月額賃金が 86,306 円であり、最低賃金額で除した勤務時間数が厚生年金及び健康保険の加入要件である週 30 時間以上労働を下回っていることからも推測される[34]。このような状況ではあるものの、地元企業及び農業協同組合との意見交換を実施したところ、知的障害者雇用に興味を示す事業者も存在することが解ったので、筆者は人手不足解消を急務と考える地元流通業者等の 3 事業者と連携し、就労継続支援A型事業所開設を目指すこととなった。具体的には、本プロジェクトが事業主体となって就労継続支援A型事業所を開設し、エフピコダック

---

[34] 高知県（2019）p. 1。

スをはじめとするネットワーク会会員企業のノウハウを生かして知的障害者を労働力として育成し、地元事業者にその人材を紹介するという形式である。こうしたシステムの構築により地域の障害者就労が進むことで、本プロジェクトの事業も一層必要とされるようになり、結果として地域の社会保障費削減にも繋がると考える。また、同様のシステムを知的障害者雇用に消極的な企業が多い地域にも展開することで、知的障害者雇用による社会保障費削減がさらに進むと期待できる。

　また、北海道河西郡芽室町においては、公共交通機関が充実していないことから、生活には自動車利用が必須と言える。しかし、知的障害者は運転免許取得が困難であり、これが一般就労する際のハードルとなっている。町内に事業所を置く就労継続支援Ａ型事業所「九神ファームめむろ」では常時 20 人程度の知的障害者が在籍し、これまでに 6 人が町内企業に就職を果たしている。現在在籍する知的障害者にも育成が充分で、企業に就職できるレベルとなっている者は存在し、マッチングを希望する企業も存在するが、通勤手段がないために就職が実現していないケースが少なくない。企業に在籍する知的障害者等が一定数以上存在すれば独自に通勤バス等を運行することができるが、少数雇用現場の場合には困難である。一方で、企業に就職した知的障害者が職場での困りごとを相談できず、周囲もその兆候を発見できず退職してしまうケースも発生してきたとのことである。こうしたことから、少数雇用現場等への通勤支援について芽室町と協議を行っている。具体的には、10 人定員の自動車で知的障害者を少数雇用現場へ送迎し、運転手兼支援者が毎日の様子を観察し、必要に応じて困りごと相談等を行い、企業と知的障害者との橋渡しを行うというものである。この支援は障害福祉サービス制度にはないため、ここからの収入はない。加えて、利用する企業及び知的障害者から一定額の利用料金を徴収しても採算ベースには乗らないことから、芽室町の補助が必要な事業であると考えている。実施には解決すべき課題があるが、筆者及び芽室町はこの事業により知的障害者雇用が定着して得られるリターンはコストを上回るのではないかと予測している。この少数雇用現場への通勤支援については、2021 年度を事業構築のための検討期間として位置づけ、2022 年度以降の開始を目指している。この取組についても、同様に通勤手段に困る地域は多いと考えられるため、将来的には他地域への展開も視

野に入れることが可能となる。

　上述の事例は現在までに明らかになったことに過ぎず、まだ把握しきれていないニーズはこれから現れると考えている。事業範囲を広げすぎることで注力すべき 3 つの中核事業への取り組みが疎かになることはあってはならないが、相乗効果により事業スピードを加速するものであれば検討していきたいと考える。

　筆者の取り組みが知的障害者就労の一層の促進、その結果としての社会的リターン増大による社会保障費削減に繋がれば、本プロジェクトの持つ意義はより大きくなると考える。

《参考文献及び参考 URL》

安達巧（2020）『不正会計とわが国の投資家保護』ふくろう出版。

伊藤真子・竹内康二（2019）「放課後等デイサービスの意義と課題－職員と専門家の相談内容の分析・職員への質問紙を通して－」『明星大学心理学年報』37号。

植田章（2016）「知的障害者の加齢変化の特徴と支援課題についての検討」『福祉教育開発センター紀要』13号。

植田章（2011）『知的障害者の加齢と福祉実践の課題』高菅出版。

川向雅弘（2015）「『親亡き後』の障害者の生活支援に関する考察」『聖隷クリストファー大学社会福祉学部紀要』No.13。

河村真千子（2012）『きょうだいの文化的・生活実態調査（日本）の報告』東京大学大学院経済学研究科 READ。

企業による障がい者雇用連携ネットワーク会（2017）『働いて生きていきたい障がい者のための生活支援について、彼らが望むグループホームの在り方』。

公益財団法人日本知的障害者福祉協会日中活動支援部会（2020年）『平成30年度生活介護事業所（通所型）実態調査報告』。

公共経営・社会戦略研究所（2015）『エフピコ・クックチャム・北海道芽室町・九神ファームめむろ協働による障碍者雇用創出事業社会的インパクト評価レポート』。

厚生労働省（2015）『放課後等デイサービスガイドライン』。

厚生労働省（2019a）『平成30年度工賃（賃金）の実績について』。

厚生労働省（2019b）『令和元年 障害者雇用状況の集計結果』。

厚生労働省（2020a）『共同生活援助（介護サービス包括型・外部サービス利用型・日中サービス支援型）に係る報酬・基準について』。

厚生労働省（2020b）『令和元年障害福祉サービス等経営概況調査の結果』。

厚生労働省（2020c）『障害福祉分野の最近の動向』。

高知県（2019）『平成30年度就労継続支援（A型・B型）事業所の平均工賃（賃金）月額等』。

児玉真美（2020）『私たちはふつうに老いることができない 高齢化する障害者家族』大月書店。

澤田康幸・上田路子・松林哲也『自殺のない社会へ－経済学・政治学からのエビデンスに基づくアプローチ』有斐閣。

社会保険研究所（2019）『障害者福祉ガイド 2019』。

竹端寛（2003）「スウェーデンではノーマライゼーションがどこまで浸透したか？」『平成15年度厚生労働科学研究障害保健福祉総合研究推進事業日本人研究者派遣報告書』。
https://www.dinf.ne.jp/doc/japanese/resource/other/takebata.html

独立行政法人高齢・障害者雇用支援機構（2010）『障害者の加齢・高齢化に対応した継続雇用の在り方に関する調査研究』。

内閣府（2013）『平成25年版 障害者白書』。

内閣府（2020）『令和2年版　障害者白書』。

中島隆信（2018）『新版　障害者の経済学』東洋経済新報社。

永野仁美（2014）「障害者雇用政策の動向と課題」『日本労働研究雑誌』2014年5月号。

西川正人（2010）「知的障害者福祉におけるノーマライゼーションとQOL」『桃山学院大学社会学論集』第44巻第1号。

西村万里子（2016）「社会的インパクト評価の役割と課題 —SROI（社会的投資収益率）評価による社会的価値の可視化」『明治学院大学法学研究』101（下巻）。

日本障害者雇用促進協会障害者職業総合センター（2001）『障害者の加齢に伴う職業能力の変化に関する実態調査報告書』。

日本年金機構（2020）『障害基礎年金の受給要件・支給開始時期・計算方法』。https://www.nenkin.go.jp/service/jukyu/shougainenkin/jukyu-yoken/20150514.html

広島県教育委員会（2018a）『特別支援学校における技能検定の実施状況等について』。

広島県教育委員会（2018b）『平成29年度特別支援学校高等部第3学年進路状況（全体）』。

三菱UFJリサーチ＆コンサルティング（2016）『社会的インパクト評価に関する調査研究最終報告書』。https://www.npo-homepage.go.jp/uploads/social-impact-hyouka-chousa-all.pdf

山根節・太田康広・村上裕太郎『ビジネス・アカウンティング〈第4版〉』中央経済社。

山本佳代子（2015）「障害のある子どもの放課後活動における制度化の展開」『西南女学院大学紀要』19巻。

吉田行郷・里見喜久夫（2020）『農福連携が農業と地域をおもしろくする』コトノネ生活。

渡部伸（2019）『障害のある子が将来にわたって受けられるサービスのすべて』自由国民社。

Gregory Dees, Beth Battle Anderson, and Jane Wei-Skillern (2004) Scaling Social Impact Strategies for spreading social innovations. *Stanford Social Innovation Review* Spring 2004. https://ssir.org/images/articles/2004SP_feature_dees.pdf

別表1　グループホーム事業年間収支

	4月 計画	5月 計画	6月 計画	7月 計画	8月 計画	9月 計画	10月 計画	11月 計画	12月 計画	1月 計画	2月 計画	3月 計画	合計 計画
【販売上高】	4,290,360	4,290,360	4,290,360	4,379,172	4,112,736	4,290,360	4,379,172	4,290,360	4,201,548	4,201,548	4,112,736	4,379,172	51,217,884
利用料売上（処遇,家事費,収入）	705,000	705,000	705,000	705,000	648,000	705,000	705,000	705,000	648,000	648,000	648,000	705,000	8,460,000
家賃収入	648,000	648,000	648,000	648,000	648,000	648,000	648,000	648,000	648,000	648,000	648,000	648,000	7,776,000
障害福祉サービス費	2,864,960	2,864,960	2,864,960	2,753,172	2,496,736	2,864,960	2,753,172	2,864,960	2,575,548	2,575,548	2,496,736	2,753,172	31,708,894
処遇改善加算	218,000	218,000	218,000	218,000	218,000	218,000	218,000	218,000	218,000	218,000	218,000	218,000	2,616,000
特定処遇改善加算	53,000	53,000	53,000	53,000	53,000	53,000	53,000	53,000	53,000	53,000	53,000	53,000	636,000
その他	2,000	2,000	2,000	2,000	2,000	2,000	2,000	2,000	2,000	2,000	2,000	2,000	24,000
【売上原価】	3,656,000	3,656,000	3,656,000	3,656,000	3,656,000	3,716,000	3,656,000	3,656,000	3,656,000	3,656,000	3,656,000	3,716,000	43,992,000
材料費	450,000	450,000	450,000	450,000	450,000	450,000	450,000	450,000	450,000	450,000	450,000	450,000	5,400,000
人件費（ケース管理者等）（管理者）	370,000	370,000	370,000	370,000	370,000	370,000	370,000	370,000	370,000	370,000	370,000	370,000	5,860,000
人件費（世話人）	810,000	810,000	810,000	810,000	810,000	810,000	810,000	810,000	810,000	810,000	810,000	810,000	6,120,000
人件費（生活支援員）	480,000	480,000	480,000	480,000	480,000	480,000	480,000	480,000	480,000	480,000	480,000	480,000	5,760,000
人件費（夜勤相当分）	290,000	290,000	290,000	290,000	290,000	290,000	290,000	290,000	290,000	290,000	290,000	290,000	3,120,000
非常勤交通費	83,000	83,000	83,000	83,000	83,000	83,000	83,000	83,000	83,000	83,000	83,000	83,000	1,008,000
法定福利費	282,000	282,000	282,000	282,000	282,000	282,000	282,000	282,000	282,000	282,000	282,000	282,000	3,364,000
処遇改善賞与	218,000	218,000	218,000	218,000	218,000	218,000	218,000	218,000	218,000	218,000	218,000	218,000	2,616,000
特定処遇改善賞与	53,000	53,000	53,000	53,000	53,000	53,000	53,000	53,000	53,000	53,000	53,000	53,000	636,000
光熱水費	255,000	255,000	255,000	255,000	255,000	255,000	255,000	255,000	255,000	255,000	255,000	255,000	858,000
地代家賃	360,000	360,000	360,000	360,000	360,000	360,000	360,000	360,000	360,000	360,000	360,000	360,000	3,990,000
施設維持管理費													4,320,000
車両費	40,000	40,000	40,000	40,000	40,000	40,000	40,000	40,000	40,000	40,000	40,000	40,000	120,000
雑給	20,000	20,000	20,000	20,000	20,000	20,000	20,000	20,000	20,000	20,000	20,000	20,000	480,000
【売上総利益】	634,360	634,360	634,360	723,172	456,736	574,360	723,172	634,360	545,548	545,548	456,736	663,172	7,225,894
【販売費及び一般管理費】	390,500	390,500	390,500	390,500	390,500	490,500	390,500	390,500	390,500	390,500	390,500	390,500	4,991,000
広告宣伝費	5,000	5,000	5,000	5,000	5,000	5,000	5,000	5,000	5,000	5,000	5,000	5,000	60,000
人件費（事務職員）	80,000	80,000	80,000	80,000	80,000	80,000	80,000	80,000	80,000	80,000	80,000	80,000	960,000
消耗品費	20,000	20,000	20,000	20,000	20,000	20,000	20,000	20,000	20,000	20,000	20,000	20,000	240,000
租税公課	10,000	10,000	10,000	10,000	10,000	10,000	10,000	10,000	10,000	10,000	10,000	10,000	120,000
旅費交通費	60,000	60,000	60,000	60,000	60,000	60,000	60,000	60,000	60,000	60,000	60,000	60,000	720,000
通信費	55,000	55,000	55,000	55,000	55,000	55,000	55,000	55,000	55,000	55,000	55,000	55,000	665,000
接待交際費	10,000	10,000	10,000	10,000	10,000	10,000	10,000	10,000	10,000	10,000	10,000	10,000	120,000
会議費	10,000	10,000	10,000	10,000	10,000	10,000	10,000	10,000	10,000	10,000	10,000	10,000	120,000
研修費	20,000	20,000	20,000	20,000	20,000	20,000	20,000	20,000	20,000	20,000	20,000	20,000	240,000
支払手数料	62,900	62,900	62,900	62,900	62,900	62,900	62,900	62,900	62,900	62,900	62,500	62,500	770,000
事務所光熱水費	45,000	45,000	45,000	45,000	45,000	45,000	45,000	45,000	45,000	45,000	45,000	45,000	540,000
保険料	5,000	5,000	5,000	5,000	5,000	5,000	5,000	5,000	5,000	5,000	5,000	5,000	60,000
リース料（複合機等）	200,000					1,000							990,000
【営業利益】	12,000	12,000	12,000	12,000	12,000	12,000	12,000	12,000	12,000	12,000	10,000	13,000	150,000
特定求職者雇用開発助成金	38,860	243,860	243,860	332,672	66,236	83,860	332,672	243,860	155,048	155,048	66,236	272,672	2,234,894
障害者雇用調整金													
雑収入													
【営業外費用】	0	0	0	0	0	0	0	0	0	0	0	0	0
支払利息													
雑損失													
【経常利益】	38,860	243,860	243,860	332,672	66,236	83,860	332,672	243,860	155,048	155,048	66,236	272,672	2,234,894
【特別利益】													
【特別損失】													
【税引前当期純利益/純損失】	38,860	243,860	243,860	332,672	66,236	83,860	332,672	243,860	155,048	155,048	66,236	272,672	2,234,894

別表2 放課後等デイサービス事業年間収支

	4月 計画	5月 計画	6月 計画	7月 計画	8月 計画	9月 計画	10月 計画	11月 計画	12月 計画	1月 計画	2月 計画	3月 計画	合計 計
【純売上高】	2,190,280	2,365,425	2,190,280	2,440,280	2,698,505	2,190,280	2,190,280	2,190,280	2,255,140	2,024,570	2,128,640	2,410,850	27,278,810
最優福祉サービス費（給付費）	1,917,280	2,092,425	1,917,280	2,175,205	2,415,565	1,917,280	1,917,280	1,917,280	1,982,140	1,785,570	1,955,540	2,137,020	22,996,210
処遇改善加算	218,000	218,000	218,000	218,000	218,000	218,000	218,000	218,000	218,000	218,000	218,000	218,000	2,618,000
特定処遇改善加算	51,000	51,000	51,000	51,000	51,000	51,000	51,000	51,000	51,000	51,000	51,000	51,000	616,000
その他	2,000	2,000	2,000	2,000	2,000	2,000	2,000	2,000	2,000	2,000	2,000	4,000	48,000
【売上原価】	1,747,300	1,747,300	1,747,300	1,747,300	1,747,300	1,747,300	1,747,300	1,747,300	1,747,300	1,747,300	1,747,300	1,807,300	21,087,600
人件費（ケース管理責任者）（常勤）	300,000	300,000	300,000	300,000	300,000	300,000	300,000	300,000	300,000	300,000	300,000	300,000	3,660,700
人件費（児童支援員・常勤）	400,000	400,000	400,000	400,000	400,000	400,000	400,000	400,000	400,000	400,000	400,000	400,000	4,800,000
人件費（児童支援員・パート）	318,860	318,860	318,860	318,860	318,860	318,860	318,860	318,860	318,860	318,860	318,860	318,860	3,871,800
非課税交通費	70,000	70,000	70,000	70,000	70,000	70,000	70,000	70,000	70,000	70,000	70,000	70,000	840,000
法定福利費	109,500	109,500	109,500	109,500	109,500	109,500	109,500	109,500	109,500	109,500	109,500	109,500	1,314,000
処遇改善費賞与	218,000	218,000	218,000	218,000	218,000	218,000	218,000	218,000	218,000	218,000	218,000	218,000	2,618,000
特定処遇改善賞与	51,000	51,000	51,000	51,000	51,000	51,000	51,000	51,000	51,000	51,000	51,000	51,000	616,000
光熱水費	30,000	30,000	30,000	30,000	30,000	30,000	30,000	30,000	30,000	30,000	30,000	30,000	360,000
地代家賃	110,000	110,000	110,000	110,000	110,000	110,000	110,000	110,000	110,000	110,000	110,000	110,000	1,320,000
施設維持管理費	10,000	10,000	10,000	10,000	10,000	10,000	10,000	10,000	10,000	10,000	10,000	60,000	120,000
車両費	80,000	80,000	80,000	80,000	80,000	80,000	80,000	80,000	80,000	80,000	80,000	80,000	960,000
燃料費	90,000	90,000	90,000	90,000	90,000	90,000	90,000	90,000	90,000	90,000	90,000	70,000	985,000
【販売費及び一般管理費】	442,980	618,125	442,980	695,980	509,205	382,980	442,980	442,980	507,840	287,270	381,340	603,550	6,188,210
広告宣伝費	247,000	247,000	247,000	247,000	247,000	247,000	247,000	247,000	247,000	247,000	247,000	247,000	3,164,000
人件費（事務職員）	40,000	40,000	40,000	40,000	40,000	40,000	40,000	40,000	40,000	40,000	40,000	40,000	480,000
消耗品費	8,000	8,000	50,000	50,000	50,000	50,000	50,000	50,000	50,000	50,000	50,000	50,000	860,000
修繕費	10,000	10,000	10,000	10,000	10,000	10,000	10,000	10,000	10,000	10,000	10,000	10,000	120,000
接待交際費	10,000	10,000	10,000	10,000	10,000	10,000	10,000	10,000	10,000	10,000	10,000	10,000	120,000
通信費	24,000	24,000	24,000	24,000	24,000	24,000	24,000	24,000	24,000	24,000	24,000	24,000	298,000
接待交際費	5,000	5,000	5,000	5,000	5,000	5,000	5,000	5,000	5,000	5,000	5,000	5,000	96,000
会議費	5,000	5,000	5,000	5,000	5,000	5,000	5,000	5,000	5,000	5,000	5,000	5,000	60,000
研修費	20,000	20,000	20,000	20,000	20,000	20,000	20,000	20,000	20,000	20,000	20,000	20,000	240,000
支払販売費	40,000	40,000	40,000	40,000	40,000	40,000	40,000	40,000	40,000	40,000	40,000	40,000	480,000
手数料	20,000	20,000	20,000	20,000	20,000	20,000	20,000	20,000	20,000	20,000	20,000	20,000	240,000
事務所光熱水費	5,000	5,000	5,000	5,000	5,000	5,000	5,000	5,000	5,000	5,000	5,000	5,000	60,000
保険料	200,000												200,000
リース料（複合機等）	13,000	13,000	13,000	13,000	13,000	13,000	13,000	13,000	13,000	13,000	13,000	13,000	158,060
【営業外収益】（営業利益）	-4,000	371,125	195,980	448,980	692,205	135,980	195,980	195,980	260,840	40,270	134,340	356,550	3,024,210
特定求職者雇用開発助成金	0	0	0	0	0	0	0	0	0	0	0	0	0
障害者雇用納付金													
雑収入													
【営業外費用】													
支払利息													
雑損失													
【特別利益】	-4,000	371,125	195,980	448,980	692,205	135,980	195,980	195,980	260,840	40,270	134,340	356,550	3,024,210
【特別損失】													
【税引前当期純利益】	-4,000	371,125	195,980	448,980	692,205	135,980	195,980	195,980	260,840	40,270	134,340	356,550	3,024,210

別表3　生活介護事業年間収支

	4月	5月	6月	7月	8月	9月	10月	11月	12月	1月	2月	3月	合計
	計画	計画	計画	計画	計画	計画	計画	計画	計画	計画	計画	計画	計画
【純売上高】	4,830,976	5,723,658	6,175,131	6,056,791	5,786,020	5,701,771	6,056,791	6,056,791	5,250,298	5,099,807	5,519,129	6,175,131	68,432,294
受託業務売上A	2,130,120	2,721,820	2,721,820	2,803,480	2,483,200	2,248,480	2,803,480	2,803,480	2,248,480	2,248,480	2,366,800	2,721,820	29,701,400
受託業務売上B	20,000	20,000	20,000	20,000	20,000	20,000	20,000	20,000	20,000	20,000	20,000	20,000	240,000
障害福祉サービス費	2,407,856	2,708,838	3,160,311	3,160,311	3,009,820	3,160,311	3,160,311	3,160,311	2,708,838	2,558,347	2,859,329	3,160,311	35,214,894
処遇改善加算	218,000	218,000	218,000	218,000	218,000	218,000	218,000	218,000	218,000	218,000	218,000	218,000	2,616,000
特定処遇改善加算	53,000	53,000	53,000	53,000	53,000	53,000	53,000	53,000	53,000	53,000	53,000	53,000	636,000
その他	2,000	2,000	2,000	2,000	2,000	2,000	2,000	2,000	2,000	2,000	2,000	2,000	24,000
(売上原価)	4,931,560	5,227,410	5,127,410	5,168,240	5,008,100	5,050,730	5,068,240	5,168,240	4,890,730	4,990,730	4,949,900	5,287,410	60,868,700
原材料費	1,065,060	1,360,910	1,360,910	1,301,740	1,241,600	1,124,230	1,301,740	1,301,740	1,124,230	1,124,230	1,183,400	1,360,910	14,850,700
外注費	34,000	34,000	34,000	34,000	34,000	34,000	34,000	34,000	34,000	34,000	34,000	34,000	408,000
人件費（サービス管理責任者）（管理者）	330,000	330,000	330,000	330,000	330,000	330,000	330,000	330,000	330,000	330,000	330,000	330,000	3,960,000
人件費（生活支援員）	1,180,000	1,180,000	1,180,000	1,180,000	1,180,000	1,180,000	1,180,000	1,180,000	1,180,000	1,180,000	1,180,000	1,180,000	14,160,000
人件費（看護職員）	15,000	15,000	15,000	15,000	15,000	15,000	15,000	15,000	15,000	15,000	15,000	15,000	180,000
非課税交通費	70,000	70,000	70,000	70,000	70,000	70,000	70,000	70,000	70,000	70,000	70,000	70,000	840,000
法定福利費	226,500	226,500	226,500	226,500	226,500	226,500	226,500	226,500	226,500	226,500	226,500	226,500	2,718,000
処遇改善賞与	218,000	218,000	218,000	218,000	218,000	218,000	218,000	218,000	218,000	218,000	218,000	218,000	2,616,000
特定処遇改善賞与	53,000	53,000	53,000	53,000	53,000	53,000	53,000	53,000	53,000	53,000	53,000	53,000	636,000
工賃（生活介護利用者）	1,020,000	1,020,000	1,020,000	1,020,000	1,020,000	1,020,000	1,020,000	1,020,000	1,020,000	1,020,000	1,020,000	1,020,000	12,240,000
嘱託医	100,000												100,000
光熱水費	130,000	230,000	130,000	230,000	130,000	230,000	130,000	230,000	130,000	230,000	130,000	230,000	2,160,000
地代家賃	320,000	320,000	320,000	320,000	320,000	320,000	320,000	320,000	320,000	320,000	320,000	320,000	3,840,000
施設維持管理費						60,000						60,000	120,000
車両費	50,000	50,000	50,000	50,000	50,000	50,000	50,000	50,000	50,000	50,000	50,000	50,000	600,000
燃料費	120,000	120,000	120,000	120,000	120,000	120,000	120,000	120,000	120,000	120,000	120,000	120,000	1,440,000
【売上総利益】	-100,584	496,248	1,047,721	888,551	777,920	651,041	988,551	888,551	359,568	109,077	569,229	887,721	7,563,594
(販売費及び一般管理費)	642,000	242,000	242,000	242,000	242,000	242,000	242,000	242,000	242,000	242,000	242,000	242,000	3,304,000
広告宣伝費	5,000	5,000	5,000	5,000	5,000	5,000	5,000	5,000	5,000	5,000	5,000	5,000	60,000
人件費（事務職員）	40,000	40,000	40,000	40,000	40,000	40,000	40,000	40,000	40,000	40,000	40,000	40,000	480,000
消耗品費	30,000	30,000	30,000	30,000	30,000	30,000	30,000	30,000	30,000	30,000	30,000	30,000	360,000
修繕費	10,000	10,000	10,000	10,000	10,000	10,000	10,000	10,000	10,000	10,000	10,000	10,000	120,000
旅費交通費	10,000	10,000	10,000	10,000	10,000	10,000	10,000	10,000	10,000	10,000	10,000	10,000	120,000
通信費	24,000	24,000	24,000	24,000	24,000	24,000	24,000	24,000	24,000	24,000	24,000	24,000	288,000
接待交際費	10,000	10,000	10,000	10,000	10,000	10,000	10,000	10,000	10,000	10,000	10,000	10,000	120,000
会議費	10,000	10,000	10,000	10,000	10,000	10,000	10,000	10,000	10,000	10,000	10,000	10,000	120,000
研修費	20,000	20,000	20,000	20,000	20,000	20,000	20,000	20,000	20,000	20,000	20,000	20,000	240,000
支払報酬費	40,000	40,000	40,000	40,000	40,000	40,000	40,000	40,000	40,000	40,000	40,000	40,000	480,000
手数料	25,000	25,000	25,000	25,000	25,000	25,000	25,000	25,000	25,000	25,000	25,000	25,000	300,000
事務所光熱水費	5,000	5,000	5,000	5,000	5,000	5,000	5,000	5,000	5,000	5,000	5,000	5,000	60,000
保険料	400,000												400,000
リース料（複合機等）	13,000	13,000	13,000	13,000	13,000	13,000	13,000	13,000	13,000	13,000	13,000	13,000	156,000
【営業利益】	-742,584	254,248	805,721	646,551	535,920	409,041	746,551	646,551	117,568	-132,923	327,229	645,721	4,259,594
(営業外収益)	0	0	0	0	0	0	0	0	0	0	0	0	0
特定求職者雇用開発助成金													
障害者雇用報奨金													
雑収入													
(営業外費用)													
支払利息													
雑損失													
【経常利益】	-742,584	254,248	805,721	646,551	535,920	409,041	746,551	646,551	117,568	-132,923	327,229	645,721	4,259,594
(特別利益)													
(特別損失)													
【税引前当期純利益】	-742,584	254,248	805,721	646,551	535,920	409,041	746,551	646,551	117,568	-132,923	327,229	645,721	4,259,594

別表4　プロジェクトスケジュール

地域	事業	2020年		2021年		2022年		2023年	
		9月–12月		1月–12月		1月–12月		1月–12月	
北海道河西郡芽室町	グループホーム	パイロット事業		準備作業		パイロット事業検証、準備作業		事業開始（4月）	
	放課後等デイサービス					事業開始			
	生活介護			準備作業		事業開始			
	その他（通勤支援）			事業構築検討		事業開始（有効性が認められた場合）	準備作業	事業開始	
高知県高知市・南国市	グループホーム	準備作業		準備作業	事業開始				
	放課後等デイサービス	準備作業		準備作業	事業開始				
	生活介護	準備作業		準備作業	事業開始				
	その他（就労継続支援A型）	準備作業		事業開始					
広島県福山市	グループホーム	事業継続中							
	放課後等デイサービス	事業開始可否検討							
	生活介護	事業継続中							
	その他								
広島県広島市	グループホーム	準備作業			事業開始				
	放課後等デイサービス	事業開始可否検討							
	生活介護	準備作業			事業開始				
	その他								

第 3 部

第1章　プロジェクト概要と背景及び現状分析

1－1　プロジェクト概要

　本研究は、広島県で金属焼付塗装業を営む株式会社ムラカワ（以下、ムラカワ）の企業価値を向上する為に、塗装技術を標準化する研究である。

　企業価値向上の手段として、経営理念の確立と浸透、ブランド価値の創出、人的資源マネジメント、マーケティング、営業活動、資本政策、新商品開発及び広報活動など多々あるが、本研究においては塗装作業の標準化による企業価値向上を研究する。

　塗装技術は、長年、熟練の職人技であり、職人自身が作業内容及び判断基準を言葉で説明することが不得手であるため標準化は困難と言われてきた。その塗装技術を標準化し、単純で誰もが実行可能で、最も効率的なやり方に統一する。その統一した手法を社内に定着化させることにより、塗装品質を安定させ、生産性を向上することで企業価値を向上することができると考える。山田（2004）は、「作業の標準化とは、単純で誰もが実行可能で、最も効率的なやり方に統一していくことを作業の標準化といいます。」[1]と述べている。

　従来は、「見て覚えろ」の徒弟制度のような塗装会社及び塗装職人が多く、ムラカワの社員も体系立てて塗装技術を教えられた経験がない。そのため、後輩にどう教えてよいかも分からず、言葉にして説明できない。塗装技術は、温度、湿度、粘度、運航速度、距離、角度、希釈度、製品の形状及び厚みなど様々な要因により、品質及び生産性が影響を受ける。塗装職人はそれらを長年の経験と勘で瞬時に判断し、塗装作業を行っているが、それらの条件も数値化できていないため、彼ら自身も自分がどのように分析、判断しているのかを言葉で説明できない。このことが塗装作業の標準化を困難なものにしている。

　また、作業の標準化には一定程度の知識と組織規模も必要であるが、金属焼付塗装会社は社員数人規模が大半であり、標準化を可能とする人材が不足していることも塗装作業の標準化を困難にしている要因でもある。

---

[1] 山田（2004）p. 208。

　本研究では、第1章で塗装業界全体及びムラカワの現状と背景を述べる。塗装業界は、建築塗装業界、自動車板金塗装業界及び工業塗装業界に大別されるが、多くの方は馴染みが深くないと考えるので、塗装業界を分類して説明する。

　次に、ムラカワが属する工業塗装業界の日本国内及び広島県内の同業他社を比較する。

　最後に、ムラカワを取り巻く現在の外部環境及び新型コロナウィルス感染拡大に伴う今後の経営に与える影響について分析する。

　第2章では、一般的な製造業における作業標準化の手順及び塗装業における標準化の前提条件やプロセスを定義づける。作業標準化の概念や作業手順を研究し、ムラカワに適用すべく一般化を試みる。

　標準化作業は、まず品質保証体系を設計し、部署、工程及び作業者が必要とする情報を整理し、次工程、次部署又は顧客が必要とする情報及び成果物（商品及びサービスを含む）を正確に把握し、それらが要求される品質、納期及び生産性を安定的に担保できるシステムを構築しなければならない。

　設計された品質保証体系に基づき必要な書類、データ及びデーターベースを設計し、標準化計画を立案する。立案された標準化計画に基づき、ＱＣ工程表、作業要領書、手順書及び検査表などを作成する。

　塗装作業を標準化する作業の中で、今までやっていた手法が、誰もが実現可能で、安定的に再現でき、かつ最も効率的な手法であるかの検証が必要となる。この検証を行う際には、作業効率、歩留まり、品質、再現性及び生産性を評価する基準が必要となる。基準を設定し、それに基づいて評価し最善と思われる作業を特定する。

　次に、特定された最善と思われる作業を、作業員に教育し定着化することが必要となる。標準化作業の作業員への定着化により標準化は始めてその効果が実現し、品質及び生産性に影響を与える。

　定着化がなされた後、永続的な改善活動と改善された作業標準を品質保証体系及び作業標準書などに反映し続ける取組みが必要となる。

　第3章では、塗装作業標準化をムラカワに適用し、塗装技術標準化プロセスにおいて、様々な課題に対して、試行錯誤しながら成果を生み出す過程を研究する。

　塗装作業の標準化は、暗黙知である熟練の塗装スキルを形式知化することであるが、形式知化するためには、品質及び塗装技術を数値化することが必要である。

　塗装作業は、膜厚計、グロス計及び色差計を使用する以外、ほとんどの検査が目視で行われているので、検査作業にも熟練が必要である。数値化が困難な「塗膜の綺麗さ」、「塗装面の平滑さ」、「塗装の深み」及び「塗料のなじみ具合」などの品質を担保するために、どのような指標を選定して用い、その結果として品質及び生産性にどう影響するのか、また、企業価値向上にどう貢献するのかを評価することが本研究の重要な課題である。

　本研究では、標準化の過程での材料費率及び不良率という問題に取り組む過程で、筆者が考案した「膜厚偏差値」という指標を導入した。「膜厚偏差値」により、各部署及び作業員の塗装作業技術を評価し、目標設定し、更には「膜厚偏差値」を向上するために行う作業員への教育方法、指導のやり方、適正な材料の選定、希釈率の選択及び塗装環境の改善活動について仮説検証を繰り返し、最善と思われる塗装技術の作業手順を特定する。

　第4章では、塗装作業標準化の成果及び効果による企業価値向上の結果を評価する。

　まず、企業価値評価の評価方法の妥当性を考察し、マーケット・アプローチ、コスト・アプローチ及びインカム・アプローチの中から本研究の評価方法として最も適切と思われる評価方法を選定する。

　次にムラカワのWACC（割引率）を計算する。

　塗装技術を標準化することにより、材料費率、人時売上高、人時生産性及び貢献利益への影響をムラカワの実際のデータにより分析し考察する。

　最後に、最も適切と思われる評価方法にてムラカワの企業価値を評価し、前年度と比較する。

第5章では、今後の展開とまとめを述べる。

ムラカワの塗装技術標準化の研究は始まったばかりであり、今後も研究を継続する。作業標準書を作成することによって、従来不可能であったスキルマップ及びスキルプランの作成が可能になり、OJTプログラム及び人事評価制度を整備して人的資源マネジメントシステムが構築できる。

このことにより人的資源を最大限に活用した塗装技術標準化による品質及び生産性の向上が期待できる。

また、本研究期間内では着手できなかった新しい指標の導入、IoT技術、モーションキャプチャーなどのテクノロジー及び最新の塗装機器なども在る。これらを適時導入して塗装技術の標準化を更に推進し、企業価値向上に努めたい。

1－2　株式会社ムラカワの事業内容

ムラカワは、1972年創業の金属製品の塗装会社である。村川清治が自動車板金塗装業から独立、創業し、2010年、長男の村川琢也が事業承継した。

広島県内5か所の工場を拠点に、建築資材、工業製品、工作機械、農業機械、看板、造船、鋼製建具、軍事関連、自動車、建機、配電盤、電車、アルミサッシ、什器、遊具、製缶及び板金メーカーなどの金属製品の塗装を行い、約300社と取引がある。

海外向けの工業製品は生産拠点を海外へシフトしており、今後もこのトレンドは続くとみられる。国内製造業マーケットは、人口減少の影響もあり需要が頭打ちの状態であり今後、飛躍的なマーケットの成長は期待できない。

金属製品の塗装は、顧客の製作した製品や部品を、弊社に持ち込んでいただき、弊社の塗装工場で塗装し、組み立て工場、あるいは工事現場へ納品するというビジネスモデルであり、どうしても製品の運送コストがかかる。そのため、顧客の生産工場、組立工場が県内、もしくは近隣という制約がある。取引先企業がある程度の事業規模に成長すると、ムラカワに外注していた塗装工程を内製化し、運送コスト分を浮かして原価を下げるようになる。実際、塗装工程を内製化するためには、塗装設備への投資と塗装作業員の育成にコストがかかり、稼働率が低ければ、トータル的には赤字になるケースも多いが、内製化に踏み切る企業も少な

くない。ムラカワとしては、外注費、運送費をかけてでも、それ以上の高品質な塗装を提供すること、または自社で塗装するよりも、低コストで高品質の塗装を提供しなければ存在価値は薄まる。より低コストでより高品質な塗装を提供するために、塗装作業の標準化は必要不可欠である。

　塗装品質、生産性の向上及び顧客企業の塗装品質要求水準が年々高くなってきていることと、新型コロナウィルスによる影響で全体の仕事量が少なくなっており、競争の激化、受注価格の低下が業界全体におこっている。品質レベル、生産性を向上し、以前よりも少ない売上で収益を確保できる企業体質に変革することが緊急かつ重要な課題である。

　課題を解決する手段として、人材育成、人的資源システムの改善、リストラクチャリング及び塗装技術の標準化があるが、本研究では、塗装技術の標準化を研究対象とする。塗装技術の標準化を定義し、筆者の経営する塗装会社であるムラカワに導入することによる企業価値向上を検証する。

１－３　塗装業界について

　塗装業界について、なじみの深い読者は少ないと考えるので、塗装業界について説明する。一般に塗装会社と言われる場合でも、その業種、形態は様々である。塗装は、自動車、電機、建築または小売業などの業態、業種ではなく、そもそも製品、建物、または改修工事などを行う際の作業工程の中の塗装作業である。それゆえ対象物は様々であり、なかなか一般の方には理解しづらいものがあると言えるであろう。経済産業省にも塗装業という明確な分類はない。

　図表１の「塗装業界分類表」は、筆者が独自に行った分類であるが、世間一般の認識とさほど相違はないと考える。

（１）建築塗装

　「塗装業」との言葉から真っ先に思い浮かべるのが建築塗装業であろう。建築業の中の塗装工事業という分類に当てはまる。主な塗装品は、戸建て住宅やアパート、ビル及びマンションの屋根や壁である。扉や門扉なども塗装する。請負金

額 300 万円以上を受注するには、建築塗装業の許可が必要であるが、無認可で営業している会社の方が多いと考えられる。大部分が一人親方や数人規模の会社であり、その多くが無認可と考えられる。全国に許可業者だけでも 56,565 社ある。取引先は、個人、建設会社、工務店などである。近年は、工期短縮のためにプレコート（あらかじめ工場で塗装してある）の部材が多くなり、塗料も性能が向上しているので、新規、塗り替えともに需要が減ってきている。しかしながら、建築塗装の塗装職人を目指す若者も少なく、熟練者が引退するので、需給バランスはとれているのかもしれない。

（２） 自動車板金塗装

　事故車の修理やコーティング、色替え及びレストアを行うのが自動車板金塗装である。認証工場数だけでも全国に 96,133 社ある。顧客は個人や自動車ディーラーであるが、自動車ディーラーの顧客の囲い込みにより、ほとんどが自動車ディーラーからの受注になりつつある。衝突被害軽減ブレーキや自動運転の導入により交通事故が減少し、マーケットが年々縮小していることに加え、自動車ディーラーの内製化や、事故車を修理する際に使用するセンサー補正装置が高額なことから、廃業を選択する会社が増加している。

（３） 工業塗装

　工業製品の部品や製品を塗装するのが工業塗装である。塗装品は、自動車、家電、工作機械、船、看板、サイン、什器、建築資材、ドア、シャッター、マンホール、軍事及び配電盤など、あらゆる工業製品が対象となる。全国に約 2900 社あり、市場規模は 3550 億円と言われる。メーカー系と独立系とに分類され、メーカー系とはある特定のメーカーの製品ばかりを塗装している一次請け、二次請けと呼ばれる関連会社、子会社である。独立系とは、資本関係などがなく、製缶業者や板金業者、鉄工所やメーカーなどから、物件ごとに受注している塗装会社を言う。一般的に、事業規模をメーカー系と独立系とで比べるとメーカー系の方が大きく、独立系は事業規模が小さいが、事業者数が多いと言える。

広島県内にはメーカー系が2社（マツダ系、コベルコ系）、独立系が10社程度ある。

図表1：塗装業界分類表

	建築塗装	自動車板金塗装	工業塗装	
主な塗装品	家、ビル、マンション	自動車の修理	工業製品（自動車、家電、工作機械、船）	
会社数	56,565（許可業者）	96,133（認証工場数）	2900社　3550億円	
			メーカー系	独立系
取引先	個人、工務店、ゼネコン	個人、自動車ディーラー	自動車メーカー、家電メーカー	製缶、板金、鉄工所 広島県内10社程度

出展：日本工業塗装共同組合連合会　http://www.n-kotoren.jp/pdf/kougyoutosou.pdf
一般社団法人日本自動車整備振興会連合会　https://www.jaspa.or.jp/
等の情報を基に筆者作成

1－4　金属焼付塗装同業者比較

　工業塗装業界の主な企業と株式会社ムラカワを比較する。図表2は、東京商工リサーチの情報を基に筆者が作成したものであるが、塗装会社で上場している企業はほとんど存在せず、また東京商工リサーチや帝国データバンクなどにも、情報を公開している塗装会社はほとんどない。
　上位3社は、すべてメーカー系であり、それぞれ、トヨタ自動車、日産自動車、三菱電機製造の関連会社である。全般的に支払利息割引料が少なく、配当が多い、

優良企業ばかりである。独立系で筆者の調べうる限り、最も売上高が高いのが滋賀県の渡辺工業であるが、主な取引先は、コベルコ建機とヤンマー農機であり、この2社で売上の大部分を占めていると思われる。

　これらのことから独立系の経営はメーカー系に比べて、受注が不安定であり、仕事のボリュームも少なく、また資金も潤沢でないことから、思い切った設備投資が出来ず、メーカー系と比較すると、成長性、安定性に劣ると言わざるを得ない。

図表2：塗装会社比較表

（単位：千円）

企業名	所在地	主な取引先	売上高	当期純利益	社員数	負債
	愛知県	トヨタ	15,252,000	45,000	180名	843,000
	北九州市	日産	8,250,000	236,000	160名	2,236,000
	尼崎市	三菱電機	6,389,000	151,000	300名	2,649,000
	滋賀県	独立系	4,864,000	448,000	110名	1,675,000
ムラカワ	広島県	独立系	680,000	12,000	67名	

企業名	有利子負債	支払利息	資本金	配当金	金利	資本コスト	WACC
	77,000		10,000	0	0	0	
	889,000	3,339	50,000	30,000	0.38%	60.0%	0.03408
	0	0	50,000	300,000	0	600.0%	6
	504,000	4820	82,500	5,791	0.96%	7.0%	0.01487
ムラカワ			50,000	0	1.34%	0	0.00757

出展：東京商工リサーチの情報を基に筆者作成

　次に広島県内の独立系工業塗装会社を比較する（図表3参照）。広島県内には、約10社程度存在すると言われるが、正しいデータも存在せず、また近年は毎年のように、廃業と独立があるので、把握が難しい。下記の表は、自社の

営業担当、弊社の顧客、及び東京商工リサーチなどから得た情報を基に作成したものである。広島県内の独立系工業塗装会社の事業規模では株式会社ムラカワが売上高、従業員数ともに最も多い。次にＡ社であるが、売上高、従業員数ともに約２倍の開きがある。その他はいずれも数人から十数人規模である。技術、品質に劣る塗装会社が、仕事量を確保するために、価格を下げ、業界全体が価格競争に巻き込まれ、なかなか成長発展できない構図がこの業界にはある。どの業界にも価格競争はあるが、塗装業においては、顧客の要求する品質、価格、納期を厳守することが価値であり、塗料の種類、工程、色などが設計段階で決定されており、設計を変更するには、それなりの理由と期間が必要であることから、設計変更はよほどのことがない限りありえない。このような業界の特性から、同業他社と差別化することが困難であり、価格でしか差別化できないことから、業界全体が長年に渡り価格競争に巻き込まれている。

図表３：広島県内独立系工業塗装会社比較表

（単位：万円）

	ムラカワ	Ａ社	Ｂ社	Ｃ社	Ｄ社
売上高	７億６千	約３億５千	約５千	約１億５千	約５千
社員数	６７名	３０名	５名	１５名	４名

出展：東京商工リサーチの情報を基に筆者作成

１−５　現状分析

　株式会社ムラカワでは、ここ数年、特に人材育成に力を入れており、様々な活動を行っている。塗装会社の社員は、職人気質が高く、もともと与えられた仕事をきっちりこなせば、文句はないだろう的な考えの人も多く、新しい技術を学ぼうとしない、新しい道具を使いたがらない、そもそも勉強が嫌いで職人を選んだ

ような人が多い。

　このような塗装業界であるが、社会の要求する品質、コスト水準は高くなる一方であるので、塗装を通じて社会に貢献し、企業価値を高めるためには、塗装技術の標準化が必要不可欠である。

　図表4は、2007年から2019年のムラカワグループの売上高と従業員数の推移表である。

　2020年2月試算表ベースによると昨年対比売上高120％で成長していた。毎月のように労働基準監督署と残業時間削減のために協議し、中途採用、ベトナム人海外実習生、派遣社員の正社員採用、新卒社員を採用し、2020年度は、社員数15名純増した。シフト制を導入し、土日、祝日に工場を稼働させることで、一人当たりの労働時間、残業時間を削減する取り組みを行おうとした矢先に新型コロナウィルスによるパンデミックが発生した。

　売上高昨年対比で、2020年4月89％、5月82％、6月79％、7月72％、8月69％、9月62％、10月58％と毎月のように売上が減少している。

図表4：売上高及び従業員数推移表（2007年～2019年）

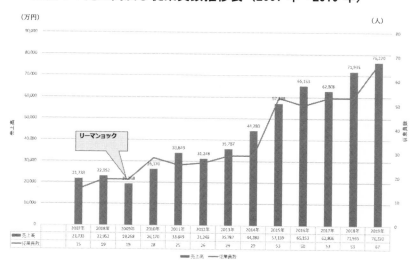

出展：株式会社ムラカワのデータを基に筆者作成

　図表５は、2019年７月から2020年６月の売上高推移表である。

　特に売上全体の約３割を占めていた看板、サインの塗装が激減していること
が大きな影響を与えている。全国で１位、２位、３位のサインメーカーが広島県
にあり、３社とも株式会社ムラカワの顧客である。飲食業、カフェ、アパレル、
商業施設などが、新型コロナウィルスの影響で新規出店計画を中止または延期
していることから、看板、サインの受注が激減している。

　今後、新型コロナウィルスがある程度の落ち着きを見せ、経済活動が戻ったと
しても、すぐに新規出店することにはならないであろうと筆者は予測する。新規
出店を計画しても、場所を選定し、計画を立てて、実際に看板、サインの塗装が
弊社に及ぶまでには時間はかかると予想している。

　新型コロナウィルスで減少した売上を回復するためには、新規の取引先を開
拓するほかはない。業界全体の仕事量が激減する環境での新規受注であるから、
競合他社との圧倒的な差別化なくては実現不可能である。

図表５：売上高推移表（2019年７月〜2020年６月）

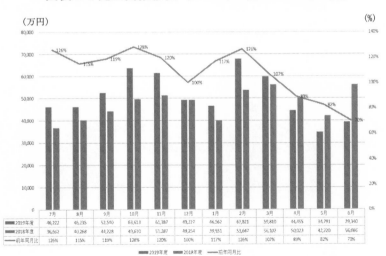

出展：株式会社ムラカワのデータを基に筆者作成

第2章　塗装技術標準化

2−1　塗装技術標準化の目的

　まず、本研究における塗装技術標準化の目的を明確にする。

　江藤（2016）は、標準化の目的について、①単純化、②互換性の確保、③伝達手段としての規格、④記号とコードの統一、⑤全体的な経済への効果、⑥安全、生命、健康の確保、⑦消費者の利益の確保、⑧共同社会の利益の保護、及び⑨貿易の壁の除去、をあげている[2]が、本研究の塗装技術の標準化の目的としては、以下の範囲に限定する。

　塗装技術の標準化による塗装品質の向上とコストダウン、市場拡大（コストダウンによる競争優位性の確保によるマーケットシェアの拡大）、安全の確保（標準化による工場内作業の安全の確保、労働災害の撲滅）。

　これらの研究および活動によりムラカワの企業価値向上に貢献するのが本研究および塗装技術標準化の目的である。

2−2　本研究における塗装技術標準化の概要

　山田（2004）は、「作業の標準化とは、単純で誰もが実行可能で、最も効率的なやり方に統一していくことを作業の標準化といいます。」[3]と定義する。

　また、作業の標準化に際しての手順として、「①現在行っている作業の作業手順、作業方法などをよく観察し、文書にまとめる。②その作業手順、作業方法が、工程で品質をつくり込んでいくうえで、有効かつ効率的かを検討し、改善項目を列挙していく。③改善項目を織り込んだ作業を自らやってみて、ムダ、ムラ、ムリのない作業であるか、さらに検討を加え、修正していく。④修正作業が終わったら、それを作業標準書にまとめ上げる。⑤作業標準書ができ上ったら、それをもとに作業者教育を行い、作業標準書どおりに作業ができ、作業したモノが、指

---

[2] 江藤（2016）p. 12。
[3] 山田（2004）p. 208。

定された品質を確保しているかを確認する。」[4]と指摘されている。

　作業の標準化の手順を更に具体的に細分化したのが以下の工程である。

① 作業標準化計画の策定

② 現在行っている作業の作業手順、作業方法などをよく観察し、文書にまとめる

③ 作業環境及び条件の分析

④ 最善と思われる作業手順を特定しQC工程表や作業手順書にまとめる

⑤ 作成した作業要領書などを基にした標準作業の定着化

⑥ 継続的な改善活動及び作業標準書などへの反映

　これらの手順についてより詳しく説明する。

（1）作業標準化計画の策定

　作業の標準化は長期にわたるので、品質保証体系を整備し計画的に進めていくことが重要である。標準化する組織とメンバーを選出し、品質保証及び標準化の知識及び経験がない場合は研修などで教育する必要がある。各部署と連携を取りながら全社的に品質保証体系図を作成し、品質保証体系図を基に、品質保証体制が構築される。標準書管理台帳を作成し、作成日、作成者、作業内容、改定日、管理番号などを記入し管理する。「標準書管理台帳」には、「QC工程表台帳」、「業務フロー台帳」、「作業要領書台帳」、「作業手順書台帳」、「特有作業要領書台帳」、「特有作業手順書台帳」、「作業ポイント台帳」、「付属書台帳」、「用語説明台帳」、「設備管理規定台帳」、「設備管理手順書台帳」、「採番方法」及び「管理方法」などがある。

　次に各種書類を整備する。書類には、「QC工程表」、「作業標準書」、「手順書」、「要領書」、「検査手順書」、「出荷証明書」、「塗装証明書」、「社内検査表」、「作業指示書」、「作業工程表」、「調色配合データ表」、「注文書」、「注文請書」、「塗装仕様書」、「塗装作業日報」、「塗装工程表」、「クレーン月次点検票」、「フォークリフト月次点検票」、「グロス測定表」、「膜厚測定表」、「各種チェックシート」、「運行

表」及び「現品票」などがある。

　これらの書類の要件を議論し、必要項目、単位、記入者、責任者、フローチャートなどを作成していく。書類ごとに管理番号を振り分けデーターベース化する。次に標準化する作業の順番や項目を緊急度や重要度を鑑みて決定し、担当者の振り分けを行い、期日などの目標を設定しタイムスケジュールを作成する。

　以下に主要な用語と書類の定義と説明を記す。

　品質保証体系は、JSQC の定義によると

「品質保証とは、『顧客・社会のニーズを満たすことを確実にし、確認し、実証するために、組織が行う体系的活動』」[5]と述べられている。

　ここで言う、「確実にする」とは、顧客・社会のニーズを把握し、それに合った製品・サービスを企画・設計し、これを提供できるプロセスを確立する活動を指す。

　「確認する」は、顧客・社会のニーズが満たされているかどうかを継続的に評価・把握し、満たされていない場合には迅速な応急対策・再発防止対策を取る活動を指す。

　「実証する」は、どのようなニーズを満たすのかを顧客・社会との約束として明文化し、それが守られていることを証拠で示し、信頼感・安心感を与える活動を指すことである。

　QC 工程表について、原崎・西沢（2001）では、「QC 工程表は品質保証のプログラムを表しており、その内容は製品ができるまでに経過する工程で、どのような製造条件をコントロールしているか、また各工程でどのような品質特性をチェックしているかを書き表している。このチェックや試験が品質保証のために必要なステップである。」[6]と定義されている。

　仕様書については、鶴田・寺内・安原（1979）は、「目的にあった塗装を適切に行うために、材料や塗装に関する必要な要求はすべて図面や文章で明確にくわしく表示される。図面は設計図といわれ、文章によるものは仕様書とよばれる。」[7]と定義する。

---

[5] 永原・村上（2010）pp. 34-35。
[6] 原崎・西沢（2001）p. 4。
[7] 鶴田・寺内・安原（1979）p. 421。

　標準について JIS は、「標準化とは標準を設定し、これを活用する組織的行為である。ここにいう標準とは、関係する人々の間で利益又は利便が公正に得られるように統一化・単純化の目的で、物体・性能・配置・状態・動作・手順・方法・手続き・責任・義務・権限・考え方・概念などについて定めた取決め」[8]と定義する。

　作業標準について、JIS は「作業標準とは作業条件、作業方法、管理方法、使用材料、仕様設備その他の注意事項などに関する基準を定めたものであり、QC 工程表は作業標準の一種である。」[9]と定義する。

（2）現在行っている作業の作業手順、作業方法などをよく観察し、文書にまとめる

　標準化計画が策定できたら、現在行っている作業を洗い出していく。工程や作業ごとに、最善の方法で作業を行っていると評価を受けている作業員を選定し、現在、行っている作業のヒアリングを行っていく。ヒアリングした内容をテキスト化していく際に注意すべき点は①意味のあいまいな字句はつかわない。②熟練者でないと理解できないような表現をしない。③専門用語は必ず誰でも理解できるような説明を入れる。④希望的な字句の使用はさける。⑤必要事項をもれなく記入し、簡潔でわかりやすいこと、である。

　ヒアリングした内容と写真、及び図表などを用い、素人でも理解できるように単純化、細分化していくことが重要である。

（3）作業環境及び条件の分析

　塗装作業の標準化のためには、塗装品質や生産性に影響のある作業環境及び条件を整理しなければならない。塗装品質、生産性に影響を与える要因は、4 つに大別される。塗装環境と塗料の性質、塗装機器及び作業者の技能である。これらを以下に説明する。

---

[8] 原崎・西沢（2001）p. 4。
[9] 原崎・西沢（2001）p. 5。

1．塗装環境

　塗装工場の場合、主として塗装ブース内の環境を言う。
児玉・坂東・児島（1973）は、
「塗膜の形成には塗装環境が大きく影響する。好ましい塗装環境とは次の条件
を満足することである。

　1）明るく、しかも均等な明るさであること。2）気温が概して高いこと。3）
空気が乾燥していること。4）空気が清浄であること。5）風速が適度であること。6）
換気が適度であること。7）耐火的であること。」[10]
と指摘する。

　このうち特に重要なポイントは3つあり、①吸排気のバランス、②エアーの清
浄さ、③気温及び湿度である。

　吸排気のバランスとは、塗装ブース内を流れる空気の速度や方向である。吸排
気のバランスが悪く、排気が適正に行われていないと、塗装ブース内に塗装ミス
ト（塗装ガンから吐出された塗料で被塗物に塗着していないもの）が漂い、製品
に付着して、不良の原因になる。吸排気のバランスを適正に保つことは品質安定
のために必要不可欠であり、定期的に設備のメンテナンスを行い、充分な性能を
常に発揮できるように保たなければならない。

　次に、エアーの清浄さとは、塗装ブースにエアーを吸排気するが、そのエアー
は二重のエアーフィルターを通過して塗装ブース内に送り込まれる。このエア
ーに粉塵や毛ゴミなどが含まれていると、これらが被塗物に付着し塗装不良の
原因になるので、可能な限り、異物の含まれていないエアーが望ましい。このた
め、定期的にフィルターを交換し、常に正常なエアーが供給されるように努めな
ければならない。

　最後に気温及び湿度であるが、通常、気温が高いと塗装ガンから吐出された塗
料の中に含まれる有機溶剤が揮発しやすくなり、被塗物に付着した塗料が速く
乾くために、塗料がなじまず、表面がガサガサになる。逆に気温が低いと有機溶
剤が揮発しにくくなるために、塗料が乾きにくく、流れたり、溜まったりという

---

[10] 児玉・坂東・児島（1973）p.234。

塗装不良の減少が発生する。湿度も気温と同じことが言える。湿度が高いと乾きにくく、湿度が低いと乾きやすいために、作業者は、塗料の種類、気温、湿度を考慮し、適正なシンナーの種類、希釈率を選定しなければならないが、これを長年の経験と勘で行っているため、しばしば選定ミスや希釈率が適正でないことによる塗装不良が発生する。

２．塗料の性質

　塗装専門会社においては、取引先の要望や、製品の使途、など様々な用途に合わせて多種多様な塗料が使用されている。主なものでは、アルキド樹脂、アクリル樹脂、フッ素樹脂、ウレタン樹脂、塩化ビニル樹脂、シリコン樹脂、などがあり、性状も液体塗料、粉体塗料、１液タイプ、２液混合、３液混合がある。また硬化方法も、ケチミン硬化、イソシアネート、焼付、常温乾燥、強制乾燥、などがあり、同じ種類の塗料でも、国内 200 社を超える各種メーカーから同等品が販売されており、塗料の種類は数千とも数万とも言われている。それぞれに特徴が異なるので、塗装作業者は、カタログと長年の経験と勘で、シンナーの希釈率や吹き方を変えて対応している。

３．塗装機器

　塗装機器は国内外の塗装機器メーカーから様々なものが販売されている。下カップスプレーガン、上カップスプレーガン、エアレスガン、圧送ガン、静電塗装ガン、エアレス静電　塗装ガン、粉体塗装機、ベルガン、レシプロ機及び塗装ロボットなど多くの塗装機器がある。

　作業者は、塗装作業に最適な機器を選択する。機器により、吐出される塗料の性状やパターン及び吐出量などが異なる為に、塗装機器と使用する塗料の性質及び塗装環境を鑑み、適正なエアー圧、吐出量及び電圧などを、微調整しながら塗装作業を行う。

　エアー圧を高くし、吐出量を多くし、電圧を上げると、大量の塗料が一気に吐出され付着するので、より多くの製品を塗装することができるが、被塗物の形状

が複雑であったりすると、大量に付着して、流れたり、溜まるなどの不良が発生する。

製品の内側と塗装する際には、エアー圧が高いとエアーカーテンと呼ばれる現象が起きて、塗料が到達できずに付着しないなどの不具合が発生する。

電圧も高いと反発して付着しないなどの、様々な現象が発生するので、作業者は長年の経験と勘で塗装環境と被塗物及び使用する塗料の性質を考慮し、塗装機器を選定し、エアー圧、吐出量及び電圧を調整しながら塗装作業を行う。

４．作業者の技能

塗装作業者は、塗装環境や使用する塗料の性質を鑑み、変化対応しながら塗装作業を行っているが、吹き方自体も作業者により千差万別である。一般的に塗装作業における重要なポイントは、「被塗物とガンの距離」、「運航速度」、「被塗物に対する角度」、「塗装する順番」及び「重ねのパターン」などである。

「被塗物とガンの距離」は一定に保つことが望ましい。塗装機器メーカーは、開発段階で被塗物とガンの距離を設定し、その距離が保たれている状態を想定して開発しているので、距離が近くなったり、離れたりすると期待する性能が得られない。

ガンの距離が近いと、塗料がガンから出て、被塗物に到達するまでの時間が短くなるため、塗料に含まれる有機溶剤の揮発が少なくなる。このために有機溶剤が想定より多くつきすぎ、塗料が流れるという不良が発生しやすくなる。

ガン距離が遠いと、塗料が被塗物に到達するまでに時間がかかるので、揮発する有機溶剤が多くなり、被塗物に付着する有機溶剤が減少する。このため、付着した塗料の乾くのが速くなり、塗装表面がザラザラになるなどの不良が発生しやすくなる。

ガン距離は有機溶剤の乾燥だけでなく、被塗物に付着する塗料の量にも影響する。一般的にほとんどの塗装ガンは、ノズルから放射線状に塗料が放出されるので、ガン距離が遠くなるほど塗装範囲が広くなる。

逆にガン距離が近いと、付着する範囲が狭くなる。このため、単位面積当たりの塗着量が変化し、品質にバラツキが出る。取引先の塗装品質条件に膜厚の範囲

を指定する場合があるが、ガン距離がバラつくと、膜厚にバラツキが発生するので、基準を満たす箇所と基準を満たさない箇所とが混在し、不良の原因になる。コンマ何秒の差ではあるが、塗装品質に大きな影響を与える。

　「運航速度」とは作業者が塗装する際の手を動かすスピードのことである。作業者により、スピードやリズムが異なる。同じ環境下でエアー圧や吐出量などが同条件であっても、運航速度が速い方が、面積当たりの塗着量は少なくなる。早い方が良くて遅い方が悪いとは決まっておらず、環境、塗料の性質、塗装機器などの条件により選定するか、もしくは、運航速度を一定にして、そのほかの条件を合わせていくかの選択になる。

　「被塗物に対する角度」は、塗装ガンから吐出される塗料の方向と被塗物の面との角度のことである。これは垂直であることが望ましいが、作業者の技量不足や手抜きにより、しばしば垂直にならないことが多い。角度が垂直でないと、被塗物に塗着する塗料が減少するので、色透けや膜厚不足の原因になる。

　「塗装の順番」とはひとつの被塗物を塗装する際に、上部から塗装するのか、あるいは下部から塗装するのかといった、塗料を吹き付ける箇所の順番のことである。一般的に塗料が付きにくい箇所や忘れやすい箇所から始める。パテなどが付いて、吸い込みが発生するために他の場所より多くの塗料を塗着させなければならない箇所から塗装する場合もある。最も見栄えが良く、綺麗に仕上げたい箇所を最後に仕上げたりもする。塗装の順番も塗装品質に大きな影響を与えるため、このことを軽く考える作業者はやはり塗装不良が多くなる。

　「重ねのパターン」とは、塗料を塗り重ねる際に、どれだけの範囲を重ねながら塗装するのかといったことである。一般的には二分の一重ねや三分の一重ねである。どれが正しいと言うことではなく、これも被塗物の性状や塗料の性質などから判断し、選択するのが望ましい。

　塗装品質、生産性に影響を与えるファクターについて上述した、ここに記述した以外にも多数の要因が存在する。また、どれも正解が存在しない。

　例えば、気温が高い場合には、シンナーが揮発しやすく、表面がガサついて不良になるリスクが高まるので、その対処方法として、使用するシンナーを沸点が高い物に変更する、シンナーの量を増やす。吐出量を増やす、ガン距離を近くする、運航速度を遅くする、何度も塗り重ねる、添加剤を混ぜるなど様々な対処方

法が存在し、どれかひとつを採用するのではなく、複合的に運用する。またそれぞれに相関関係があるので、ひとつの真因が存在しない。また、塗装作業標準化の対象となる塗料や有機溶剤、塗装機器、環境及び製品の形状などのファクターが多数であるため、これらすべての事象に適応できる塗装作業の標準化は現実的ではなく、標準化する対象や作業を絞り込む必要がある。

（４）最善と思われる作業手順を特定し QC 工程表や作業手順書にまとめる

　経験豊富な熟練者の作業を標準化することにより、品質のバラツキがなくなる、未熟者のスキル向上に役立つなどの一定の効果はあるが、塗装作業標準化により、品質及び生産性を向上するためには、最善と思われる作業手順を特定することが必要不可欠である。最善と思われる作業を特定するためには、当該作業の品質及び生産性を評価するのにふさわしい指標を選び、データを収集し分析することにより品質及び生産性を評価する。次にその指標の適正と思われる目標を設定し、目標を達成する為に必要と思われる作業手順や材料及び作業方法の仮説を立て、実際にやってみて検証を繰り返す。仮説、実行、検証を繰り返すことにより最善と思われる作業手順を特定していく。品質及び生産性を評価するためには、可能な限り数値化しなければならない。どの指標を採用するのかが重要となり、標準化においては、この「最善と思われる作業手順の特定」が最も困難な作業と思われる。

　次に、特定した最善と思われる作業手順を「QC 工程表」、「作業手順書」、「作業ポイント」及び「付属表」などにまとめていく。「QC 工程表」はと工程ごとに保証されるべき品質及び特性を保証するための検査方法及び基準などを明記した表である。「作業手順書」は、工程の中で人行う作業に関して、どのように作業を行うのか、仕様道具、手順、材料及び準備などを明記した表である。「作業ポイント」は、作業手順書の中に記載された個々の作業を行う際の注意点やちょっとしたコツや考え方などを明記している。「付属書」は、材料や道具、器具、装置などの取り扱い方法や各パーツの名称や説明、及び補足などを明記してあ

る。それぞれに、テキストや画像、図表及び動画などを用い、素人でも理解できるように記載することが重要である。

また、「QC工程表」に記載してあるこの作業は「作業手順書」のどれを見れば良いのか、また「作業手順書」に出てくる道具の説明は、どの「付属表」を参考にすれば良いのか誰でもすぐにわかるように関連付けてデーターベース化することが重要であると考える。

（5）作成した作業要領書などを基にした標準作業の定着化

作成した作業要領書などを基に、作業を定着化することにより始めて標準化の効果が表れ始める。作業要領書などを作成した時点では、一人の作業者がそれを行っている状態、もしくはまだ誰もしていない状態（最善の方法を見つけ出した場合）である。作業者はそれぞれが異なった手順や方法で作業を行っていたとしても自分のやり方が一番正しいと根拠もなく思い込んでいる。その考え方を改めさせ、今まで行っていない、もしくは今まで否定していたやり方に改めさせ、継続して安定的に品質を保証できるようにしなければならない。この際に重要なのは、最善の作業を試行錯誤しながら特定していくそのプロセスに作業者を参加させることである。決して一部のメンバーだけで行ってはならない。最善と思われる作業を特定するそのプロセスに参加し、指標や数値により客観的に評価することにより作業者の納得性が高まり、自らがそのプロセスに参加することにより自分で作り上げたという自負が作業者に今までとは異なる方法で作業をするという動機づけになり、このことにより定着化が促進する。熟練の作業者ほどこのプロセスが重要である。新卒者や一般社員は、先輩や上司に教わったことをそのまま受け入れ、作業をしていくので、異なったやり方をしないように観察し、注意するだけで安定的に標準作業を行うことができるようになると思考する。

（６） 継続的な改善活動及び作業標準書などへの反映

　最善の標準作業書ができ上り、標準作業が定着化した後に、継続的な改善活動及び作業標準書などへの反映が必要になる。企業は常に市場により競争にさらされているので、企業が永続的に発展成長を遂げるためには、常に品質及び生産性を向上し続けなければならない。最善と思われる方法であっても常に改善することが必要である。そのために企業は TQC 活動などを行っている。ここで重要なのは、改善活動は組織的に行う事である。仮に画期的に改善できる方法であっても作業者が、品質保証の責任者に無断で作業を変更することがあってはならない。その時点で品質が保証できなるからである。また作業者は、自分の担当する作業に関して熟知していても、前工程や後工程、取引先及びエンドユーザーの要求する品質水準や要件を熟知しているとは限らない。当該作業は改善されても、他工程に悪影響を及ぼし結果的に品質が下がることも往々にしてある。これらのことを未然に防ぐためにも改善活動はステークホルダー及び品質保証の責任者とともに行い、改善または作業の変更がなされた場合には、すみやかに作業標準書などに反映させ、関連部署に周知徹底しなければならないと考える。

第3章　ムラカワにおける塗装技術標準化

3－1　作業標準化計画の策定

　ムラカワでは、塗装作業を標準化するにあたり、令和2年3月、社員Mを課長に品質管理課を設立した。塗装作業の標準化には塗装に関してはまったくの素人の目線が必要と考え、新入社員で入社間もないKを抜擢した。彼女（K）を抜擢したのは、弊社では会議の議事録を新入社員に作成させているが、Kの議事録がよくまとまっていて論理的で分かり易かったからである。同じ頃、中途採用の面接に来たNが前職で品質保証や作業標準化の経験があるということのことだったので、令和元年3月に採用した。また同じ頃、ムラカワの取引会社で取引が最も多い企業の担当者であったFが定年退職して九州の会社で働いていることを噂で知った筆者はFに連絡し、ムラカワの塗装作業標準化に経験を活かしてほしいと伝え、令和元年3月に入社して貰った。ここにM係長、K、N、Fによる品質管理課が発足した。

　M係長を中心とする品質管理課は、品質保証及び標準化を専門とする経営コンサルタントである一般社団法人中部産業連合（以下、中産連）及び日本国内で唯一の塗装コンサルタントである平田塗装技術士の指導を受けながら、品質保証体系図を作成し、塗装作業を工程別に分類し、QC工程表及び作業手順書作成などの塗装作業標準化計画を策定した。

　作成した書類は「作業手順書台帳」及び「作業ポイント台帳」などで管理する。ムラカワでは、塗装作業を標準化するにあたり、塗装作業をいくつかの工程に大分類した。入出荷作業、梱包作業、支度作業、塗装作業、及び検査作業である。これらの作業のうち、入出荷作業及び梱包作業から、標準化作業に取り掛かった。ムラカワでは、塗装後に金具などの組立て作業があるが、金具の取付け不良及び取付け忘れなどでクレームが発生していたことにより、緊急かつ重要度が高いとして選定した。次に支度作業、塗装作業と計画に沿って標準化を行っていく。

　品質保証体系図を作成し、それをもとにQC工程表、作業手順書及びチェックシートなどを計画的に整備していく（図表6「品質保証体系図」、図表7「作業手順書台帳」及び図表8「作業ポイント台帳」を参照）。

図表６：ムラカワ品質保証体系図

部門展開	顧客	経営者	管理責任者	営業・業務	品物入荷	製造	検査	梱包出荷	外部提供者	工程外検査・工程内検査	文書番号	関連文書・記録・様式
						マネジメント活動						
継続的改善プロセス	(主要業務) 情報収集	顧客の声	情報収集・加工									戦略策定戦略会議議事録
	品質方針 (確立・認識)		品質方針・スローガン									戦略策定実践会議議事録
	品質目標決定		プロセス設計・目標(部署目標・委員会目標)									部課長会議議事録
	責任・権限		経営資源検討(内部監査計画含む)									委員会議事録
	資源配分		組織の役割・責任権限決定									朝礼・昼礼
	監視・測定		人・インフラ・作業環境・測定器への投資等									委員会アクションプラン
			製品実現化活動上の監視・測定									部署別アクションプラン(KPI)
			QMS活動上の監視・測定									品質マニュアル
	内部監査		内部監査実施									検査手順書
	不適合と是正		製品等に対する不適合事項の是正処置									売上実績表
			QMS不適合に対する是正処置									クレーム実績表
												人時生産性実績表
	マネジメントレビュー		マネジメントレビュー(経営策定会議・経営推進会議・経営方針発表)									面談実施表
							製品実現化活動					
営業・業務プロセス	(主要業務) 受注	内示・指示		仕様・納期確認 納期折衝						①金額見積りチェック(適正価格・抜け確認)		見積りマニュアル 出荷証明書
	受注処理			金額見積り								成分組成表 安全データシート(MSDS)
	金額見積り			配送手配 塗装手配 資材手配 仕掛品手配								塗装証明書 工程写真
	配送手配 塗料手配 資材手配 仕掛品手配								(塗装外注)			塗料注文依頼書 備品注文依頼書
	生産計画 納期管理			作業指示書 生産指示書			広島県安芸 あさひ システム技研 薬本発塗工業 神本塗装			①発行前プレビュー確認 ②指示ルートチェック(納期・色・塗装面・変更点)		作業指示書 作業工程表
	証憑提出 苦情等対応	顧客契約・依頼 顧客クレーム		相談・依頼 クレーム窓口						①現地確認・原因・仮説・対策		クレーム指示書 クレーム報告書
入荷プロセス	搬入 受入検査・確認				入荷 寸法取り					①図面確認 ②塗装色確認 ③納期確認 ④部品点数確認 ⑤塗装した板の塗装面の最終確認		
製造プロセス	(主要業務) 支度					調色				①粉末色・配合データ有無確認 ②調色量確認(現物確認・塗料確認) ③色味・艶感の最終チェック		調色配合データ
						製品分解				①分解部品の元の姿チェック ②部品点数の確認		製品図面
						脱脂				①脱脂具合の確認(見た目・手触)		工程表
						マスキング加工				①マスキング前の図面確認 ②マスキング忘れの確認 ③マスキング後の図面確認		注文書
						研磨加工				①製品の歪み確認 ②バテの有無確認(キズ・凹み)		
						パテ処理				①パテ配合量の確認 ②パテ箇所の確認 ③パテ後の歪み(平滑)具合確認		
						パテ研ぎ				①平滑具合の確認 ②パテ研ぎ残りの確認 ③油分残りの確認		
						吊り掛け				①部品点数の指示書確認 ②小物確認 ③吊り掛け後最終指示書確認		
						製品梱包				①品物のパテ残り確認 ②品物状態の確認 ③ゴミ付着の確認		
	塗装					塗料準備 塗料希釈				①指示書確認 ②塗料確認 ③希釈シンナー・粘度確認		塗料仕様書 希釈実測データ
						下塗り				①プライマー残量確認		温度湿度表
						上塗り				①さび止め状態確認(ゴミ・ガサつき) ②塗装具合の確認(肌・ゴミ・スケタレ)		塗装作業日報
						セッティング				①マスキング剥がし後の色漏れ有無		塗装工程表
						乾燥				①塗料データ確認(乾燥時間・温度)		
	工程の監視(検査)			工程管理 設備管理 力量表 整理・整頓								作業標準書 QC工程表 クレーン月次点検表
	管理・トレーサビリティ		管理とその支援									フォークリフト月次点検表 乾燥炉月次点検表 集塵機月次点検表
	製品の保管											設備説明書
	不適合製品の管理		報告受	不適合の品質報告 不適合品処置								

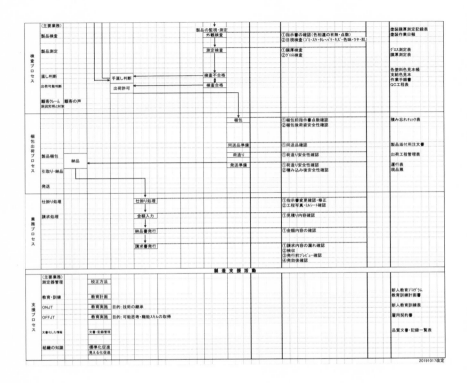

図表7：作業手順書台帳

図表８：作業ポイント台帳

塗装（TS）	001	【段取り】指示書の確認の仕方（塗装）	SP-TS-001	
	002	【塗装前準備】塗装前の目視、塗装チェック	SP-TS-002	
	003	【下塗り】ﾀﾞﾚで塗装が入りにくい場所	SP-TS-003	
	004	【下塗り】さび止めの番数ﾁｪｯｸ	SP-TS-004	
	005	【下塗り】さび止めﾍﾟｰﾊﾟｰの当て方	SP-TS-005	
	006	【上塗り】塗幅のﾁｪｯｸ	SP-TS-006	
	007	【上塗り】上塗り後の最終ﾁｪｯｸ	SP-TS-007	
	008	【ｾｯﾄｲﾝｸﾞ】ｾｯﾄｲﾝｸﾞﾁｬﾝﾈﾙへの品物の入れ方	SP-TS-008	
	009	【乾燥炉に入れる】乾燥炉への品物の入れ方	SP-TS-009	
	010	【片付け】「使用後塗料の片付け方	SP-TS-010	
	011			
	002			
支度（ST）	001	【段取り】作業台清掃	SP-ST-001	2020年5月12日
	002	【段取り】作業台の選定	SP-ST-002	2020年5月12日
	003	【段取り】入荷時品物状態の確認	SP-ST-003	2020年5月19日
	004	【脱脂】脱脂難しい場所と道具の選定	SP-ST-004	2020年5月22日
	005	【脱脂】ウエス・脱脂用シンナー交換の判断基準	SP-ST-005	2020年5月12日
	006	【脱脂】脱脂道具の片付け方	SP-ST-006	
	007	【サンダー】グラインダー研磨箇所	SP-ST-007	2020年5月20日
	008	【サンダー】グラインダー取り扱い方法	SP-ST-008	2020年5月13日
	009	【サンダー】サンダーの当て方	SP-ST-009	
	010	【目荒らし】目荒らしペーパーの選定	SP-ST-009	2020年7月31日
	011	【目荒らし】目荒らしの仕方	SP-ST-010	2020年5月26日
	012	【パテ】パテを付ける場所	SP-ST-011	2020年9月18日
	013	【パテ】パテがいらない場所	SP-ST-012	2020年10月9日
	014	【パテ】パテ付け道具の選定	SP-ST-013	2020年8月31日
	015	【パテ】パテ研ぎ道具の選定	SP-ST-014	2020年9月18日
	016	【パテ】パテくそ忘れがち箇所	SP-ST-015	2020年10月2日
	017	【マスキング】マスキング道具の選定の仕方	SP-ST-016	2020年8月28日
	018	【マスキング】マスキング最終確認	SP-ST-017	2020年8月29日
	020	【吊り掛け】品物吊りかけ事例	SP-ST-018	2020年6月19日
	019	【保管】塗装済品物保管の仕方	SP-ST-019	2020年6月8日
	021	【吊り掛け】治具・パイプの選定	SP-ST-020	2020年10月30日
	022	【清掃】塗装前脱脂の溶剤選定	SP-ST-021	2020年9月29日
	023	【清掃】清掃時の品物状態チェック	SP-ST-022	2020年11月5日
	024	【パテ】パテの練り方	SP-ST-023	2020年6月10日
	025	【パテ】パテ付け方（基本）	SP-ST-024	2020年5月28日
	026	金物取外し	SP-ST-025	2020年6月16日
	027	寸法取りの注意点	SP-ST-026	2020年8月31日
	028	マスキング塗り分け	SP-ST-027	2020年9月17日
	029	パテ作業による不良	SP-ST-028	2020年10月5日
	030	ピン片付け	SP-ST-029	2020年11月2日
入出荷梱包（NK）	001	梱包材の選定	SP-NK-001	2020年5月7日
	002	梱包済製品の積載	SP-NK-002	2020年5月9日

３－２　現在行っている作業の作業手順、作業方法などを よく観察し、文章にまとめる

　入出荷作業及び梱包作業の標準化にあたっては、中途入社のＦの存在が大きかった。Ｆはムラカワの顧客の中で長年シェアトップであるメーカーの担当者であり、金具の取り付けや梱包作業は熟知していた。Ｆの知識とＫの事務能力により、QC 工程表、標準作業書、手順書及び要領書の作成は思いのほか順調に進んだ。1 か月が過ぎる頃には、テキスト化になれたのか作成のスピードも速くなっていった。

　一通り、入出荷作業及び梱包作業のテキスト化が終わり、支度作業の標準化に取り掛かった。ここで課題となるのが、お手本となる作業者の選定である。経験の長い熟練者は、自分が行っている作業手順が最も正しいと考えているので、作業者の選定にあたり、人間関係を壊したくないと言う心理が働くので、自然、もっとも経験豊富な作業員が選定される。この作業手順が最も生産性が高いのかとか、この方法が最も効率的なのかという批判的な視点はない。最も経験のある作業者が行っている作業をそのまま文章にまとめるという作業である。筆者はこの段階では、まずマニュアルに近いものを作成するということを重要と考え、最善と思われる作業手順の探求は後回しにした。

　本研究の成果物として、品質保証体系図 1 点、QC 工程表 3 点、作業要領書 6 点、作業手順書 43 点、作業ポイント 36 点、特有作業要領書 1 点、付属書 4 点、用語説明書 20 点、設備管理規定書 2 点及び設備管理手順書 7 点を作成した。その一部を示す（図表 9「作業要領書」、図表 10「作業手順書」、図表 11「作業ポイント」及び図表 12「付属表」）。

図表９：作業要領書

作 業 要 領 書	機種		Rev.		改 訂 理 由		標準書No.	SY-ST-001
	部品種		1	年 月 日			制 定	2020年 4月 24日
	品 名		2	年 月 日			改 訂	年 月 日
工程No. 工程名	物件名		3	年 月 日			（頁） 承認 作成	
			4	年 月 日				
支度（共通）	品 番		5	年 月 日			3/8	
	図 番		6	年 月 日				

作 業 要 領 図	番号	タクトタイム	サイクルタイム	作 業 内 容	作 業 上 の 要 点	備 考 欄
				【サンダー】		
	⑫	0:00:30		・サンダーを当てる箇所の確認をする。	⇒作業ポイント「グラインダー研磨箇所」	(No.SP-ST-007)
				⇒溶接、つなぎ溶接、ビード溶接、	⇒用語説明書「研磨・目荒らし道具」	(No.YS-ST-001)
				深いキズ、打痕 等		
	⑬	0:05:00		・サンダーを当てて溶接による膨張部分を	⇒作業ポイント「グラインダー取り扱い」	(No.SP-ST-008)
				平滑にする。		
					⇒手順書「サンダーを当てる順番」	
				【目荒らし】		
	⑭	0:00:10		・目荒らしする箇所(仕上げ面)を図面、注文書、		
				指示書備考欄、品物を照合して確認する。		
	⑮	0:00:05		・目荒らしの道具を選定する。	⇒用語説明書「研磨・目荒らし道具」	(No.YS-ST-001)
	⑯	0:00:05		・ペーパーの番手を選定する。	⇒作業ポイント「目荒らしペーパーの選定」	
	⑰	0:15:00		・目荒らしを仕上げ面に行う。(足付け)	⇒作業ポイント「目荒らしの仕方」	

図表 10：作業手順書

適 用 区 分	作業内容 【パテ】パテ付け方（R部分）		作業手順書		様式 標準書No. ST-ST-011
					制 定 2020年 7月 14日
			工程NO.	工程名	改 訂 年 月 日
	作業上の要点 必要なところに必要な分だけパテを付ける			支度	（ 頁 ） 承 認 作 成
				6/6	

番号	タクトタイム	サイクルタイム	作 業 手 順	帳 票
3.			ヘラに練ったパテを取り、しばいた向きと垂直になるように、曲線に沿うように盛る。【図9】 この時、矢印方面（歪み部分）にパテが盛られるように、ヘラの○部に力を入れるようにして盛る。【図9】 【図9】	
4.			盛った際にはみ出たパテをヘラでこそぎとる。	
5.			手順1～手順2を繰り返し、必要な箇所にパテを付けていく。【図10】 【図10】 完了	

止める・呼ぶ・待つ ／ 異常と処置 ／ 異常を発見したら直ちに上長に連絡のこと。

murakawa

174

図表11：作業ポイント

作業ポイント	名称			様式		
	パテ付け道具の選定	標準書No.			SP-ST-013	
		制 定		2020年	8月	31日
		改 訂		年	月	日
工程NO.	工程名	目的		（ 頁 ）	承 認	作 成
	支度	パテ付けに適したヘラの選定を明確にする。		1/5		
No.	作業内容（図解等詳細）				関連帳票類	

・パテ付け道具は5種類ある。　【図1】【図2】

【図1】　広い　普通　狭い

ゴム　【図2】　やわらかい

・パテを付けたいところの広さによってパテヘラを選定する。

⇒パテを付けたいところの広さと同じ広さのヘラを選ぶ。【図3】

・適したパテを使用しないと、以下のような不具合が生じる。

・ヘラが大きすぎる→余分なパテくそが付いてしまう。
　　　　　　　　　→ヘラを持つ手の力の入り方にばらつきが出てしまい、
　　　　　　　　　パテ付けの際ムラができやすくなる。

・ヘラが小さすぎる→パテ付けの手間が増える。

【図3】

Rev.		改訂理由		3	年　月　日	
1	年　月　日			4	年　月　日	
2	年　月　日			5	年　月　日	

murakawa

図表12：付属書

付属書	名称	スプレーガンの種類		標準書No.			
				制　定	年　月　日		
				改　訂	年　月　日		
工程NO. 工程名	目的			（　頁　）	承　認		作　成
塗装工程	スプレーガンの種類と特徴を明確にする			1/1			
No.	図・写真	名称・説明				関連帳票類	
1.		名称：重力式スプレーガン 説明： ・本体の横にカップをセットし、重力に従って落ちてくる塗料を吹き付けるタイプ。 ・塗料の供給が容易な為、吸上式よりも吐出量は多め。 ・カップが小さく軽量なので、少量塗装したい場合や色替えが多い場合、細かな部分を塗装したい場合等に向いている。					
2.		名称：吸上式スプレーガン 説明： ・本体の下にカップを取付け、真空状態にして吸上げた塗料を吹き付けるタイプ。 ・カップが大きく、比較的広い面積を塗装する事が可能。 ・底が平面で安定がある為、作業途中で置く事も可能。 ・中量塗装したい場合に向いている。					
3.		名称：吸上式スプレーガン 説明： ・上記2種とは構造が異なり、ペイントポンプ、加圧タンク等に塗料ホースを接続し、圧力をかけて噴射するタイプ。 ・塗料を圧送するので吐出量が多く、作業性に優れる。 ・多量塗装したい場合や、工場ライン等に連続で使用したい場合に向いている。					

Rev.		改訂理由		3	年　月　日	
1	年　月　日			4	年　月　日	
2	年　.月　日			5	年　月　日	

murakawa

3－3　品質及び生産性に影響を与える作業環境及び条件の分析

　塗装作業標準化の目的のうち、塗装技術の標準化による塗装品質の向上とコストダウン、市場拡大（コストダウンによる競争優位性の確保によるマーケットシェアの拡大）を実現するために不良率の低減は最重要課題である。塗装不良が発生すれば、必ず納期までに再塗装し、顧客の品質要求水準を満たした状態で納品しなければならない。そのため、塗装不良は再塗装コスト発生によるコストの増大及び生産性の低下を招き、納期遅延のリスクが高まるために、競争優位性が保てず市場から淘汰されるリスクが高まる。製造業において QCDSM 活動は常用であるが、その中でも Q（Quality：品質）、C（Cost：生産性），D（Delivery：納期）は最も重要である。

　QCD はそれぞれがトレードオフの関係性にあるがどれも重要な要素であり、QCDを高い次元でバランス良く向上させることが求められており、これを実現するためにも、一人ひとりの作業者の長年の経験と勘で判断、作業を行うのでなく、最善の方法、手順を模索し、統一化及び単純化することにより標準化しなければならない。

　品質及び生産性に影響を与える作業環境及び条件を分析するために、まず、どのような塗装不良が発生するのか、その種類や発生原因、発生場所、対策などを示し、QC 分析会議、改善活動及び部課長会議などが始まる 2018 年 7 月から 2020年 11 月までの期間で、不良率とクレーム率の推移を分析し、考察する。

　図表 13 として児玉・坂東・児島（1973）「塗装不良の種類と原因及び対策」[11]を添付する。

---

[11] 児玉・坂東・児島（1973）pp. 446-457。

図表 13：塗装不良の種類と原因及び対策

欠陥	現象	原因	予防法	手直し方法	欠陥を生じやすい塗料
① たれ (Running) たまり (Sagging)	垂直面に塗られた塗料が流動して塗膜に不均一なしむやたまりを生じる	1 シンナーの蒸発がおそい 2 厚く塗りすぎ 3 吹付け距離が近すぎる 4 塗料粘度が低すぎる 5 気温が低すぎる 6 換気がほとんどない	1 蒸発の早いシンナーを使用する 2 指定膜厚に塗る（約40μm以内） 3 小物塗装：15～20cm 大物塗装：25～30cm 4 ラッカー系：18～20秒 焼付塗料：20～30秒 5 塗装室を 10℃ 以上に保つ 6 適度な換気をする	乾燥後、研ぎ落して再塗装する	合成調合ペイント 焼付形アミノアルキド樹脂塗料 熱硬化形アクリル樹脂塗料 比重が大きく乾燥のおそい塗料全般
② はじき (Cissing) へこみ (Cratering)	塗料が均一に付着しないで、はじき模様になるのを「はじき」といい、噴火口のようにへこみのできるのを「へこみ」という。いずれも塗膜の平滑さは失われる	1 グリース・油・石けん・水・ごみなどの残存 2 シリコンワックスの付着 3 異種塗料のスプレーダストの付着 4 マスキングテープの接着剤の残存 5 下の塗膜が固く平滑すぎ 6 吹付空気中に水分・油分を含有している	1 素手やよごれた手袋やウエスの使用を避ける 2 近くでシリコン系物質を使用しない。上塗り前に溶剤で清掃する 3 異種塗料を近くで塗装しない 4 塗料用シンナーで拭く 5 研磨紙をかける 6 エアトランスホーマの機能を完全にする	(1) 乾燥後ペーパーで研いで十分溶剤拭きしたのち再塗装する	エポキシ樹脂系塗料は特に敏感であるが、アクリル樹脂系、アミノアルキド樹脂系、ウレタン樹脂系塗料などにも発生しやすい
③ ぶつ (Seediness)	塗面が平滑とならなくて小さなぶつぶつが全面または部分的に生じる。極微細なぶつぶつが全面に生じるとつや引けと間違うことがある	1 塗装室内のごみ 2 塗料のろ過不足 3 沈殿している塗料の攪拌不足 4 塗料サーキュレーションパイプが亜鉛引き（塗料と亜鉛の反応生成分） 5 ドラム容器中のごみ	1 塗装室内の徐じんを十分行なう 2 被塗面のエアブロータクラック拭きを十分行なう 3 塗料のろ過を十分行なう 4 パイプは鉄鋼製とする 5 ドラムのごみ除去を十分行なう	ペーパー研ぎしてコンパウンドでみがく 被塗物はペーパーで研ぎ落し再塗装する	合成調合ペイント 各種メタリック塗料 アミノアルキド樹脂塗料 などの自動車上塗り塗料
④ ゆず肌 (Orange peeling)	塗料を吹付けたとき、平滑な塗面にならないでゆず肌状でこぼこを生じる	1 シンナーの蒸発が早すぎ 2 塗料が粘い 3 吹付け圧力が不足 4 吹付け距離が遠すぎる 5 膜厚の不足（塗込み不足） 6 ブース内の風速が早い 7 気温が高すぎる 8 被塗物が熱せられている	1 適正シンナーの使用あるいはノンブラッシングシンナーを一部添加する 2 ①項の4の予防法と同じ（以下①4と同じと記す） 3 吸上形ガン：3.5kg/cm² 重力・圧送形ガン：3.5～5kg/cm² 4 ①3と同じ 5 ①2と同じ 6 風速をおそくする 7 ①5と同じ 8 被塗物の温度を 50℃ 以下にする	(1) 軽い場合はペーパーがけ後コンパウンドおよびつや出し剤でみがく (2) ひどい場合はペーパーがけして再塗装する	ラッカー系塗料に生じやすいが、アミノアルキド系塗料やアクリル系塗料にも発生する 粉体塗料
⑤ かぶり (Blushing)	塗面が白くぼけて所期の光沢がでない	1 高湿度（80%以上） 2 シンナーの蒸発が早すぎ 3 被塗物のひえすぎ	1 塗装直前に被塗物をあたためる（赤外線ランプなどで） 2 リターダー・ノンブラッシングシンナーを使用する 3 ①8と同じ	(1) イターダーシンナーあるいはノンブラッシングシンナーを添加したシンナーをブラッシング部分に吹付ける (2) ひどいものは塗り替える	ラッカー系塗料 ウオッシュプライマー その他超速乾形塗料
⑥ 糸びき (Dobwebbing)	塗料を吹付けたとき、微粒化せず糸をひいて塗着されるため、塗面に糸状の模様を生じる	1 塗料粘度が高い 2 シンナーの溶解力が不足	1 ①4と同じ 2 適正シンナーの使用	(1) 乾燥後研ぎ落し再塗装する	エポキシ樹脂系塗料 アクリル樹脂系塗料 塩化ビニル樹脂系塗料
⑦ メタリックむら (Metalic mark)	金属粉（主にアルミニウム粉）の流れによる塗面のむら	1 シンナーの蒸発がおそい 2 塗料粘度が高すぎる 3 吹付け圧力が低い 4 一度に厚く塗りすぎ 5 ガンの微粒化が悪い	1 適正シンナーの使用 2 常態よりやや低くする 3 通常の吹付け圧力より若干高めにする 4 うすく繰返して塗る 5 メタリック用のガンを使用する	(1) 研いだのち再塗装する	各種メタリック塗料 特にアミノアルキド樹脂系塗料に生じやすい
⑧ はけ目 (Brush mark) ロール目 (Roll mark)	はけおよびロールのあとが塗面に残る	1 塗料の流展性が悪い 2 はけ・ロールがかたい 3 気温が低い	1 塗料を取替える 2 塗料に合ったはけ・ロールを用いる 3 ①5と同じ	(1) 研ぎ落し再塗装する	ラッカー系塗料 エマルション塗料

欠　　陥	現　　　象	原　　因		予防法		手　直　し　方　法	欠陥を生じやすい塗料
⑨ 色分れ (Floating)	塗膜中の顔料が分離して全体の色と違った斑点やしま模様を生じる	1	塗料の顔料分散が悪い	1	取替える	(1) 研いだのち再塗装する	焼付塗料全般
		2	シンナーの溶解力が不足	2	適正シンナーを使用する		塗料としてはグレー（白と黒）
		3	厚く塗りすぎ	3	①2と同じ		ライトブルー（白と紺）
		4	塗料粘度の不適	4	①4と同じ		グリーン（紺と黄）に生じやすい
⑩ 色浮き (Flooding)	塗膜の表面には斑紋がなく塗膜は一様な色調であるが表面と内部の色調が異なる	1	顔料の比重が異なる	1	取替える	(1) 研いだのち再塗装する	上記⑨と同じ
		2	使用塗装機器が異なる	2	同一塗装機器で塗装する		
⑪ にじみ (Bleeding)	下塗りまたは下地の色が上塗り塗膜へ溶出して上塗り塗色が変化する	1	下層塗膜の染料やレーキ顔料が上塗りの溶剤に溶解されて上塗り面に浸出	1	鮮明な赤あるいは黄色のタールエポキシ樹脂塗料を上に塗る場合、一部ため塗りを行なって確認する	(1) 下層塗膜をはがし塗装する	アクリル樹脂塗料 タールエポキシ樹脂塗料 ラッカー系塗料
				2	にじみ止めシーラーを塗付後上塗りを塗る	(2) にじみ止めシーラーを塗装し上塗りを塗る	
⑫ ちぢみ (Wrinkling) し　わ (Lifting)	ちりめん状のしわが乾燥塗膜に現れる現象 しわが浮き上がった状態になったものをLiftingという	1	厚く塗りすぎ	1	①2と同じ	(1) はがして再塗装する	エポキシ樹脂塗料 アミノアルキド樹脂塗料 合成調合ペイント 油性ペイント
		2	上塗り塗膜の溶剤が下塗り塗膜を溶解する	2	溶解力の小さい上塗り塗料を用いる		
		3	乾燥不十分な塗膜への塗り重ね	3	下塗り塗膜を十分乾燥する		
		4	焼付け炉内の酸性ガスによるガスチェッキング	4	間接炉を使用する		
		5	急激な塗膜の加熱	5	徐々に加熱する		
⑬ 針穴 (Pinholing) 穴 (Pitting)	塗膜に針でついたような小さな穴、皮革の毛穴のような穴を生じる現象	1	下地にすでに小穴がありその上に塗装	1	下地状況を確認し小穴があるときはしごきパテを行なう	(1) 軽度の場合は研ぎ落したのち再塗装する	2液形ポリウレタン樹脂塗料 不飽和ポリエステル樹脂塗料 エポキシ樹脂塗料
		2	厚塗り塗膜の急激な加熱	2	徐々に加熱する	(2) 全面に発生した場合は上塗り塗膜をはがし再塗装する	
		3	セッティング不十分	3	セッティングを十分にする		
		4	塗料粘度が高い	4	①4と同じ	(3) 穴が深い場合は上塗りを研ぎ落しパテで穴埋めしたのち再塗装する	
		5	スプレーエア中の水分・油分が存在	5	清浄なスプレーエアを用いる		
⑭ わ　き (Solvent popping)	塗膜にあわ状のふくれや穴を生じる現象で，特に焼付塗料に多い	1	シンナーの蒸発が早い	1	指定シンナーを使用する	(1) ⑬針穴・穴の項と同じ	焼付塗料全般
		2	厚塗り塗膜の急激な加熱	2	徐々に加熱する		
		3	塗料粘度が高い	3	①2と同じ		
⑮ つやびけ (Dulling)	塗膜が乾燥所期の光沢がでない	1	研ぎむら・研ぎ残しがある	1	入念に研ぐ	(1) 乾燥後コンパウンドでみがく	ラッカー系塗料 焼付塗料
		2	ペーパー番手が荒すぎる	2	傷の残らない番手とする	(2) ひどい場合は水研ぎして再塗装する	
		3	ワックス・グリース・油・水の残存	3	塗面を清浄にする		
		4	焼付過剰	4	指定の乾燥条件を守る		
		5	シンナーの不適	5	指定シンナーを使用する		
		6	スプレーダストの付着	6	スプレー順序を考える		
		7	炉内の換気不十分	7	適度な換気をする		
		8	下塗り塗膜の吸込みが多い	8	適正なシーラーを塗る		
⑯ すけ・とまり不良 (Lack of Hiding)	中塗り・上塗りなどがすけて本来の色に仕上らない	1	塗料の隠ぺい力不足	1	取替える	(1) 再度うすく，繰返し塗り重ねる	着色顔料含有量の少ない塗料 隠ぺい力のない塗料 さえた調色（赤・黄・オレンジ）
		2	かんのかき混ぜ不十分	2	かんの底から十分かき混ぜる		
		3	塗り込み不足	3	指定膜厚に塗る		
		4	塗料のうめすぎ	4	適正粘度にする		
		5	下塗りと上塗りの色が違いすぎる	5	下層の塗膜の色と上塗りの色とを近似にする		

欠　陥	現　象	原　因	予防法	手直し方法	欠陥を生じやすい塗料
⑰ やせ (After thin-film)	塗装直後は気づかないが乾燥塗膜になった時に所期の肉持ち感および膜厚が不足する	1 塗料の肉持ち不足 2 塗料のうすめすぎ 3 塗り込み不足 4 下塗りの研ぎが荒すぎる	1 取替える 2 ①④と同じ 3 ①②と同じ 4 細かいペーパーを用いる	(1) 再度うすく、繰返して塗り重ねる	ラッカー系塗料
⑱ ブリッジング (Bridging)	凹部や隅部の塗膜が橋かけ状態に浮き上がる	1 塗料の乾燥が早すぎる 2 凹部や隅部が厚塗り	1 蒸発のおそいシンナーを用いる 2 吹きだまりにならないように塗る	(1) 不良部分をはがして再塗装する (2) 乾燥前に切目をつける	ラッカー系塗料 その他速乾性塗料
⑲ 乾燥不良 (Lack of Drying)	塗装後一定時間経過しても塗面が固定しない。表面層は乾くが内部がいつまでもやわらかい、いわゆる上乾きとなる	1 ワックス・シリコン・油・水などが素地に残存 2 吹付け空気中の油の混入 3 シンナーの不適 4 一度に厚塗り（上乾き）5 高温度・換気不良 6 塗料が古い（油性系塗料）	1 素地面を清浄にする 2 圧縮空気の経路を清浄にする 3 指定シンナーを使用する 4 数回に分けて塗る 5 塗装時の換気をよくし乾燥時に加温 6 ドライヤを添加する	(1) 加温による促進乾燥 (2) はがして再塗装する	合成調合ペイント フタル酸樹脂塗料 油性系塗料
⑳ もどり (After tack)	いったん硬化した塗膜が軟化して乾着性を帯びる	1 魚油・半乾性油を含む塗料 2 乾燥後の通風不足、高温度 3 モルタル・コンクリート壁のあくにより油性塗膜がけん化されて軟化する	1 塗料取替え 2 乾燥場の整備 3 あく止めシーラーを塗る	(1) 軽度のものは通風をよくして乾かす (2) ひどい場合ははがして取り替える	油性ペイント・ワニス 合成調合ペイント
㉑ 汚れ (Stain)	塗膜にしみ状のよごれが着く	1 ほこり・セメントのダスト・アスファルト・スス・酸性成分・樹脂・昆虫・化学薬品などの塗膜への付着による汚染	1 耐薬品性のよい塗料の使用 2 塗装物品を汚染源の近くや屋外に放置しない	(1) 軽度のものは、みがく (2) みがいても直らぬ場合は再塗装する	常乾形・焼付形アミノアルキド樹脂塗料類
㉒ 退色 (Fading)	塗膜の色があせる	1 日光や化学薬品、大気汚染による顔料の変質 2 熱・紫外線による樹脂の変質	1 塗料および使用原色に注意し耐候性のよい原色塗料を選ぶ 2 色あせしない塗料を選ぶ	(1) 塗り替える	各種塗料
㉓ 白亜化 (Chalking)	塗膜の表面が吩化して光沢が低下し、こするると塗膜の表面が粉状に取れる	1 大気中の紫外線・水などによって塗膜が消耗	1 塗料を選定に注意する 2 水洗、みがきをこまめに行なう	(1) 軽度のものはみがく (2) ひどい場合は再塗装する	合成調合ペイント エポキシ樹脂塗料
㉔ ブロンジング (Bronzing)	塗膜がたまむし状の色に変色	1 顔料の移行性、特にブルー・グリーンの濃色はこの傾向がある 2 スプレーエアに油分がある	1 塗料・色合の選定時に注意する 2 エアを清浄にする	(1) ブロンジングを生じない塗料で再塗装する (2) 同質クリアを塗装する	ラッカー系塗料 アミノアルキド樹脂塗料（ブルー・グリーンの濃色）
㉕ ふくれ (Blistering)	塗膜の一部が下地からはなれて、あわ粒状ないしあずき大に浮き上がる	1 塗面に油・汗・指紋・研ぎかすなど親水物質が残存 2 塗面水洗水にきょう雑イオン存在 3 塗膜の硬化乾燥不十分 4 高温度下での長期放置	1 塗面を清浄にする 2 水洗に脱イオン水を用いる 3 塗膜を硬化乾燥させる 4 高温度の環境を避ける	(1) はがして再塗装する	アミノアルキド樹脂塗料（常乾形・焼付形）
㉖ きれつ (Cracking) 小われ (Checking)	塗膜に亀の甲あるいは松葉状のわれを発生する	1 下の塗膜の方が上の塗膜よりやわらかい 2 上塗り塗料の厚塗り 3 下塗りの乾燥不十分で上塗りした 4 上塗り塗料の厚塗り（特に補修）	1 下と上の塗膜の伸びをなるべく等しくする 2 指定の膜厚を守る 3 下塗りを十分乾かす 4 補修・塗り替え回数が多くなったら素地まではがして塗装する	(1) はがして再塗装する	
㉗ はがれ (Flaking)	塗膜の付着が悪く塗膜の一部または全部がはがれる	1 塗面にワックス・シリコン・油・水などが残存 2 下塗り乾燥不十分 3 下地が平滑すぎる 4 下塗りの焼付過剰	1 塗面を清浄にする 2 指定の乾燥条件を守る 3 研ぎを十分行なって足がかりをつける 4 適正に焼付ける	(1) はがして再塗装する	

　図表 14 は、2018 年 7 月から 2020 年 11 月におけるムラカワの部門別の不良率推移表である。全体として不良率が下がっていない。2019 年 7 月、8 月にすべての部署において不良率が大幅に上がっている。これは、この時期に部門別のＫＰＩマネジメントを導入し、不良率をＫＰＩに設定し、不良率を改善する活動を始めるにあたって、まずは正確なデータを取ることが必要という議論になり、不良発生の症状と発生数を正確に漏れなく記録しようとなった。その結果、今まで記録されなかった不良が記録されるようになり、不良率が上昇したのである。

図表 14：不良率推移表

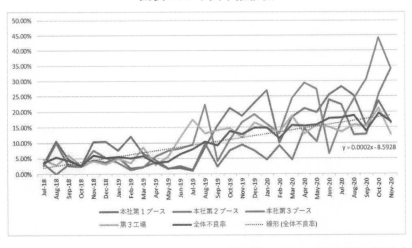

出展：株式会社ムラカワのデータを基に筆者作成

　次に 2020 年 9 月と 10 月にも全社的な不良率の上昇が見られる。この原因としては、2020 年 9 月 16 日に行った配置転換である。新型コロナウィルスにより、いちじるしく売上が減少した。そのため従来の人材育成型に人材配置ではなく、適材適所の最も生産性が高くなる配置を部課長会議にて議論し、大幅な人事異動が行われた。その結果、今までとは違った環境で働く社員が多くなり一時的に不良率が上がったと推察する。

　なお、2020 年 11 月には不良率が低下している。

2019年7月、2019年8月、2020年9月及び2020年10月の不良率上昇は明確な原因があるが、そのほかにおいては、KPIマネジメント及びQC分析会議による改善活動の成果が不良率の低下として表れているとは言い難い。

次にクレーム発生数と不良率の関係性をみる。

図表15の不良率及びクレーム率推移表（2018年7月～2020年11月）を見ると、不良率は上昇しているが、クレーム率は緩やかに減少している。不良率は社内で発見された塗装不良の発生率であり、クレーム率は、塗装不良が検査課の検査をすり抜け、社外流出し、顧客またはエンドユーザーによって発見され、クレームに至った率である。本来クレームは1件もあってはならないことであるが、塗装業界全体にあって当たり前の風潮がある。作業者は塗装不良が発生しないように、日々、装置をメンテナンスし、技術を高め、塗装不良の発生原因の究明と改善活動を行っているが、もぐら叩きのように発生するため、塗装作業者の中では発生して当たり前であり、発生数を少なく抑え、発生した塗装不良は再塗装して出荷するのが当たり前になっている。実際に発生原因が解明できない、改善方法がわからないということも日常的に起こっているので非常に難しい課題である。しかしながら、最悪でも社内で塗装不良を発見し、再塗装して、良品を納期厳守でお客様に提供しなければならないので、検査体制の強化が課題となる。

図表 15：不良率及びクレーム率推移表（2018 年 7 月～2020 年 11 月）

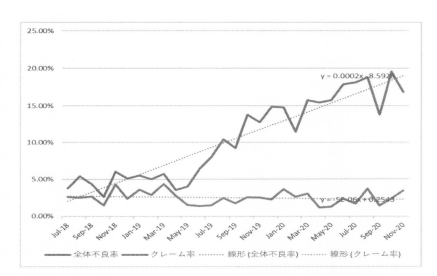

出展：株式会社ムラカワのデータを基に筆者作成

　塗装不良の社外流出を防ぐために、2019 年 7 月、ムラカワは検査課を作った。従来は検査梱包課が、検査し梱包作業を行っていた。そのため、繁忙期などは、検査がおろそかになってしまい流出が増えるので、検査と梱包作業従事者を完全にわけることになった。

　2019 年以降、検査課による検査が厳しくなり、不良率は上昇するが、社外流出によるクレーム率は減少している。これにより、検査の厳格化によるクレームの減少という成果はでているが、KPI マネジメント及び製品事故分析会議による不良の減少の効果は、検査厳格化により測定および評価が困難になっている。図表 16 は製品事故分析会議で使用しているゴミ削減対策記録である。

　塗装作業を標準化するにあたり、標準化の対象を絞り、必要なデータを選定し収集する必要がある。本研究では、特に塗装品質や生産性に与える影響が大きいと思われる条件を選定した。塗料の種類、シンナーの種類、使用した塗料の量、

使用したシンナーの量、気温、湿度、焼付温度、焼付時間、作業者、日時及び天気である。これらの情報を、塗装作業ごとに、毎回、必ず塗装作業者が、塗装作業日報に記入、記録、それを業務部がデータ入力する。

図表 16：製品事故分析会議　ゴミ削減対策記録（第一ブース）

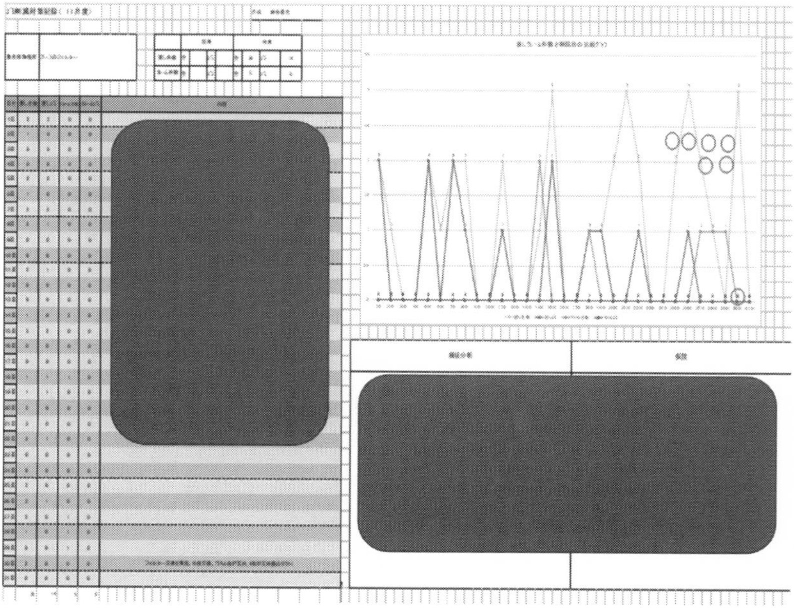

出展：株式会社ムラカワの製品事故分析会議での第一ブースの資料

図表 17 がムラカワにおいて使用している塗装作業日報である。

令和 2 年 4 月 16 日の QC 分析会議の時に、塗装不良の原因のひとつとして、希釈シンナーの選定、希釈率が適正でないことがあり、塗装作業を標準化するためには、製品、温度、湿度、仕様塗料、指定膜厚などの条件により、最適なシンナーの選定と適正なシンナーの希釈率が重要であるとの見解に至った。塗料メーカーに問い合わせたが、塗装環境および状況により変化し、メーカーとしての

データはなく、ムラカワで、使用した塗料および使用したシンナーや量のデータを記録し、分析して最適解を探し、標準化しようということで、データを収集することとなった。

翌4月17日に塗装作業日報が改訂され、4月18日から、従来からデータを取っていた指示書番号、作業者、日時、気温、湿度、仕様塗料に加え、使用したシンナーの種類と番手、投入したシンナーの量、使用前の塗料と使用後の塗料の残量を新たにデータとして残すことになった。

図表17：塗装作業日報

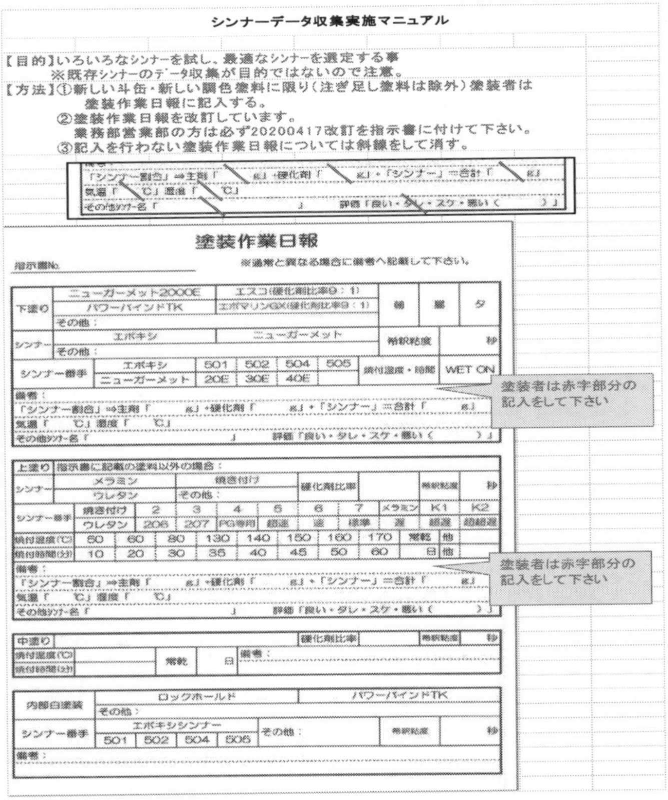

シンナーデータ収集実施マニュアル

【目的】いろいろなシンナーを試し、最適なシンナーを選定する事
※既存シンナーのデータ収集が目的ではないので注意。
【方法】①新しい斗缶・新しい調色塗料に限り（注ぎ足し塗料は除外）塗装者は塗装作業日報に記入する。
②塗装作業日報を改訂しています。
業務部営業部の方は必ず20200417改訂を指示書に付けて下さい。
③記入を行わない塗装作業日報については斜線をして消す。

「シンナー割合」⇒主剤「　g」+硬化剤「　g」+「シンナー」＝合計「　g」
気温「　℃」湿度「　℃」
その他ｼﾝﾅｰ名「　」　評価「良い・タレ・スケ・悪い（　）」

塗装作業日報

指示書No.　※通常と異なる場合に備考へ記載して下さい。

下塗り	ニューガーメット2000E	エスコ(硬化剤比率9：1)	朝	昼	夕
	パワーバインドTK	エポマリンGX(硬化剤比率9：1)			
	その他：				
シンナー	エポキシ	ニューガーメット	希釈粘度	秒	
	その他：				

シンナー番手	エポキシ	501	502	504	505	焼付温度・時間	WET ON
	ニューガーメット	20E	30E	40E			

備考：
「シンナー割合」⇒主剤「　g」+硬化剤「　g」+「シンナー」＝合計「　g」
気温「　℃」湿度「　℃」
その他ｼﾝﾅｰ名「　」　評価「良い・タレ・スケ・悪い（　）」

塗装者は赤字部分の記入をして下さい

上塗り　指示書に記載の塗料以外の場合：

シンナー	メラミン	焼き付け	硬化剤比率	希釈粘度	秒
	ウレタン	その他：			

シンナー番手	焼き付け	2	3	4	5	6	7	メラミン	K1	K2
	ウレタン	206	207	PG専用	超速	速	標準	遅	超遅	超超遅
焼付温度(℃)	50	60	80	130	140	150	160	170	常乾	他
焼付時間(分)	10	20	30	35	40	45	50	60	日	他

備考：
「シンナー割合」⇒主剤「　g」+硬化剤「　g」+「シンナー」＝合計「　g」
気温「　℃」湿度「　℃」
その他ｼﾝﾅｰ名「　」　評価「良い・タレ・スケ・悪い（　）」

塗装者は赤字部分の記入をして下さい

中塗り		硬化剤比率		希釈粘度	秒
焼付温度(℃)		常乾	日	備考：	
焼付時間(分)					

内部白塗装	ロックホールド				パワーバインドTK		
	その他：						
シンナー番手	エポキシシンナー				その他：	希釈粘度	秒
	501	502	504	505			

備考：

その結果、塗装不良の解決策として、以下の提案があった。

「不良発生の損失金額を把握する」、「不具合箇所をデジタルマイクロスコープで観察する」、「塗装ブースでエアブロー後、塗装前に LED ライトで表面にゴミ、ブツが付着していないか確認する」「ケルヒャーの乾湿両用掃除機 "NT 30/1 Tact 帯電防止"で掃除後、こまめに散水すると良い。」、「霧化を止めたガン先吐出塗料を 3 分程度メッシュでろ過し、シンナーで塗料を洗い流して残渣のゴミを観察する」、「吉野紙でろ過するのではなく、日本特殊織物のナイロンメッシュを使用する」、「1 週間に一回程度、ホースを外して曲げたり叩いたりすることで、ホース内面の塗料膜を剥がす」、「吊下げ工程周辺をネットや金網で囲う」、「3 M "防毒マスク面体 6000"などの吸着缶のデュアルタイプを使用する」である（図表 18「平田技術士コンサルティング記録」及び図表 19「製品事故分析会議議事録」を参照）。

図表 18：平田技術士コンサルティング記録

2020年1月	1）場内のパーティクル数を測定した。 ○第3工場のブースのパーティクル数が最も小さかった。 また第3工場のブースのみが陽圧であり、扉から調合場のホコリは流れ込まないことが分かった。 2）デジタルマイクロスコープ観察結果 本社工場第2ブース ハケ1 塗膜に埋まり混んでいる。不明1 固まり1 塗装後に付着している。 第3ブース 繊維3 第3工場 繊維1 → 引き続き、観察を続けていきましょう。 3）実施項目 第1ブース 給気フィルタ交換 第2ブース レール清掃 第3ブース レールと壁の清掃 第3工場 ブース壁高圧洗浄、レール清掃、 　　　　　ストレーナー150メッシュ定期交換、缶交換 4）スプレー塗装とシンナーのメカニズムの概要を解説。 溶剤塗装の火災予防を解説。	○これまでは直しの件数を追っていたが、今後はライン別の不良率をフォローしていく。 ○本社工場第1、第2、第3ブースは陰圧であるため塗装中はブースの扉は必ず閉める必要がある。 開けると調合場のホコリがブースに流れ込み、塗装中の製品に付着してしまいます。 ○焼付炉の壁に埃の付着が多い。パーティクル数も大きな値を示している。 　清掃が必要です。 ○ナトコステラベークの光沢バラツキ対策 ①シンナーのSDSを入手する。 ②シンナー一覧表を使って溶剤成分に注目する。 ③塗装前に製品と共に塗料とシンナーを暖めて、調合希釈する。 ④将来的にはまぜまぜマンなどの回転撹拌機も使って撹拌を強化する。 まずは①から③までで光沢の安定を観察してみましょう。

ゴミブツ対策フレームワーク

2017/05/15
平田技術士事務所

	浮遊塵の対策	落下塵、付着塵の対策	流体中の異物対策	気流関連の対策
持ち込まない	○ブースの給排気バランスを取る。 ○ウエアの洗濯、交換、エアブロー、散水 ○一斗缶など搬入資材のエアブロー ○塗装工程のゾーニング ○上履き	○ハンガー、傘の定期清掃、ブラッシングとエアブロー装置設置 ○前処理最終水洗水のフィルタリング	○適切な目粗さのナイロンメッシュによる塗料ろ過	○ブースの給気フィルタ管理 ○ブースの水位管理 ○給排気のインバータ調整
発生させない	○クリーンスーツ、クリーンキャップ着用 ○無駄な動きを少なくする。 ○不要品は持ち込まない	○耐熱グリースの適量塗布 ○上吊り搬送のハンチングの是正 駆動部の電流値のロギング ○インデクサーの清掃	○塗料撹拌 ○羽の無い撹拌機 ○静電塗装の塗料抵抗値の適正化(静電反発対策)	
堆積させない	○清掃基準作りと実行 ○清掃しやすい機器配置	○塗装装置の配管仕舞い ○除塵、除電ブロー ○蛍光灯の埋め込み	○塗料配管洗浄 ○洗浄剤の適正化	○気流の見える化と管理
排除する	○給気と排気 ○エアブローなど発塵工程の排気 ○ホコリの静電誘導のよる金網捕捉 ○クリーンルーム用掃除機	○除塵の集塵 ○焼付炉内清掃、セッティング内清掃 ○Cチャンネルの内部の清掃 ○レシプロ、ロボット、塗料ホースの清掃、ラッピング	○塗料ろ過 戻りのナイロンメッシュフィルタ	○乱流を無くして、整流にする。ゴミを付着させないような気流形状にする。 ○局所排気
拡散させない	○散水 ○粘着剤	○傘の設置		
付着させない	○静電気対策のドライミスト ○イオナイザー	○静電気対策のドライミスト ○イオナイザー		

1)場内の風向風速パーティクル数を測定、記録した。

2)各ブースの清掃活動が進んでいる。

3)QC分析会議を開催している。
○自ら進んで困難に立ち向かい、不良を減少していきたいという皆さんの想いが伝わってきました。
この会議が改善活動の推進エンジンになると思います。

第1ブース タレスケが多い。レール清掃中。
　　　　　　ツブゴミが多いときもある。原因がわからない。
第2ブース スケが多い レール清掃中。
第3ブース ツブゴミが減った。
第3工場 ツブゴミ、タレ多い。

それぞれの工場、ブースでツブゴミやスケタレが発生しているが、原因はまだ分からない。

すべてのブース、工場で、毎週レール清掃中。
ブースの照明を消して、レッドレンザーのライトを当てながら吊り具を動かしてみましょう。
落下ごみがあるかどうかを観察することができます。
次回訪問時にやってみましょう。

2020年
5月

1)引き続き、以下の項目を維持していきましょう。
できない項目について、次回教えてください。代案を考えます。
①ウエアと頭巾は、毎日交換、洗濯する。できればお昼も交換する。
②朝一番にケルヒャーの掃除機で床を清掃、散水し、昼も床に散水する。
③塗装時は、ブースのすべての扉を閉める。
④ブース内のエアブロー後に、表面のゴミが無いことをLEDライトで確認する。
⑤週一回、レールと屋根壁と吊り掛け治具のエアブロー清掃をおこなう。
⑥粉体塗装装置のホースは、週一回折り曲げて、ホース内の塗料カスをエアーで吹き飛ばす。
⑦溶剤塗装ガンのホース内洗浄方法は、次回説明します。
再生シンナーは溶解力が弱いので、ホース内のコレステロールは溶かせません。

2)タレスケに関して、以下の項目を今後検討していきましょう。
①ブースが暗い。スケや軽微なタレがしっかり見えるか？　特に下面や、ボックス文字の奥。
ヘッドライトを付けて塗装している事例も多い。
壁にガラスをはめて、外に一般のLEDサーチライトを取り付けている事例もある。
これだと防爆でなくてOK。
②シンナーの成分をSDSから拾って一覧表にまとめ、挙動や使い方を議論しましょう。
③技能に関しては、デジカメで動画を30秒程度撮影し、観察していきます。
ポイントは、運行スピード、ガンと被塗物との距離、画面ですが、パターン幅や霧化圧もあります。

3)その他
○ブースの保水は、ブースの外に小さなプラスチックタンクを置いてブースの水とホースで繋げば、ブースとタンクの水位が一致します。そのタンクにボールタップ補水すれば、塗料カスで詰まらないので自動化できます。
○ツブゴミの中身の調査が求められます。研磨前と研磨後を比べると、素材の鉄か塗料かすかが分かります。ゴミの付着工程も分かります。
DinoLiteの時間が取れなければ、新人でも大丈夫だと思います。それも無理なら次回訪問時に一緒にやりましょう。
○あらたに決まったメンテナンスや管理項目は、メンテナンス一覧表に記載して抜けを無くしましょう。

2020年6月	○シンナー成分一覧表を作成した。 メンバーで中身を議論し、普段の調合とすりあわせてシンナー成分と現場の挙動が一致することを確認した。 ○塗装技能の動画をメンバーで観察、議論した。 とても良い議論ができたと思います。 ○シワについては、セッティングの温度を上げることで解決した。 メカニズムとしては、上塗りのシンナーがウエットオンのプライマーを侵してしわになったと考えます。 ○第3工場のデジタルマイクロスコープ観察 ①飛散か、あるいはレールから落下した塗料ゴミ 4ヶ ②ブース塗装時の繊維ゴミ 1ヶ ③吉野紙 1ヶ ④金属片 1ヶ ○ゴミ不良率は10月以降徐々に下がっている。 改善に対する成果が出ています。 一方、スケタレなどの技能起因は増加傾向にある。	○シンナー成分一覧表を現場へ掲示して、気温に対する調合アクションを塗装員へ教育していきましょう。 気温に対するブレンド条件も標準化して掲示するのが良いです。 ○次回7月9日に、動画で技能講習をおこないます。 塗装品質に対する技能だけで無く、塗料コストに対する塗着効率、ホース内の捨てる塗料の塗料ロス、膜厚のフィードバックなど、スプレーワークだけでなく全体的に分かりやすく説明しようと思います。 他社のスプレー映像もご覧いただき、理屈をお話したいと思います。 ○ライトを手に持って外観をチェックしている作業者がいることが分かった。 ヘッドライトを検討する。 ○落下塗料ゴミについては、現場観察の結果2次フックの塗料片の落下が懸念された。 またCチャンの走行面からのゴミ落下もライトで観察できた。 Cチャン走行面については、ワイヤーブラシを入れて清掃する事例もあるが、当面は長い銅パイプなどでエアブローしてみることをお薦めします。 Cチャン走行面の清掃は、どこの現場も悩んで工夫しています。 ○現在のブツ観察結果ではブツ表面に突起があるので塗料ホース内のコレステロールの可能性は低いが、ホースの状況からすればコレステロールゴミが多発しても不思議では無い状況にある。 ホース内洗浄には樹脂の溶解力が無い「再生シンナー」では無く、希釈シンナーが良いです。 ○一部静電塗装ガンの電極曲がりがありました。 ノズルの清掃状況は良好でした。 ○素材の研磨傷検知には、メイテック社の「ブツ検査手袋」をおすすめいたします。 ただし厳しすぎる懸念があります。
2020年7月	○塗装スプレー技能の原理原則を解説しました。 合わせて塗着効率向上についても説明しました。 塗料の飛散が多いということは塗料ロスが多く、お金を損しています。 ○新聞紙や黒い模造紙に白か黄色塗料を塗装すると、ムラやダストなど技能のレベルがとてもよく分かることを動画で説明しました。 ○メンバーのスプレー動画を観察して、議論した。 他の人の動画を見ると、自分との違いがよく分かります。 また、実際に現場で見るより動画で見た方が、違いがよく分かります。 これは画面だけを見ることで、周囲の関係ない情報がカットされるからです。 これを「フレーム現象」と呼びます。フレームとは枠のことです。	1)シンナー一覧表を現場に掲示しましょう。 都度私も現場で説明をしていきたいと思います。 2)皆さんのスプレー動画を見た感想を記載します。 ○全般的にパターン幅が広すぎるように感じました。 ミストの飛散が多いです。 製品の塗装面に合わせて都度パターン幅を調整すると良いです。 パターン幅を狭くして、その分、吐出を下げましょう。 ○跳ね返りも多いように思いました。 最適なエアー圧に調整しましょう。 塗料のムダが減り、自分への跳ね返りも減り、ドライミストが減ってレールや壁への付着も減ります。 ○塗り重ね回数がばらついていたり、製品端でガンが抜けていなかったりする場合もありました。 塗りすぎているように見える場面もありました。 乾燥後に膜厚を顕微に測定して、塗り方と膜厚の関係を把握しましょう。 製品の膜厚均一性を向上して、塗りすぎが無いようにしましょう。 塗りすぎはムダです。 ○製品の吊り掛け間隔が広すぎるように感じる場面がありました。 吊り掛け間隔は、ダストの影響が無いレベルでできるだけ詰めて吊りましょう。 間隔を空けすぎると、塗っていない時間が多くなり、ムダです。 詰めれば、短時間で仕上がります。 3)新聞紙や鉄板による技能の見える化コンテストを検討する。塗装時間、塗料重量(残塗料重量による塗着効率の判断)、膜厚均一性、ムラ、タレなどを測定、観察する。 動画撮影も継続して、技能レベルの向上を比較観察する。 4)手元を明るくするため、ヘッドライトか大塚ハケのスプレーガン用LEDライト(CJライト)を検討してみましょう。

図表19：製品事故分析会議議事録

製品事故分析会議議事録

参加者：村川社長、

高木、浅野、熊田、神田、池川、窪塚

記録者：

■ゴミ不良削減取組み（生産性向上委員会：）

※資料参照

・ゴミ不良の対策グッズを購入したが使い方が分からない、平田先生にいただいた資料やアドバイスの共有が出来ていないのが事実。

・ブース内 5S の習慣化のためにまずは掃除機や掃除ロボット、ホウキを購入。

・掃除日とゴミの量などを日別で分析中、経過を見て掃除の頻度やゴミによる直しの発生量、期間などが分かりかなりおもしろいので今後情報共有していきたい。

【対策グッズについて】

・いくつかの対策グッズを実験的に導入、または導入を検討している。

　・掃除道具（高圧洗浄機、掃除機、掃除ロボット、ホウキ）

　・デュアルマスク

　・ポリエステル 100%頭巾

　・クリーンスーツ

　・吉野紙代替えメッシュ

　・吊りかけ検査用 LED ライト

　・浮遊ゴミ用 LED ライト

　・マイクロスコープ

　・アースリストバンド（検討中）

・現在それぞれの良い点、悪い点を分析中。

・今までの頭巾ではゴミが発生しやすいことや、吉野紙は実際にはこせておらず、こし紙自体塗料ごとに目の粗さを使い分けるべきであること等が判明し

た。
・マイクロスコープを導入したがまだ使用方法の確立が課題。

【デュアルマスクについて】

・デュアルマスクを使用した感想としては、
　視界は変わらないが、重いためにズレやすく疲れる。
　現在使用している物に比べ、付け方が難しく着用に若干時間がかかる。
　吸収缶が 1 個の物よりは 2 個の方が匂いはほぼなく、呼吸もしやすく人体に
　優しいため、現在使用している物より良いとの声が挙がった。

【ポリエステル 100%頭巾】

・頭巾はやはり素材がポリエステルの方はゴミが出にくいため早めに変えたい
　が、着用方法が難しいという感想が挙がった。
・今までの物は被るだけだったが、ポリエステル素材の物はマジックテープが付
　いており複雑で時間がかかるので、吹き手としては現在使用している物と同
　じ形状でポリエステル素材の物が希望。
・頭巾に眼鏡ホルダー付属の物もあるがムラカワに眼鏡を着用する人が少ない
ため不要。

【掃除道具について】

・ケルヒャーの掃除機を本社 2 階でも使用してみたところ、かなりのゴミが取
れた。
・カドや機械類が密集している箇所は掃除機だけでは取り切れなかったので課
題もある。

【アースリストバンドについて】

・まだ未着手で、見つかっていないが今後導入していきたい。使用方法の確立が
　課題。
・コードが短い物しかなく、良い長さが見つからないのでコードの長さやアース
　の取り方等、旭サナックさんに要相談。
・実際にアースリストバンドを導入し、顔に塗料が付かなくなれば大きい進歩。

【LED ライトについて】

・本社 2 階では現在サンポール製品にゴミが付着していないこと等から、LED ラ
　イトはほとんど使用することがない。

・実際、LEDライトはゴミが付いているのか付いていないのか分かりにくいうえ、LEDライトで照らして見る作業を挟むことで、仕事の流れが乱れるのであまり使いたくはない。
　LEDライトで照らした結果によって、直しをするという判断をしたこともない。
・実際は吊り掛ける支度の人が検査し、ゴミがない状態でブース内に持ち込むのが理想ではあるが、現状ブース内のゴミが多く吊り掛けてからブースへ入れるまでにゴミが発生しているのでブース内での検査も必要。
・ヲクハタでもLEDライト、掃除機を導入希望だが鉄粉用等、用途に適した物を探すべき。
・掃除のグラフは掃除箇所も追加することで、どこを中心に掃除したら良いのか、どこをどのくらいの頻度でしたら良いのか分かるのでより一層おもしろいのでは。
・グラフに対する思いとしては水平展開していきたい。
・クレーム実績表の金額は、クレームになった製品を含む指示書分のため、実際より増しの金額ではあるがかなりの額になっている。
・積み忘れが0になっており仕掛を落とす際に入力していないことが原因だが、ゴミによる直しとは別問題なので議論を保留。

■対策について
・直しの一覧を見たところ、ほぼツブゴミの直しなので特に目立つ。
・LEDライトで検査したところ製品にはゴミが見られないため、ブース内を舞っているゴミが付着していると考えられる。
・塗装ブースを稼働中にゴミが舞っているのはフィルターもしくは人からのゴミが原因であり、ブース稼働中、中に誰もいない状態でゴミが浮遊しているのならフィルターから、人がいるのなら人からと考えられるのでは。
・現状ブース内で付着するのが1番多いが、中には窯内で付着することもある。
・基本的にブース内で付着するのはおかしいので、天井のフィルターを交換すれば良いだけの話ではないか。
・第3工場では浮遊もそうだが、人や物の出入りや、開閉の頻度が1番多い扉にドライミストがついていない状態にするよう特に意識して掃除をしている。
・第1ブースの乾燥炉のゴミは減っていると感じてはいるが、あくまで感じてい

るだけなので、検査グッズを使用して分析していったら良いのでは。

・ゴミの付着は浮遊が原因かもしれないし、ガンやホースが原因かもしれないので、ゴミが付着する場所だけでなく、どこでどんな状態で付いているのか調べる必要がある。

・環境が整えば浮遊の可能性がなくなるのでガンからのゴミではないかということも考えられるし、そうだとすればメッシュのこし紙による対策にも繋がるだろう。

・まずはどこから改善すべきか分からない場合、「お金を使わずに現場改善」から着手していけばいいと思う。お金をかければいくらでも対策できるが、掃除の有無や頻度でどう変わるかということも見える化し、参考資料にしていけたら。

・現在多いゴミの直しが減ることで残業も減るし、人員も削減できるうえ、その分品質の向上に繋がるので良いことばかり。

【本社第2ブースについて】

・第2ブース自体、直しは少ないがやはりゴミツブが多いのはガン、プライマー、静電、ドライミストが原因ではないか。

・プライマー内のゴミは斗缶が支度側に露出しているのが問題ではないかと考えているため、斗缶を入れ変える作業の方が早いのか、簡易的な隔離の方が早いのか検討中。

・ガンの中が原因だと思うなら噴射口にメッシュを当てて吹いてみればガン内部のゴミの有無が分かるので今後分析してみては。

・ホースは一度全て交換した方が良いのでは。

・プライマーはメッシュを使用し、何のゴミか検査してみては。

・第3工場ではプライマーの入れ替えはゴミが出だしたらしており、週1〜月1が個人的な目安で、体感的に斗缶を変えたらゴミが減ったなと感じることが多い。

明確な周期は分からないが週1〜週2くらいが良いのではないか。

・ペーパーをかけたときに特に目立つのがプライマー内のツブゴミ。

・本社では第2ブース以外はプライマー内のゴミよりも、空気中や後からついたゴミが目立つ気がするので環境が問題なのでは。

・業務支援システムのクレーム種類は今週から細分化された。

【本社ブースの散水について】

・本社のブースは何故散水できないのか？通電するから？

・ブローで掃除したことはあるけどゴミがまって結局意味がなかった。

・機械類に水をかけなければ大丈夫なのでは。

・乾いた状態でも床に膝をついたらビリっと来る時、来ない時があったが、それはアースが取れていなかったのが原因で現在は改善済み。

・第3はグレーチングのため翌日にはほぼ水が乾いているが、本社は板状なので翌日に水が残る可能性がある。

・対応した物を探す必要があるが、散水した後に掃除機をかけてみては。

・第3工場で実際に使用した感想としては、ドライミストがほぼ完全になくなり浮遊もなく、全く問題ないことからすごく効果が出ていると感じられる。

【本社2階ブースについて】

・本社2階はレールのゴミが1番多く、点検口を取り付けたことで90%くらいゴミが削減できたが現状やはり付着する。

・滑車の可動部を養生する等してショットをしてもらいたい。

・点検口を取り付け、エアブローでレールの掃除をしたのは10月後半くらいだが、直しの一覧表を見たところ10月後半にゴミが発生しているのでそれはどうなのか。

⇒粉体塗料の中に混入している他の色が出ているのもゴミと判断されているのかもしれない。現在ホースは色ごとで分けているので多色が混入することは減った。

塗料メーカーからは機械自体も色ごとで分けるべきと言われたがその必要はない。

・以前修理してもらったレール繋ぎ目の引っ掛かりが、重いものを何度も吊掛けるせいか再発したので再度修理してもらう。

・カップ付きの滑車は使用していないのか？効果はないのか？

⇒通常の物に比べ重く、レールに入れるのが難しいため使用していない。検証をしていないので効果があるのかどうかも分からない。

・何も吊掛けていないレールからゴミが落ちてきている可能性もあるので、ゴミ

が付着している箇所によってはどのレールから落ちたものか分かるのでは。実際、2階での品物の移動中に下階や下階のレールも振動している。

・下側からのゴミは全くないため、滑車とレールが1番の原因と思われる。

・今後はレールの掃除をいつ行ったか、ゴミがどのくらい発生したか分析してみては。

・ブース建設の際には掃除もしやすいものが望ましい。

【第3工場について】

・第3工場はKPIでも掃除に取り組んでいるのでかなり皆で関わっている。

・プライマー内のツブゴミに関しては第2ブース同様に気になる。

・本社に比べ毛ゴミが多い印象で、特にパイプを持った手やパイプ、頭巾、人からの毛ゴミが多いと感じられる。

・ブースに入る際にエアブローでゴミを飛ばすことや水の量も重要と思われる。

・冬に近づくにつれ支度場等、吹き手以外の作業者の服装も今後課題になってくるのでは。

・ブース内の掃除は頻繁にすべき。

・掃除した後はゴミが減っている事実がグラフから見てとれるので継続すること。

・今後はどこから発生したゴミで、何のゴミなのか分析することが必要。

・吊り掛けに使用する滑車、パイプ、ピン等の治具類も製品と一緒に清掃すべき。

・ブース内では浮遊中の毛ゴミが見られなかったので、吹き付ける作業中等、途中で付く毛ゴミや、掃除中に絡んで取れなかった毛ゴミが多いのでは。

・セッティングルームに吊り掛けていた製品に、吹いた直後かセッティングルームに移動中に付いたかは分からないが塗膜に埋まっていない乗った状態の、後から付いたと思われる毛ゴミが見えた。

【まとめ】

・現状をよく把握でき、様々な意見も飛び交い有意義な時間だった。

・ウエイトが大きいので今後定期的に取り組んでいくべき。

・まずは原因を見つけるか、仮設から何らかの対策をし、結果から分析と次の検証へ移っていくことが重要。

・生産性をKPIにしている部署が多いので、部署ごとにツブゴミ対策のアクシ

ョンに取り組むことで生産性は上がるはず。

・掃除時間が増えることにより残業時間が変わらない、増えるといったことも例
　外として起きる可能性はある。

・本社2階のようにレール等の原因が分かれば、原因を徹底して改善し、次の改
　善箇所に取り組んでいければ良い。

■各ブース今後の取り組み

・各自報告が必要な取り組みを行った場合は　　　　に報告すること。

【第3工場】

・毛ゴミ対策として、吹き手のブース入室時に完全装備状態でエアブローを必ず
行う。

・ツブ対策としてプライマーのツブをメッシュに通し何のゴミかを分析する。

・吊掛け時の掃除の意識の共有を行い、品物だけでなく治具類も清掃する。

【本社2階】

・レールの掃除を1週間に1回行う。

・滑車をショットで綺麗にしてもらう。

・レールの引っ掛かりを修正してもらう。

【第2ブース】

・レールの掃除を1週間に2回行う。

【第1ブース】

・11/30(土)に天井のフィルターを交換する。

　現状、天井のフィルターに問題があるのは確実なため注文済み。

　現在掃除にあてている時間をフィルターの交換にあて、数日に分けて行う予
　定だったが、結果的に費やす時間が増え、部分的な交換では効果が分かりにく
　いので1度に全てを交換すること。フィルター交換前後のゴミ発生量の記録
　を見える化すると、いいのでは。

出典：株式会社ムラカワの会議資料を元に筆者作成

３－４　最善と思われる作業手順を特定しＱＣ工程表及び作業手順書にまとめる

　塗装作業を標準化するためには、今やっている作業や、社内でもっとも品質、技術、生産性に優れた技術者をモデルとして形式知化することが一般的だが、ここで問題が起こる。社内で最も優れた技術者をどのような基準で選ぶのかという問題である。そして、選ぶ基準を選定するならば、そもそも正しい作業の工程ややり方、環境による適正な分析や判断による材料や作業の選定が必要となるが、実はそれ自体が塗装作業を標準化することであるとの矛盾が生じる。この問題を解決するには、ひとつひとつの塗装不良や不具合、不良とまでいかなくても、最良ではない状態をどのようにしたら解決できるのか、正しい塗装技術とはどうするべきなのか、仮説を立て検証し、最適解かどうかはわからないけれども、考えうる限りの最善の方法というものを見つけ出し、それを形式知化し、塗装作業の標準とする。この作業を地道に積み重ねていくことが必要であると筆者は考えた。

　これを実現する為に分析会議を社内で始めた。担当は第３工場長のＡである。毎月、Ａが、社内で発生した塗装不良や外部流出したクレームの中から、緊急かつ重要と考えるケースを事例として取り上げ、発生した状況、塗装データなどを会議参加者に一週間前に配布し、それぞれが原因、仮説、解決策を考え、会議にてディスカッションを行い、最善と思われる作業手順を特定しようというものである。

　第１回目の会議は「製品事故分析会議」という名称で令和元年 11 月 27 日に開催した。

　社長以下 17 名が参加し、具体的な対策、次回にむけての行動計画ができた有意義な会議であった。

　第２回製品事故分析会議は、１か月後の令和元年 12 月 18 日である。前回の会議より、導入した高圧洗浄機、掃除機、掃除ロボット、ほうき、デュアルマスク、ポリエステル 100％頭巾、クリーンスーツ、吉野紙代替えメッシュ、吊り掛け検査用 LED ライト、浮遊ゴミ用 LED ライト、マイクロスコープなどを使用し、検証した。効果の非常に高かった事案もあるし、引き続き検証が必要なものもあ

った。

　第3回製品事故会議は令和2年1月20日、第4回は令和2年2月19日と、以後、毎月開催している。この頃から、部課長会議でのKPIに設定している塗装不良の削減と、議論の内容が重複するようになった。部課長会議と製品事故会議とでは、参加者が異なる。部課長会議は、各部署の部長、課長などの役職者が担当部署のKPIマネジメントサイクルを回す会議であり、製品事故分析会議は、対象が塗装作業であれば、実際に塗装作業をしている社員を参加させるなどしているので、整合性がとれなくなってきた。そこで、部課長会議では、KPIマネジメントを議論の中心とし、具体的な改善案、原因、対策などは議論せず、不良対策などは、製品事故分析会議（この後、QC分析会議と名称を変更）で議論することとした。

　そのためには、品質及び生産性を評価するための適正な指標を設定することが重要である。そのためにはまず、塗装の品質、生産性、及び塗装技術を数値化することである。筆者はかねてよりこの指標を模索していたが、県立広島大学大学院経営管理研究科ビジネスリーダシップ専攻のビジネス統計学で分散と標準偏差の授業を受けている時に、塗装品質は再現性の高さ、安定性が重要であり、品質のバラツキを無くすことが有効なことから、分散、標準偏差の考え方がマッチングするのではないかと思いついた。漠然とそう感じていただけだったが、ある日、工場を見回っている時に、ある製品がブリスター（乾燥時に塗料がなんらかの理由で発泡し、塗膜表面がブツブツになること）で不良になり、再塗装している場面に遭遇した。この時、膜厚の多さが原因ではないかと推察し、社員に膜厚を測定するように指示した。メラミン焼付の塗料であるから、標準膜厚は40ミクロン～50ミクロンである。対象製品は膜厚の多さからブリスターを発生したと仮説を立てたことから100ミクロン以上ではないかと予測したが、結果は150ミクロン以上だった。40ミクロンで充分な性能を発揮し、取引先の品質要求水準を満たすのに、約4倍もの塗膜が塗着していた。膜厚が4倍ということは、使用した塗料も、作業時間も4倍以上となる。

　当時、売上高材料費が年々と増加していたが、原因が分からず、対策が打てずにいた筆者は、塗装膜厚が多くなっていることが材料費の増加につながり、タレや湧きなどの塗装不良の原因となり、不良も増加しているのではないかと仮説

をたて、工場のあらゆる製品について膜厚を測定して回った。すると、ほとんどの製品で過剰に膜厚がついていることが判明した。しかも、塗装作業者のほとんどは、膜厚が過剰についているという認識もないまま塗装作業を行っていた。この時、筆者は、膜厚をコントロールすることにより材料費、投下人件費を抑えることが出来、同時に膜厚の過剰により発生する塗装不良も削減でき、品質面及び納期面でも改善するのではないかと直感した。そして、膜厚をコントロールする時に適切な指標はなにかと考えた時に、ビジネス統計学の時に分散と標準偏差が塗装技術に標準化や品質、技術の数値化に役立つのではないと思いついたことが結び付いた。

　塗装の品質、技術と分散、標準偏差をどのように結び付けたら良いか思案している時に、標準の塗装膜厚を設定し、実際に塗装を行った後の塗装膜厚は計測し、その分散を求めたらどうかと考えた。バラツキが少ないということは、塗装品質が安定していることの証明になり、塗装作業者が意図した塗装膜厚で塗装できるということは、塗装技術が高いことの証明にもなる。分散を評価する指標に設定しようと考えたが、分散は数値が少ないほど良いことになる。数値が少ない方が評価されるというよりは、点数が高い方が社員の気持ち的にも良いのではないかと考え、思案した結果、100 から標準偏差を引いたらどうかと思いついた。これであれば、意図したとおりに塗装できたら、100 点満点ということになる。意図したことと結果がずれるほどに点数は低くなる。シンプルで分かり易いと思い、「膜厚偏差値」と命名した。「膜厚偏差値」という言葉は存在せず、ムラカワ独自の経営指標である。

　図表 20 は本社第一ブースの月毎の膜厚偏差値推移表である。

　振れ幅があるものの、月を追うごとに改善しているのがわかる。

　9 月に入り、不良率、膜厚偏差値が期待するほど改善しない状況を見て、塗装品質改善の PDCA サイクルを従来の月 1 回から週 1 回に変更した。これにより、毎週、具体的な取り組みがなされるようになった。PDCA サイクルを週 1 回にすることで、作業者は毎日のように品質向上を考えるようになり、ショートミーティングの回数が増えた。アクションプランを明確にかつ具体的に報告しなければならないため、アクションプランをブース毎に設定する。アクションプランを設定すると、翌週には結果を報告しなければならないため、すぐに実行に移さな

けれればならない。

図表 20：第一ブース膜厚偏差値推移表

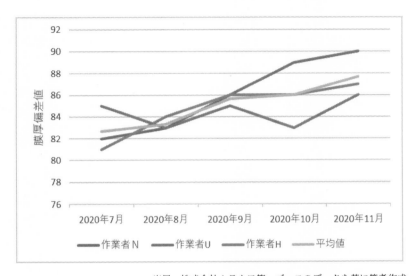

出展：株式会社ムラカワ第一ブースのデータを基に筆者作成

　本社第一ブースの事例をいくつか紹介する。

「10 月第 3 週。

　第 4 週から行動目標を変更する。目的として、ツブごみの直しが多く、対策をする必要があると判断したため。17 日、乾燥炉の清掃作業を行った。フィルターの裏側にダストが蓄積されていたため、取り除いた。

　10 月第 4 週。

　錆止め塗料によるツブごみ対策として、毎週末作業終了後に、ホースにシンナーを通すようにして今後の経過をみていく。」

　このように、毎週、具体的な目的と行動計画を立て、すぐに実行するので、結果がすぐにでる。PDCA サイクルを月 1 回から週 1 回に変更することで、改善のスピードが何倍にも早くなった。図表 21 は、本社第一ブースの 9 月第 1 週から

10 月第 3 週までの膜厚偏差値の推移表である。9 月第 3 週以降、膜厚偏差値が高い水準を保っていることがわかる。膜厚偏差値が高い水準を保っているということは、品質が高い状態を安定的に再現できているといことであり、材料費のロスも低く抑えられていることになる。

図表 21：本社第一ブース膜厚偏差値推移表（2020 年 9 月第 1 週から 2020 年 10 月第 3 週）

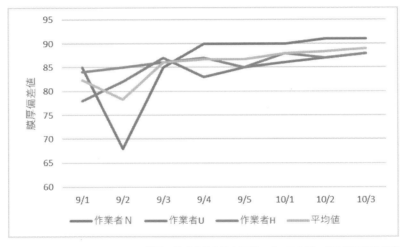

出展：株式会社ムラカワ第一ブースのデータを基に筆者作成

　これらのことから、ムラカワが開発した膜厚偏差値という指標は、塗装の品質、技術、生産性を評価する指標として、有効かつ効果が高いと考えられる。今後、膜厚偏差値を重要指標として活用し、人事評価制度、社内技能検定制度などにも活用する予定である。

　QC 会議により膜厚偏差値を基準に毎週評価し、塗装時の動画を検証し、膜厚偏差値が向上するための具体的な作業手順、希釈シンナーの選定、希釈率などの条件をもとに仮説を立て、技能コンテスト委員会と品質管理課が中心となり、実験、検証を行い、最善と思われる作業手順を特定していく。

　最善と思われる作業手順を特定する過程でわかったことであるが、熟練の作業者といえども、塗装品質を決定する要因とその原理については全くといって良いほど知識を持っていなかった。単に、今までの作業の中で経験則を身に付けてきただけであるので、自分がなぜこのようにしているかを説明できない。最善と思われる作業手順の仮説を立てる会議で、理解するのに必要な知識や情報をその都度作業者に教える必要がある。社員は自発的に必要な知識を得ようとはしないので、塗装に関する必要な知識を教える OJT の仕組みを構築する必要がある。

　標準化する際に使用する書類の名称が様々あり、企業や文献により多種多様である。ムラカワではコンサルティングを受けている中産連が、トヨタやトヨタ系列のサプライヤーを主にコンサルしていることと、トヨタの改善活動や TQC を参考にしたいという筆者の思いから、書類に名称と内容をトヨタのものと同じ様式に揃えることとした。従業員がトヨタの改善活動や TQC に関連する書籍を読んだりしたときに、書類の名称が異なるよりも、同じ様式に統一しておいた方が混乱もなく入りやすいだろうと考えたためである。

　特定した最善と思われる作業手順を QC 工程表、作業手順書、及び作業ポイントにまとめていく。Mを中心とする品質管理課のメンバーがテキスト、図表、画像及び動画を使いまとめていく。作成された手順書は、都度、品質管理課と筆者によるグループラインにアップされ共有される。このことにより筆者は成果物とその内容及び作成の進捗状況などを把握できる。作成された書類は紙面でも整理分類されファイリングされる（図表 22「技能コンテスト開催要領」、図表 23「塗装技能コンテストにおける平田技術士のコメント」及び図表 24「製造ライン現場診断結果及び提言書」を参照）。

図表 22：技能コンテスト開催要領

第 3 回技能コンテスト【塗装部門】

開催期間：10 月 5 日〜10 月 15 日

対象者

○第一ブー○

○第二ブー○

○第三ブー○

○第三工場○　　　　　　　　　　　　ン

○第四工場○○　　　　　　　　　　　　　　　　　　　　　　　計 19 人

対象物

○パネル

使用塗料

○プライマー　ニューガーメット 2000　※静電ガンを使用する事

○マジクロン　黒　半ツヤ　※圧送ガンを使用する事

やり方

○上塗り希釈〜サビ止め〜上塗りまで一通りの作業を一人で行う。

※サビ止めは両面塗装、上塗りは片面塗装です。

○制限時間　20 分

○目標膜厚　35 μm（サビ止め 15 μm、上塗り 20 μm）

　　　　　　　　※必須膜厚 30 μm 以上

その他

○サビ止め〜上塗りのインターバル時間を除いた

実際に塗装作業をしている時間を計測します。

○塗装者はつどカウントダウン（3.2.1 スタート！）の合図で作業を開始してください。

○つどの作業が終わるたび、作業を始める前に手を上げて合図をしてください。

評価

○塗装スピード…下塗り・上塗りのトータル時間を評価する。※インターバルを除く

5 点…〜4 分 00 秒　　　　　　　　3 点…4 分 01 秒〜5 分 00 秒

1 点…5 分 01 秒～6 分 00 秒　　0 点…6 分 01 秒～

〇膜厚…目標膜厚にどれだけ近づけられるか、均一に塗装できているかを評価する。

　※測定 9 か所の膜厚平均・小数点以下は四捨五入

（目標膜厚 35 μm）　＊下塗り 15 μm　上塗り 20 μm

5 点…35 μm　　　　　　　3 点…36～45 μm・30～34 μm

1 点…46～55 μm　　　　　0 点…56 μm～　　　　　　　　不合格…～29 μm

〇使用量…どれだけ少ない量で仕上げるかを評価する。

5 点…～300g　　　　　　　3 点…301g～400 g

1 点…401 g～500 g　　　　0 点…501 g～

〇残塗料…どれだけ無駄な塗料を減らせるか。

5 点…～150 g　　　　　　　3 点…151g～300 g

1 点…301 g～500 g　　　　　0 点…501 g～

※上記までの評価を加点評価し、仕上がりで合計から減点評価を行います。

〇仕上がり…ゴミ・グロス・タレ・溜まり・スケを評価する。

製品として出荷できるか評価する。（検査課基準）

ゴミ（1 mm以上対象）:

本社:

第三工場：減点無し…0～1 個　　△1 点…2～3 個　　△3 点…4 個　不合格…5 個～

グロス　※測定 9 か所の平均グロス

減点無し…35～45　　△1 点…30～34・46～50　　　不合格…～29・51～

タレ・溜まり

減点なし…タレ無し　不合格…タレ有り

スケ

減点なし…スケ無し　不合格…スケ有り

図表23：塗装技能コンテストにおける平田技術士のコメント

2020年10月15日　塗装技能コンテストの平田コメント

平田技術士事務所

1）第3工場

さん）

〇被塗物とガンの距離が良好です。

〇リズム感があります。前回よりスピードが向上しています。

〇手首の返しも良い。

〇リズム良くしゃがんでしっかり下部を狙っています。

〇膜厚が目標35μmに対して厚めでした。

〇タレ、スケ、溜まり、小口のスケも無く、良好です。

さん）

〇ガン距離、面直が良好です。

〇若干パターン幅は広いが、塗り幅は広い。その分、小口のスケがある。

〇リズム感も良好です。

〇下部を狙う時に前回に比べてしっかりしゃがんでおり、良くなっている。

〇目標膜厚に対して厚めでしたが、原因は下塗りの厚みのようです。

さん）

〇スピード感、リズム感が向上しています。

〇ミストの飛散が少ないように見えます。

〇ガン距離が近く、その分スピードで調整しているように見えます。うまい塗り方だと感じました。

〇グループ内で、目標膜厚に最も近い。

さん）

〇スピード感、リズム感が向上しています。

〇ホアンさんより若干パターン幅が広い。その分、小口のスケが発生か。

○ガン距離も少しばらついている。

○端部のガンの抜けが足りない。これも小口のスケに影響か？

○膜厚薄め。塗料使用量も少ない。

2）第2ブース

（██████さん）

○前回よりリズム感、スピード感が向上しています。

○パターン幅良好。端部の抜けも良い。

○上部端部の逃げが早すぎて、小口のスケに影響しているようである。

○面直もやや弱く、少し斜めである。

○経験期間を考えると、すばらしい出来です。

（████さん）

○前回に比べて上塗り1回目の塗りむらが改善しています。

○リズム感、ガン距離、塗り重ねがうまいと思いました。

○塗装時間が若干長めです。

○上端部小口に対して斜め上から狙っており、スケ対策に有効です。

○目標膜厚に非常に近いです。

（████さん）

○前回に比べてスピード感、リズム感が向上しています。

○前回はパターン幅が狭すぎたが、今回は適正に広くなっている。

○目標膜厚に非常に近いです。

（████さん）

○前回に比べてスピード感、リズム感が向上しています。

○パターン幅良好。

○端部の面直が甘くなっているので、中央が厚めで周囲の膜厚が薄めですが、目標膜厚には非常に近いです。

3）第3ブース

（████さん）

○前回に比べてスピード感、リズム感が向上しています。

○運行スピードは速すぎるように感じます。

○ガン距離、パターン幅は良好です。

（███　さん）

○左右端部まで面直をしっかり維持できています。

○背が高く、腕が長い分、腕が届いて小口塗装に有利だと思いました。

（███　さん）

○スピード感、リズム感が向上しています。

○体が大きく、腕が長く、小口塗装に有利だと思いました。

（███　さん）

○前回に比べてスピード感、リズム感が向上しています。

○前回は下部をしっかりかがんで塗っておりきついと思いましたが、今回は足の開きが改善されています。

○左右でしっかり塗料が切れています。

図表 24：製造ライン現場診断結果及び提言書

株式会社 ムラカワ 様

2019 年 10 月 31 日

平田技術士事務所

塗装ライン現場診断結果および提言書

期待効果	分かったこと気づいた点	理由	提言
◎	不良発生による損失利益の概算をつかむ。 （すでに実施中）	損失金額により、改善の重要性がわかります。	①不具合発生による損失金額を算定し、公開し、全員で会社の痛みを覚える。 ②改善推移をグラフ化して改善活動の効果を見える化するとよい。 ③算定できる損失金額以外に、仕掛かりが無くなり、再塗装時間が無くなるなど、見えないコスト削減が大きい。 ⑤第１段階の目標値と期日を決めると良い。（半年後に半減など。）

◎	ゴミブツのミクロ観察 （最重要）	目視では原因の判断は難しい。	特徴的な不具合箇所のデジタルマイクロスコープ観察 ①ブツの上からそのまま２００倍で観察、撮影 ②1000番で研磨し、断面を２００倍で観察 ③これにより、発生工程と原因がある程度判断できる。 ④一週間に一回は５〜１０個程度サンプリングして継続的にブツ観察をおこないましょう。
◎	吊掛け場の浮遊ゴミやエアブローの飛散ごみが塗装前の被塗物に再付着する可能性がある。	蛍光灯では表面の毛ゴミは見えない。	塗装ブースでエアブロー後、塗装前にLEDライトで表面を確認すると良い。
◎	ウエアからゴミが飛散している。	○屋外で干している。 ○ブースの乱気流や返りによるミスト付着 ○綿の頭巾 ○綿のTシャツ	難しい課題なので今後検討していきましょう。
期待効果	気づいた点	理由	提言
○	ブースのレール側面や滑車にドライミストの付着が多	ドライミストが落下している可能性がある。	LEDライトを滑車に当てて、ゆすって動かすと、落下ごみが可視化できる。

	い。		部屋を暗くすると、よく見える。 次回やってみましょう。
◎	床面にドライミストや砂が多い。	床面のパーティクル数が大きい。 箒の掃除はごみの飛散が大きいので塗装工程ではNG。	ケルヒャーの乾湿両用掃除機 「NT 30/1 Tact 帯電防止」で掃除後、こまめに散水すると良い。 散水できなければ、幅が広い業務用の湿式クイックルワイパーでさっと濡らす方法もある。
◎	デジタルマイクロスコープのゴミ観察で、溶剤塗料のコレステロールと思われる塗膜内異物があった。	異物に年輪状の線があった。	○霧化を止めたガン先吐出塗料を3分程度メッシュでろ過し、シンナーで塗料を洗い流して残渣のゴミを観察してみましょう。 塗料カスがあれば、それがコレステロールです。缶の切粉もある場合がある。 ○プライマーシンナーで塗料経路の洗浄を検討しましょう。 ○配管洗浄装置も次回確認させてください。使えるように改造が必要かもしれません。 ○吉野紙のフィルターは発塵します。 目も均一ではありませんのでゴミが通過します。推奨は日本特殊織物のナイロンメッシュ。

○	シンナー缶や塗料容器に蓋がしていない。	○ゴミがはいる。 ○溶剤が揮発して成分濃度が変化し、垂れやすくなる。 ○火災の危険性が高い。	○蓋をしましょう。 ○塗料保管量が多すぎる気がします。
○	粉体ホース内面の清掃が必要	粉体ホース内にはコレステロールが溜まります。	1週間に一回程度、ホースを外して曲げたり叩いたりすることで、ホース内面の塗料膜を剥がす。十分に剥がれたら、しっかりエアーを通して粉を吹き飛ばす。
難易度高い	除塵工程にホコリが流れ込む。	吊り下げ、除塵工程でホコリが付着する。	吊下げ工程周辺をネットや金網で囲うと浮遊ゴミを捕捉することができます。 ただし動線確保や施工の難しさがあります。 継続検討しましょう。
◎	本社工場の塗装工程は５Ｓが不十分です。	○塗料の保管量が多い。 ○給気フィルターの外れあり。 ○レールにドライミスト付着が多い。 ○焼付炉の壁にゴミが多い。 ○製品の動線が確保できていない。	○難しい課題です。 引き続き具体的なアドバイスをしていきます。 ○製品の動線を確保して製品の流れを良くすると作業負荷が減り、生産効率が良くなります。次回事例をお見せします。

ー	ガスマスクの缶が シングル	ダブルだと息が楽 です。 また真ん中の視界 が良くなるため、 塗装面がよく観察 できる。	３Ｍ「防毒マスク面体6000」などの 吸着缶のデュアルタイプ イニシャル、ランニングコストはシ ングルと同等です。
ー	チェックリストに よる管理の見える 化		継続検討しましょう。

３－５　作成した作業要領書などを基にした標準作業の定着化

　作成された標準仕様書、要領書及び作業マニュアルに基づき、作業者教育を行い、作業標準書とおりに作業ができ、作業した製品が、指定または期待された品質、コスト、納期を満たすようにしなければならない。これらの活動により始めて企業価値の向上が期待できるからである。

　第１回のマニュアル勉強会は、令和２年７月27日に材料の勉強会を本社工場と第３工場にて２回開催した。参加者は18名。日常使用している材料の価格をクイズ形式で行った。

　第２回マニュアル勉強会は、令和２年８月８日、技能コンテスト委員会と品質保証課が合同で行った。12名参加し、①脱脂工程の手順、②シンナー再生機の使い方の勉強会を行った。品質保証課でマニュアルの説明を行い、それに沿って技能コンテスト委員会のメンバーが実演を行い、その後、質疑応答の時間を設けた。脱脂工程において、脱脂作業完了の判断基準や注意事項について共通認識を持てるようになり、一定の効果はあった。

　第３回マニュアル勉強会は、令和２年９月９日に実施した。内容はパテ練り・しばき・盛り・乾燥について。

　人数：品質保証課３名、技能コンテスト委員会４名、参加者11名であった。

　第４回マニュアル勉強会は、令和２年12月12日13名参加で行われた。

　２か月に１回、中産連のコンサルティングで、塗装作業標準書の作成進捗状況及び品質保証体制の構築を進め、毎月の平田塗装コンサルタントにより、技術指導や不良対策のアドバイスを受け、毎月のQC分析会議で、具体的に解決策を議論し、仮説、検証を繰り返し、効果、結果を部課長会議のKPIマネジメントでモニタリングし、形になったものを塗装作業標準作業書や手順書にテキストや画像および動画で作成し、マニュアル勉強会にて標準作業を作業者に落とし込んでいくと云うサイクルができた。

また、社員自らが自分の所属する部署や塗装ブースに存在する問題および課題に対し、仮説を立て、会議で議論し、行動計画を立案し実行することで、実際に塗装不良などが減少したことが、また会議で数値、グラフなどで見える化したこ

とで、成果を実感でき、全体のモチベーションが向上した。これにより、QC 会議、部課長会議、平田氏の勉強会などが活性化し、好循環サイクルが生まれてきた。

　塗装作業の標準化による取組みが企業価値向上につながるためには、作業員が作業標準書通りに作業でき、品質を高いレベルで安定させ、生産性を向上させなければならない。そのための具体的な方法としてマニュアル勉強会の実施が重要であるが、まだまだ、カリキュラムの作成や、スケジューリング、開催回数、頻度、参加人数に課題がある。将来的には、人的資源マネジメントシステムと連動させ、スキルマップ、スキルプラン、評価制度、報酬制度を整備し、新入社員研修や OJT としてシステム化することが重要である。

３－６　　継続的な改善活動及び作業標準書などへの反映

　ムラカワでは継続的な改善活動として「QC 分析会議」、「改善活動」及び「技能コンテスト」が行われている。QC 分析会議は毎月テーマを決めて議論している。塗装不良などの原因によるクレームを今後発生させないために異物による不良を減らす取組みなどである。テーマにより会議の参加者が決定され、事前にテーマに対する資料が配布され、会議メンバーは事前に仮説及び対策を考えてきて、会議で発表及び議論を行う。

　「改善活動」は従業員が自分で考えた改善案を提出し議論される。ムラカワでは、全社員が毎月１件は改善案を提出することになっており、提出率は 80％前後である。職場環境の改善や備品の購入、書類のフォーマットの変更や作業内容及びネットワークシステムの改良など改善案の内容は多岐にわたる。提出された改善案の内容により、「業務改善委員会」が各委員会に振り分ける。設備の点検の内容であれば、「メンテナンス委員会」に振り分け、福利厚生の内容であれば、「職場環境改善委員会」に振り分けるなどである。各委員会に振り分けられた業務改善案は、必要であれば業者から見積もりを取ったり、費用対効果を検証したり、改善案の内容を検討し、最終的には、ムラカワの最高意思決定機関である「経営策定会議」にすべての改善案が出される。社長、営業部長、管理本部長、

生産管理部長、工場長、業務部長、品質保証課及び検査課課長の８名で構成される「経営策定会議」にてすべての改善案の承認及び不承認が決定される。

　「技能コンテスト」は社内外で塗装技術の技能コンテストを行い塗装技術の向上を目指すとともにコンピテンシーを発見していこうという委員会である。そのために最も重要なのは、比較することである。速さ、段取り、工程の順番、使用する工具及び正確さなどをコンテストで評価し比較することにより、最も最善を思われる手段、方法及び手順を特定し、その作業手順を標準化することにより、品質及び生産性が向上する。「技能コンテスト委員会」は毎回コンテストのテーマを決めて開催し、そのテーマごとにより良い作業方法及び手順などを議論している。

　これら「QC 分析会議」、「業務改善案」及び「技能コンテスト」の活動には、必ず「経営策定会議」のメンバーが参加し、特に品質保証課のMはすべてに参加し、決定した内容を逐次作業標準書など該当する書類に加筆、改善及び変更を加え、全社員の参加するグループライン及びムラカワアプリ[12]などで共有している。

---

[12] ムラカワが企画開発したクローズドな情報共有アプリケーション

第4章　企業価値向上の評価

4－1　企業価値評価方法の選定

　塗装技術の標準化と企業価値向上を研究するにあたって、企業価値の定義と評価方法の選定が必要となる。企業価値について、忽那・山本・上林（2013）は、

　「『企業価値』とは、企業の PV のことである。企業価値と似た用語に『株主資本価値』と『事業価値』があるが、それらは企業価値の一部を構成する（図表 2－1）。企業価値は、企業全体の現在の経済的価値であり、企業の資本提供者に帰属する価値の合計額である。株主に帰属する価値が株主資本価値であり、残りは債権者に帰属する。そこで、企業価値は、株主資本価値（時価）と『有利子負債価値（時価）』の合計額として表される。株主資本価値（時価）は『株式時価総額』とも呼ばれる。」[13]

　と述べている。

　事業価値は、企業が通常の事業活動を通じて将来生み出すフリー・キャッシュフローの割引現在価値の合計額として表される。

　企業価値、事業価値、株主資本価値の関係は、図表 25 の関係にある。

図表 25：企業価値・事業価値・株主資本価値関係図

企業価値＝株主資本価値（時価）＋有利子負債価値（時価）

企業価値＝事業価値＋非事業用資産の価値

出展：忽那・山本・上林（2013）p. 100。を基に筆者作成

---

[13] 忽那・山本・上林（2013）pp. 100–101。

企業価値の評価方法は、大きくは「インカム・アプローチ」、「マーケット・ア
プローチ」、「コスト・アプローチ」の３つに分類される。図表 26 に３つの評価
アプローチの一般的な特徴を示す。

これらを踏まえて、ムラカワにおける企業価値の評価方法として最も適切と
思われる方法をそれぞれ考察する。

図表 26： ３つの評価アプローチの一般的な特徴

評価視点	インカム・アプローチ	マーケット・アプローチ	コスト（ネットアセット）・アプローチ
客観性	△	◎	◎
市場での取引環境の反映	○	◎	△
将来の収益獲得能力の反映	◎	○	△
固有の性質の反映	◎	△	○
（代表例）	DCF法	マルチプル法	時価純資産法 簿価純資産表

出展：日本公認会計士協会（2007）、「企業価値評価ガイドライン」（経営研究調
査会研究報告第 32 号） p.25。に加筆。

（１） マーケット・アプローチについて

マルチプル法に代表される、マーケット・アプローチは「客観性」及び「市場
での取引環境の反映」という視点で最も優れた評価方法である。がしかし、2−
4．金属焼付塗装同業者比較で述べたように、ムラカワと類似した事業を行う金
属焼付塗装業者の内、株式公開している企業はほとんどなく、また事業規模が大
きい企業はほとんどが、自動車メーカー、電気メーカー、及び重工産業のグルー
プ企業であり、ムラカワのような独立系塗装会社は存在しない。またムラカワと

事業規模が近しい塗装会社は、株式公開しておらず、また財務諸表などのデータも一般に公開していないため、マーケット・アプローチに必要な市場株価やM&Aなどの取引事例及び市場データやベータを入手することが不可能である。このことから本研究における企業価値の算定方法としてマーケット・アプローチは不適切である。

（２）コスト・アプローチについて

コスト・アプローチはその時点の純資産に基づいて価値評価が行われているため、「客観性」の視点からは最も優れた評価方法であるが、将来の成長性といった性質は反映されないためにインカム・アプローチと比べてこの点で劣る。本研究の目的は塗装技術の標準化と様々なムラカワの取組みにより企業価値を向上することである。これらの成果を評価する方法としては生産性の向上ならびに収益性及び成長性の向上を測り、評価することが適切である。収益の向上は、純利益を増加させ、純資産を増加するので、コスト・アプローチでも評価できるが、成長性が反映されない。本研究は、塗装技術の標準化と様々な取組みによる企業価値向上をタイムリーかつ流動的に評価するのが適切であるので、コスト・アプローチはその点でインカム・アプローチに劣ると言わざるを得ない。

（３）インカム・アプローチについて

DCF法に代表されるインカム・アプローチは将来獲得する収益や割引率の設定の面で評価者の恣意的な要素を排除することが困難なため、客観性に低いとされるが、本研究においては、筆者の研究目的のためであり、なんらステークホルダーに提示するものでもないためにこの懸念は必要ない。また将来の収益獲得能力及び固有の性質の反映の面においては、塗装技術の標準化による品質及び生産性の向上により将来獲得する収益にどのような影響を及ぼすかというムラカワ固有の性質を測るためであるので、「客観性」、「将来の収益獲得能力の反映」、及び「固有の性質の反映」の視点でいずれも、本研究の評価アプローチとしてインカム・アプローチが最適な評価アプローチであると判断し、インカム・アプロ

ーチを採用する。なお。インカム・アプローチには、「割引キャッシュフロー
（Discount Cash Flow：DCF法）」、「収益還元法」、及び「配当還元法」などがあ
るが、本研究の評価方法として「割引キャッシュフロー（Discount Cash Flow：
DCF法）を採用する。

　以上のことから、ムラカワの企業価値向上を測る方法として、「割引キャッシ
ュフロー（Discount Cash Flow：DCF法）を用いたインカム・アプローチ」を採
用する。

4－2　WACC（割引率）の算出

　「割引キャッシュフロー（Discount Cash Flow：DCF法）」により企業価値
を評価する場合、「割引率」をどのように設定することが重要な要素となる。ム
ラカワと同じような金属製品塗装業専業企業において、株式公開している企業
が存在しないので、βや市場データが入手できない。よって、本研究においては、
マーケットを考慮せず、ムラカワにおける「税引き後加重平均資本コスト（WACC）
を採用する。以下に鈴木一功（2018）より抜粋した「税引き後加重平均資本コス
ト（WACC）」[14]の定義を示す。

税引き後WACC＝r_D×（1－tc）×D/（D＋E）＋r E.L×E/（D＋E）

　これを踏まえて、本研究におけるムラカワの企業価値評価に使用する税引き
後WACCを求める。

　令和2年6月30日現在の財務諸表より、有利子負債 ■ 千円、支払利
息 ■ 千円、支払保証料 ■ 千円であるので、有利子負債の平均金利は
■ ％である。株式は非公開で無配当であるので、株主資本コストは0である。
　総資産は ■ 千円 、有利子負債 ■ 千円、純資産 ■
千円、実効税率[15] 33.58％とすると、税引き後WACCは、以下の式になる。

---

[14] 鈴木一功（2018）pp.116-119。
[15] 実効税率　https://ventureinq.jp/effectivetaxrate/

税引き後 WACC= ███████千円/ ████████千円×（1 −33.58%）×██ %
　　　　　＝0.64%

4 − 3　材料費率

　売上高材料費率（以下、材料費率）は生産性及び収益性に大きな影響を与えるため、材料費率の改善は企業価値の向上に大きく貢献する。

　ムラカワの材料費率を 2018 年 7 月から 2020 年 7 月までをグラフにすると図表 27 のようになる。近似曲線は Y ＝ 7 E-05X-2,8493 になるため、徐々に増加していることがわかる。

　ムラカワでは塗料や有機溶剤のみを材料費としており、テープや梱包材、マスキングテープ及びパテ材などは消耗品費としているため、純粋に売上に対する使用した塗料の割合である。近年、取引先からの塗料支給案件が増加しているので、本来ならば、材料費率は低下するはずであるのに上昇している。

図表 27：売上高材料費率推移表

出展：株式会社ムラカワのデータを基に筆者作成

　ナフサの高騰、円安など塗料や有機溶剤価格が上昇する要因はいくつもあるが、近年、重油価格の下落によりナフサ価格は安定しており、為替レートもさして円安傾向ではないので、塗料及び有機溶剤の価格は安定している。図表 28 に塗料平均単価の推移及び図表 29 に塗料平均単価推移表[16]を抜粋する。これによると 2015 年から 2019 年の期間、塗料の価格に大きな変動はなく、おおむね安定している。

図表 28：塗料平均単価の推移

（単位＝円）

	2015	2016	2017	2018	2019	前年比
ラッカー	554	549	563	590	596	101.0%
電気絶縁塗料	772	745	726	739	777	105.1%
溶剤系	561	559	569	584	592	101.4%
水系	315	313	317	327	333	101.8%
無溶剤系	342	338	354	369	371	100.5%
シンナー	178	163	162	176	178	101.1%
全体	386	380	384	392	398	101.5%

出典：『塗料年鑑 2020』p. 23

図表 29：塗料平均単価の推移表

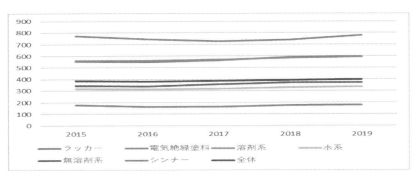

出典：『塗料年鑑 2020』p. 23

---

[16] 有馬得之（2020）p. 23。

　したがって、材料費率の上昇は、単位面積当たりの塗料の使用量が増加しているのではないかと予想できる。

　2018 年 10 月は売上高 43,260 千円に対し材料費率 9％、最も材料費率が高いのは 2020 年 1 月の売上高 45,415 千円に対し材料費率 16％である。実に 7 ％もの差があり、2020 年 6 月期決算で、ムラカワの売上高は 6 億 1200 万円であるから、金額にして 4,284 万円、経常利益率では 7 ％もの影響がある。材料費率の削減は緊急かつ重要な経営課題である。

　筆者は材料費削減を年度方針に掲げ、各塗装ブースの KPI に設定し、毎月の部課長会議にて、材料費削減の取組みを呼びかけるが成果はでず、それどころか、増加傾向にあった。

　売上と材料費の相関を調べると図表 30 のようになる。

図表 30：売上と材料費率相関表

	材料費率	塗装売上高
材料費率	1	
塗装売上高	0.1784619	1

出展：株式会社ムラカワのデータを基に筆者作成

　売上高と材料費率の相関は 0.1784619 である。このことから、売上の増減に材料費率は影響されないことが言える。売上が大きくても少なくても、材料費率はほぼ一定であるということであり、ほかの要因が影響することが言える。

　なぜ材料費率が増加するのか判らない状況が続いたが、ある時、膜厚が増加しているので材料費が増加しているのではないかという仮説にたどり着いた。膜厚をコントロールすることで、材料費は適正な水準に下げられる。膜厚をコントロールするためには、適正な膜厚を塗装するための塗装技術を標準化し、作業者に教育訓練し、同じ品質を安定的に再現できる仕組みを構築することである。

　膜厚偏差値を活用した膜厚コントロール活動の結果、仮に3％の材料費削減に

　成功したと仮定するならば、令和元年 6 月期決算の塗装による売上高は 6 億 2 千万円であるので、1860 万円コストダウンできる計算になる。

４－４　人時売上高、人時生産性及び貢献利益率への影響

　本研究の評価アプローチとして、人時売上高、人時生産性及び貢献利益率への影響を考察する。

（１）　人時売上高及び人時生産性への影響

　塗装技術の標準化が進み、作業者に標準の塗装技術が定着することにより、品質は安定し、生産性が向上するはずである。生産性が向上すれば、人時生産性及び貢献利益率に良い影響を与えると考察する。図表 31 は 2018 年 7 月から 2020 年 6 月の売上高推移と人時売上高の推移のグラフである。

図表 31：売上高及び人時売上高推移表

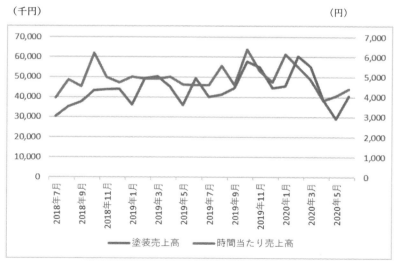

出展：株式会社ムラカワのデータを基に筆者が作成

　人時売上高は、売上高を総労働時間で除した経営指標である。作業員の1時間当たりの売上を示している。売上高と人時売上高の相関係数は 0.5697477 である。強い相関関係にあるとは言えない。塗装作業の標準化が進み、生産性向上の成果が上がれば、人時売上高は向上すると考えられる。

　図表 32 に 2017 年 7 月から 2020 年 10 月の売上高、人時売上高及び人時生産性の推移表を示す。人時生産性とは付加価値額[17]を総労働時間で除したものであり、社員1時間当たりの付加価値額が求められる。

　一定期間に企業の経営活動から生み出した、新しい価値をいう。すなわち、企業に入ってきた材料・部品等の諸資源の価値（外部購入価値）に対して、製品として出ていくときの価値との差額を、企業内で付け加えた価値、つまり付加価値という。

図表 32：売上高、人時売上高及び人時生産性推移表（2017 年 7 月 ～2020 年 10 月）

（単位：円）

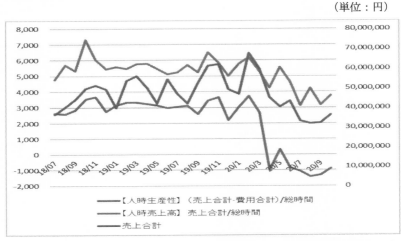

出展：株式会社ムラカワのデータを基に筆者が作成

---

[17] 古永泰夫（1997）p.20。

　売上高と人時売上高は概ね連動しているが、売上高の増減に比べ、人時売上高の増減の方が少ない。これは、仕事量が増加した場合に、残業によって対応している影響と推察される。一方で、人時生産性は、2020 年 3 月以降急落している。新型コロナウィルスの影響により、売上が減少した影響が大きいが、新型コロナウィルス前に残業が多かったために、新卒採用、中途採用、海外実習生及び派遣社員などで 1 年間に計 15 名ほど増員した。社員が増加した結果、固定費が上昇した。

　人時生産性が大幅に減少している要因として、仕事量に対して人員が多すぎることが言える。2020 年 4 月以降、部分休業で対応しているが、改善は見られない。

　人時売上高も人時生産性も売上の増減に大きく影響されるので、塗装技術標準化の成果を測定する指標として適切でない。

（２）　貢献利益への影響

　次に貢献利益[18]を考察する。

　貢献利益は売上高から各責任単位が管理可能な費用を差し引いて算出した利益のことで、各部門が全体の利益にどれだけ貢献したのかという意味で貢献利益と呼ばれている。ここで言う管理可能な費用とは、各部門の費用であることが明確にわかる部門個別日を指す。管理可能な費用のみを差し引くのは、管理不能な費用にまで責任を問うと、業績管理としての意味がなくなってしまうからである。

　図表 33 に完成工事高及び貢献利益率推移表を示す。

このグラフで貢献利益率が大幅に下がっている箇所がいくつかある。2018 年 12 月、2019 年 6 月、2019 年 9 月、2019 年 12 月及び 2020 年 7 月であるが、これは賞与の影響である。貢献利益率を計算するときに、弊社では工場スタッフの人件費を変動費とみなしている。

---

[18]　西山（1996）p. 216。

　付加価値額を総労働時間で除して算出する人時生産性は、売上高の増減の影響が大きく、間接部門の経費や家賃なども加味されるので、工場スタッフにはコントロールできず、塗装作業標準化による影響が反映しづらい側面がある。それ

図表33：完成工事高及び貢献利益率推移表

（単位：円）

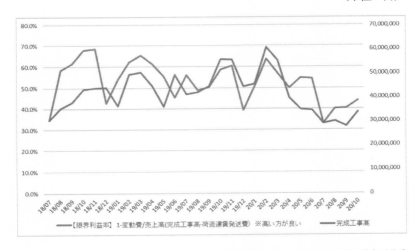

出展；株式会社ムラカワのデータを基に筆者が作成

に対し貢献利益率は、工場スタッフがコントロールできないコストをできるだけ排除している（塗料単価や基本給などはコントロールしづらいが、使用量や生産性はコントロールできる）ので、賞与による影響を排除すれば、塗装作業標準化の効果を測定する指標として適切である。

４－５　インカム・アプローチによる企業価値評価結果

　本研究の塗装技術標準化の成果を測定する指標として、インカム・アプローチによる企業価値算定を行うにあたって、新型コロナウィルス感染の影響により

　ムラカワでは売上高が著しく減少している。ムラカワは塗装工場および塗装設備を有する装置産業であり、塗装作業自体はそのほとんどが手作業という労働集約型産業である。装置と人件費という固定費が、製造原価、経費のほとんどを占める収益構造であるので、限界利益率が高い。このことは、好況時には、参入障壁の高さや競争優位性の源泉となるが、新型コロナウィルスのような経済全体に及ぼすマイナス影響が大きいときには、大幅に収益が悪化するという構造を持っている。インカム・アプローチによる企業価値算定は、フリー・キャッシュフローを税引き後 WACC で割り引くために、塗装技術の標準化による成果がどれだけ営業キャッシュフローの増加に貢献したかを求めるのが望ましいが、新型コロナウィルスにより売上が激減している状況では、塗装技術標準化による生産性向上の効果よりも、売上減少による影響の方がはるかに大きい。したがって、本研究の成果を測る指標としては適切であるが、新型コロナウィルスの影響が大きい時期には正確に測ることができない。よって、新型コロナウィルスによる売上減少を加味しない条件での企業価値評価が本研究時期において妥当であると考える。

　売上高が昨年並み、限界利益率 60％及び材料比率 12％の条件で、企業を価値算定し、昨年の財務諸表による企業価値と比較し、塗装技術標準化と人材育成、職場環境改善による企業価値向上の評価とする。なお、恒常的でない雑損失（資産売却による損失など）は計算から除外し、実効税率は 33.58％とする。

　2019 年 6 月度決算より、企業価値を求める。塗装売上高に対する材料比率は ▊％、人件費の売上高比率は ▊％、限界利益率は 54％であった。税引き前当期純利益は、▊▊▊▊千円、当期純利益は、▊▊▊▊千円、これに減価償却費を足してフリー・キャッシュフローとし、税引き後 WACC　0.64％で割り戻す。計算期間は 10 年とし、今後 10 年間同じ収益を計上したとして、現在価値に割り戻し、2019 年 6 月現在の純資産額 ▊▊▊▊千円を足すと企業価値は、▊▊▊▊千円となる。図表 34 に 2019 年実績の企業価値評価表を表す。

図表 34：2019 年度実績企業価値評価表

（単位：円）

		2019年度実績
売上高		622,345,514
	塗装売上高	
	外注売上高	
	売電収入	1,504,206
	家賃収入	687,532
売上原価		
	材料費	
	労務費	
	租税公課及び減価償却費	173,763,852
	限界利益率	
売上総利益		
販売費及び一般管理費		
営業利益		
営業外収益		
営業外費用		
経常利益		
特別利益		
税引き前当期純利益		
法人税・住民税・事業税		
当期純利益		
減価償却費	22,427,116	
ＦＣＦ		34,805,098
税引き後WACC		0.64%
企業価値		

出典：株式会社ムラカワのデータを基に筆者作成

　次に、塗装技術標準化による品質及び生産性の向上、材料費の削減、人材育成及び職場環境の改善活動による企業価値評価を図表 35 に示す。

　売上などの諸条件は 2019 年度と同条件とし、活動の結果、材料費率 ██ ％及び限界利益率 60 ％を達成したと仮定する。営業利益は ████ 千円から ████ 千円と増加し、フリー・キャッシュフローは ████ 千円から ████ 千円になり、この結果、企業価値は、████ 千円から ████ 千円へと 1.39 倍向上する。

　本研究期間中においては新型コロナウィルスの影響により、塗装技術標準化及びその他の様々な取り組みにより材料比率 ██ ％及び限界利益率 60 ％を達成した仮定での企業価値評価になってしまった。今後も本研究を続け、実績による企業価値評価で比較する。

図表 35 : 塗装技術標準化による成果がでたと
仮定した場合の企業価値評価

（単位：円）

売上高		622,345,514
	塗装売上高	
	外注売上高	~~65,255,000~~
	売電収入	1,504,206
	家賃収入	687,532
売上原価		62
	材料費	%
	労務費	%
	租税公課及び減価償却費	173,763,852
	限界利益率	60%
売上総利益		2
販売費及び一般管理費		
営業利益		3
営業外収益		
営業外費用		
経常利益		4
特別利益		
税引き前当期純利益		4
法人税・住民税・事業税		8
当期純利益		5
減価償却費	22,427,116	
ＦＣＦ		1
税引き後WACC	0.64%	
企業価値		5

出典：株式会社ムラカワのデータを基に筆者作成

第5章　今後の展開とまとめ

　従来、塗装技術は職人技の世界であった。塗装技術の暗黙知を形式知化し、品質保証体系を整備しQC工程表及び塗装作業標準を作成し、塗装作業を標準化することにより、品質及び生産性が向上する。また、作業標準書を作成することにより、従来不可能であったスキマップ及びスキルプランの作成が可能になり、OJTプログラム及び人事評価制度を整備して人的資源マネジメントシステムが構築できる。製造業独立系の塗装会社でここまで出来ている会社はほとんどなく、強力な競争優位の源泉、コアコンピタンスの確立により、塗装不良率の改善、人時売上高、限界利益率の向上に寄与し、企業価値向上に貢献する。

　現在、月平均15件の作業標準書作成、毎月のマニュアル勉強会、QC分析会議、各部署、毎週のショートミーティングによるKPIマネジメント活動、材料費率、不良率、人時売上高、限界利益率との相関及び影響を継続的にモニタリングしている。

　限界利益率を求めるにあたっては、本研究により、賞与を除くか、平均化する必要があることが判った。生産性の測定には、手待ち時間や会議及びミーティングの時間を除いて算出する必要がある。装置による製造が主な企業では当たり前のことであるが、ムラカワのようなすべて手作業で行い、なおかつ小ロット多品種の場合には、一人の作業者、もしくは複数の作業者がいくつもの製品を同時に作業することも日常的にある。この配分をどうするのかという問題がある。管理面に力を注げば、生産性が下がる。費用対効果を検証し、採用するかどうかを選択しなければならない。

　また、現代の不確実性の高い社会においてデジタル化を促進しなければ、持続的な成長は難しい。特に製造業においては、IoTを導入して、品質、技術、生産性を向上しなければ、競争に生き残れない。塗装技術の暗黙知を形式知化し、標準化するところにIoTを導入するチャンスがある。

　今後、本研究では着手できなかったIoTを活用した最善の標準作業の特定と各種設備の最適なメンテナンス時期と作業の標準化を推進していき、これを基に人的資源マネジメントを構築し運用したいと考えている。具体的には、今まで

は手作業で行っていた水位、温度、湿度のデータ取集をセンサーの活用により自動的に行う。トヨタ及びマツダが塗装技術の標準化に活用している塗装データを収集できる塗装機器を購入し活用する。この塗装機器は、塗装作業時の電圧と霧化圧及び吐出量などを測定できる。塗装作業時の電圧をモニタリングすることにより、被塗物と塗装ガンの距離を測定することができる。ガン距離は塗装の品質及び生産性に大きな影響を与える。従来、ガン距離は目視でおおまかにしか捉えることが出来なかったが、この塗装機器により数値化出来るようになった。ガン距離が設定した数値を越えた場合は、アラームを鳴らすこともできるので、作業者がガン距離を一定に保つ訓練をするにも役立ち、実際の作業時にも注意を促すことが出来る。

　また、ムラカワでは令和 2 年 12 月 16 日にモーションキャプチャー勉強会を行った。作業者に 39 個のセンサーを取り付け、赤外線カメラで動作を解析する。これより従来不可能であった作業者の動作を数値化できるようになる。ガンや腕の速度、加速度及び位置情報を数値化し、技術の向上及び OJT に活用したいと考えている。図表 36 はモーションキャプチャー勉強会の様子である。

　塗装機器やセンサーなども近年、目覚ましい進化をとげているので、すみやかかつ積極的にこれを導入しない企業は競争力が失われていく。研究を今後も引き続き継続することで、成果を生み出し、企業価値を向上し持続的な成長を実現する決意である。

図表 36：モーションキャプチャー勉強会

参考文献

安達巧（2020）『不正会計とわが国の投資家保護』ふくろう出版。

有馬得之（2020）『塗料年鑑 2020』塗料報知新聞社。

石黒圭（2012）『論文・レポートの基本』日本実業出版社。

江藤学（2016）『標準化教本〜世界をつなげる標準化の知識〜』日本規格協会。

小倉仁志（2016）『現場で使える問題解決・業務改善の基本』日本実業出版社。

金子隆（2019）『IPO の経済分析』東洋経済新報社。

監査法人トーマツ（1999）『作成実務と経営管理』清文社。

木谷宏（2016）『人事管理論再考』生産性出版。

楠本和夫（2017）『KPI マネジメント』すばる舎。

忽那憲治・山本一彦・上林順子（2013）『MBA アントレプレナーファイナンス入門〜ベンチャー企業の価値評価〜』中央経済社。

経済産業省（2013）『ダイバーシティ経営戦略』一般財団法人経済産業調査会。

児玉正・坂東依彦・児島修二（1973）『塗料と塗装』パワー社。

商工組合中央金庫（2016）『中小企業の経済学』千倉書房。

鈴木一功（2018）『企業価値評価』ダイヤモンド社。

砂川伸幸・川北英隆・杉浦秀徳（2008）『日本企業のコーポレートファイナンス』日本経済新聞出版社。

竹内均（2012）『よくわかるこれからのポカミス防止対策』同文館出版。

谷口真美（2005）『ダイバシティ・マネジメント』白桃書房。

辻本攻（2010）『品質管理活動の「全容」と「基本」』日刊工業新聞社。

鶴田清治・寺内淑晃・安原清（1979）『わかりやすい塗装のすべて』株式会社技術書院。

永原賢造・村上義司（2010）『品質保証部』日本能率協会マネジメントセンター。

西山茂（1996）『グロービスＭＢＡアカウンティング』ダイヤモンド社。

原崎郁平・西沢和夫（2001）『ＱＣ工程表と作業標準書』日刊工業新聞社。

古永泰夫（1997）『管理者のための経営管理用語集』コスモ教育出版。

細谷克也・岩崎日出夫（2019）『ＴＱＭの基本と進め方』日科技連。

本庄裕司（2010）『アントレプレナーシップの経済学』同友館。

真壁肇・鈴木和幸（2018）『品質管理と品質保証、信頼性の基礎』日科技連。

森本明（2005）『会社の値段』ちくま新書。

山田正美（2004）『よくわかるこれからの品質管理』同文館出版。

山根節・太田康広・村上裕太郎（2001）『ビジネス・アカウンティング』中央経済社。

吉原靖彦（2017）『よくわかるこれからのヒューマンエラー対策』同文館出版。

Jonathan Berk, Peter DeMarzo（2014）『コーポレートファイナンス』丸善出版。

T. R. B サンダース編・松浦四郎訳（1976）『標準化の目的と原理』日本規格協会。

塗装技術標準化と企業価値向上

村川琢也

アジェンダ
1．塗装業界と塗装作業標準化の背景
2．標準化による品質及び生産性向上のプロセス
3．標準化の成果物と周知、定着化
4．企業価値評価方法の選定
5．膜厚偏差値（ムラカワ独自の指標）の導入
6．塗装技術標準化が企業価値へ及ぼす影響
7．今後の展開

1.塗装業界と塗装作業標準化の背景

塗装業分類表

	建築塗装	自動車板金塗装	工業塗装	
主な塗装品	家、ビル、マンション	自動車の修理	工業製品（自動車、家電、工作機械、船）	
会社数	56,565（許可業者）	96,133（認証工場数）	2900社　3550億円	
			メーカー系	独立系
取引先	個人、ゼネコン、工務店	個人、自動車ディーラー	自動車、家電メーカー	製缶、板金、鉄工所
				広島県内10社程度

出展：日本工業塗装共同組合連合会　http://www.nkotoren.jp/pdf/kougyoutosou.pdf
一般社団法人日本自動車整備振興会連合会　https://www.jaspa.or.jp/
等の情報を基に筆者作成

3

1.塗装業界と塗装作業標準化の背景
ムラカワは、少量多品種・ほとんどが1品モノ

キッチンカー

街かど案内サイン

4

１．塗装業界と塗装作業標準化の背景

すべて手作業による塗装→塗装作業の標準化

出展：株式会社ムラカワの作業風景を筆者撮影

5

１．塗装業界と塗装作業標準化の背景

なぜ、今まで、標準化できていなかったのか

塗装作業に影響を及ぼすファクターが多すぎて、
分析できていない・塗装技術が数値化できない

- 塗装環境
  - 吸排気のバランス、エアーの清浄さ、気温、湿度
- 塗料の性質
  - 樹脂：アルキド樹脂、アクリル樹脂、フッ素樹脂、ウレタン樹脂、塩化ビニル樹脂、
    シリコン樹脂、
  - 性状：液体塗料、粉体塗料、１液タイプ、２液混合、３液混合
  - 硬化方法：ケチミン硬化、イソシアネート、焼付、常温乾燥、強制乾燥
- 塗装機器
  - 下カップスプレーガン、上カップスプレーガン、エアレスガン、圧送ガン、静電塗装ガン、
    エアレス静電　塗装ガン、粉体塗装機、ベルガン、レシプロ機及
- 作業者の技能
  - 「被塗物とガンの距離」、「運航速度」、「被塗物に対する角度」、「塗装する順番」、
    「重ねのパターン」、「希釈材の選定と割合」

十数人規模の会社では資金的・人材的に困難

7

237

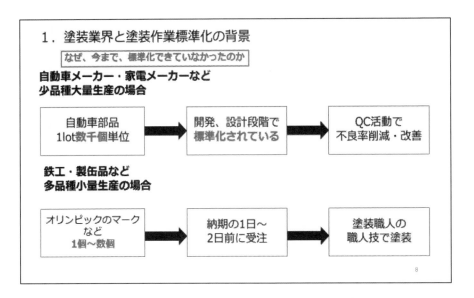

１．塗装業界と塗装作業標準化の背景

なぜ、今まで、標準化できていなかったのか

自動車メーカー・家電メーカーなど
少品種大量生産の場合

| 自動車部品 1lot数千個単位 | → | 開発、設計段階で標準化されている | → | QC活動で不良率削減・改善 |

鉄工・製缶品など
多品種小量生産の場合

| オリンピックのマークなど 1個～数個 | → | 納期の1日～2日前に受注 | → | 塗装職人の職人技で塗装 |

8

１．塗装業界と塗装作業標準化の背景

標準化が困難な２つの課題を解決するために、
製品毎の標準化ではなく、個別の作業を標準化

従来の標準化は製品毎に作業手順、方法を決めていく

塗装作業をする上で必要な技能・スキル毎に標準化

様々な製品に当てはめていく手法

9

２．標準化による品質及び生産性向上のプロセス

同じ作業を違う手順・方法でやっている

作業者は自分のやり方が一番良いと思っている。または、やり方を変えたくない

一番速くて、品質が安定している職人のやり方に統一

品質・生産性が向上

10

２．標準化による品質及び生産性向上のプロセス

不良が発生する → この世にひとつしか無いものなので再塗装する

標準化により品質安定

不良が減少し再塗装コストが削減
収益向上につながる

11

３．標準化の成果物と周知、定着化

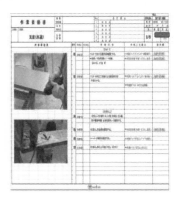

３．標準化の成果物と周知、定着化

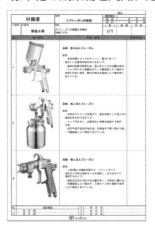

本研究の成果物（約9ヶ月間）

品質保証体系図	1点
QC工程表	3点
作業要領書	6点
作業手順書	43点
作業ポイント	36点
特有作業要領書	1点
付属書	4点
用語説明書	20点
設備管理規定書	2点
設備管理手順書	7点

３．標準化の成果物と周知、定着化
標準化の周知

作成時にグループラインで周知

ムラカワアプリ（自社開発のアプリ）
スマホでいつでも閲覧可能

マニュアル本を各事業所に整備

14

３．標準化の成果物と周知、定着化

マニュアル勉強会による定着化

15

４．企業価値評価方法の選定

マーケットアプローチ	・塗装専門会社で上場企業は存在しない ・ほとんどが**10人**以下であり 　情報を公開していないので比較できない ・不可能

コストアプローチ	・主に純資産に基づいて価値評価 ・将来の成長性が反映されない本研究の目的 ・標準化により生産性向上、及び収益向上を実現し 　企業価値の向上を計るものであるので不適切

インカムアプローチ	**将来獲得する収益に及ぼす影響を測る目的** ・ムラカワ固有の性質を測る視点において適切 ・配当していないので配当還元法は不可 ・割引キャッシュフロー・ＤＣＦ法

16

５．膜厚偏差値（ムラカワ独自の指標）の導入

・標準膜厚	ターゲット膜厚	実績膜厚	偏差
・35	35	40	5
・35	35	32	-3
・35	45	55	10

- この場合の分散は　（5×5＋-3×-3＋10×10）÷3
- 　　　　　　　　　（25＋9＋100）÷3＝44.7
- 標準偏差は、分散の平方根、√44.7＝6.68
- 膜厚偏差値は、100~標準偏差　＝93.32

5．膜厚偏差値（ムラカワ独自の指標）の導入

膜厚偏差値（従来不可能であった塗装技術を数値化・可視化）

各部門・個人が膜厚偏差値をKPIに設定

作業者が自分の膜厚偏差値に一喜一憂する

膜厚偏差値を上げるために、上司・先輩が技術指導する

塗装技術が向上

ムダな塗料の使用が減る
作業時間の短縮
不良減少による再塗装の削減
クレームの減少

18

6．塗装技術標準化が企業価値へ及ぼす影響

諸条件

税率 **33.5**%

税引き後 　WACC = rD × （1-tc） × P/(D+E) + $r_{E.L}$ × E/(D+E)

=0.64%（ムラカワの財務諸表より算出）

19

６．塗装技術標準化が企業価値へ及ぼす影響

膜厚偏差値推移表（個人）2020年6月〜2021年1月

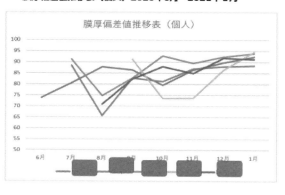

６．塗装技術標準化が企業価値へ及ぼす影響

膜厚偏差値　部署別推移表（2020年6月〜2021年1月）

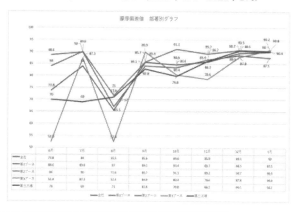

6. 塗装技術標準化が企業価値へ及ぼす影響

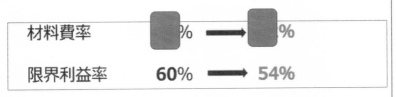

材料費率	■% ➡ ■%	
限界利益率	60% ➡ 54%	

計算期間10年とし、WACC **0.64%** で割り戻す

6. 塗装技術標準化が企業価値へ及ぼす影響

出典：株式会社ムラカワのデータを基に筆者作成

6．塗装技術標準化が企業価値へ及ぼす影響

企業価値

単位：円

08,555 ➡ 46,485

24

7．今後の展開
IOTの導入

- 給水の自動化、差圧計による管理により、稼働率、品質を向上する
- 温度、湿度、最適な希釈率、モーションキャプチャーによる塗装作業の標準化など

55

7．今後の展開

Iot技術の活用
水位計（塗装ブース内の環境に最も大きい影響を与える水位を制御）

 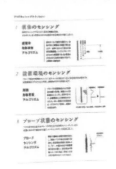

7．今後の展開

モーションキャプチャー（塗装作業における動作を解析し、標準化）

7．今後の展開

塗装技術の見える化　エア圧力電圧最大電流値

1、エア風量→ 設定風量から誤差を確認
2、吐出量→ 設定吐出量から積算
3、定電流→ OCLを防ぎ、静電効果を活用

7．今後の展開

塗装状態のグラフ化　　　　　　　生産管理

塗装技術の数値化・見える化
標準化・技術向上・スキルマップ・人事評価制度への活用

＜監修・著者紹介＞

安達　巧（あだち・たくみ）［第1部］

1966年生まれ。

早稲田大学商学部卒業。東北大学大学院法学研究科私法学専攻博士前期課程修了〔修士（法学）学位取得〕後、東北大学大学院経済学研究科経営学専攻博士後期課程に進学し、標準在学期間3年より短い2年間の在籍で同博士後期課程を修了して博士（経済学）学位を取得。

自ら起業しての会社経営及び税理士資格も活かした経営コンサルティングやアントレプレナー育成を経て、現在は県立広島大学ビジネススクール（経営専門職大学院）教授。著書・論文多数。

日本ソムリエ協会認定ワインエキスパートや一般旅行業務取扱主任者（現在は「総合旅行業務取扱主任者」へと名称変更）の資格も有する剣道2段。世界65ヶ国及び日本の全都道府県（47都道府県）を訪れた旅人でもある。

＜著者紹介＞

米山　真和（よねやま・まさかず）［第2部］

1972年広島県生まれ。同志社大学文学部社会学科新聞学専攻卒業。

1996年ファシリティマネジメント（建物管理）を主力業務とする三栄産業株式会社に入社後、2014年に代表取締役就任。

同社のほか、指定管理者制度により地方自治体の施設運営を行う三栄パブリックサービス株式会社、就労継続支援A型事業所オンザライズ、グループホーム・生活介護事業所・放課後等デイサービス運営のライフパスなど全8社で構成する三栄グループ代表。

同グループは、障害者をはじめ生活困窮者、DV被害避難者らを積極的に雇用しており、「多様な人たちが働いて楽しい」をグループ基本理念とする。障害者雇用率は14.36%。障害者雇用だけでなく、生活面サポート、就労能力低下後の働き方確立にも注力している。

2021年県立広島大学大学院経営管理研究科（経営専門職大学院）ビジネス・リーダーシップ専攻修了、経営修士（専門職）。

村川　琢也（むらかわ・たくや）［第3部］

1970年広島県生まれ。日本大学生産工学部数理工学科卒業。

1993年利根地下技術㈱入社。2000年株式会社ムラカワ入社。

2009年リーマンショックで売上6割のときに代表取締役就任。

2009年鋳物加工、リフォーム、太陽光発電の3事業を立ち上げる。

2016年自動車部品製造、携帯電話組立会社をM＆A。

2017年バイオマス発電事業、不動産管理事業開始。

グループ会社7社従業員数114名になるも、自動車部品製造、携帯電話組立事業から撤退。

2021年県立広島大学大学院経営管理研究科（ビジネススクール）ビジネスリーダーシップ専攻修了、経営修士（専門職）。

現在、株式会社ムラカワを含む6社の代表取締役。

1級塗装技能士。

JCOPY 〈㈳出版者著作権管理機構 委託出版物〉

本書の無断複写(電子化を含む)は著作権法上での例外を除き禁じられて
います。本書をコピーされる場合は、そのつど事前に㈳出版者著作権管
理機構(電話 03-5244-5088、FAX 03-5244-5089、e-mail: info@jcopy.or.jp)
の許諾を得てください。
また本書を代行業者等の第三者に依頼してスキャンやデジタル化するこ
とは、たとえ個人や家庭内での利用であっても著作権法上認められてお
りません。

アントレプレナーシップと戦略経営
ビジネススクールでの実践

2021 年 3 月 19 日　初版発行

監修・著	安達　　巧
著　者	米山　真和
	村川　琢也

発　行　**ふくろう出版**

〒700-0035　岡山市北区高柳西町 1-23
友野印刷ビル
TEL：086-255-2181
FAX：086-255-6324
http://www.296.jp
e-mail：info@296.jp
振替　01310-8-95147

印刷・製本　友野印刷株式会社

ISBN978-4-86186-809-2 C3034

©ADACHI Takumi, YONEYAMA Masakazu,
MURAKAWA Takuya 2021

定価はカバーに表示してあります。乱丁・落丁はお取り替えいたします。